7つの階級

SOCIAL CLASS IN THE 21ST CENTURY

英国階級調査報告

マイク・サヴィジ
Mike Savage

舩山むつみ〔訳〕

東洋経済新報社

SOCIAL CLASS IN THE 21ST CENTURY by Mike Savage,
Niall Cunningham, Fiona Devine, Sam Friedman, Daniel Laurison,
Lisa McKenzie, Andrew Miles, Helene Snee and Paul Wakeling

Original English language edition first published by Penguin Books Ltd., London

Japanese translation published by arrangement with Penguin Books Ltd.
through The English Agency (Japan) Ltd.

目次　7つの階級

第2部 資本の蓄積と社会階級

第4部　21世紀イギリスの階級格差

*訳注は〔　〕を付し小字で示した。

序論

英国階級調査に見る現代の階級

21世紀に入り、不平等は再び社会に深く根を張りめぐらし始めている。２０１４年の世界経済フォーラムは、所得格差が政治経済の不安定要因になっていることを強調した。オックスファムなどの国際ＮＧＯ（非政府組織）は、親から子へと受け継がれる経済的優位のサイクルに着目し、機会の不平等が富裕層の特権を固定化していると指摘している。こんにちの社会は、過去のどの時代より物質的な豊かさを享受しているにもかかわらず、貧困などの積年の問題は深刻度を増し、貧困層の対極にある超富裕層《スーパーリッチ》は急速に富を増大させている。

本書は、イギリス社会を例に、こうした不平等の拡大が社会階級にどのような変化をもたらしているかを明らかにする。拡大する経済格差の実態を示すだけでなく、人々が不平等による社会の分断をどのように受け止めているかを明確に示したい。経済的分断は、どれだけ幅広く、社会的、文化的、政治的断絶と深く関連しているのか、また所得や資産のレベルだけではなく、ライフスタイルやアイデンティティ、共有する社会的ネットワークなどの共通性によって、社会階級は識別可能なのか。これらの点を明示できれば、「状態としての階級」(社会的集団としての階級)ではなく、カール・マルクスが論じた「意識としての階級」(階級意識を持った人によって形成される階級)について語ることができるだろう。

こんにちのイギリス社会では、長く続いてきた中流階級と労働者階級の区別とはまったく別の、新しい階級の秩序が根本から再形成されつつある。新たな社会階級では、最も上の階級と底辺の階級のヒエラルキーの差異はこれまで以上に鮮明だが、その中間にある各層の違いは極めて曖昧で複雑だ。本書では、最上位の階級を「富裕なエリート」、日々の暮らしに困窮する底辺の階級にある人々を「プレカリアート(precariat)」と呼ぶことにする「プレカリアートは、不安定や危うさを意味する「プレケリアス(precarious)」と、無産階級を意味する「プロレタリアート(proletariat)」を合成した造語である]。

本書で明らかにしたいのは、3つの異なる種類の資本の集中が、さまざまな社会階級を形成している事実だ。3つの資本とは、経済資本(資産と所得)、文化資本(嗜好、興味、文化活動)、社会関係資本（社会的ネットワーク、友人関係、参加する集団）である。これらについては本書の各章でそれぞれ詳しく論じる。この3つの資本の蓄積の違いにより各階級が形成されていることがわかれば、上下間で拡大しつつある経済格差が階級格差とどのように関連しているのか理解できるはずである。また、階級を、工場労働者や炭鉱労働者、農場労働者など昔の工業時代の肉体労働者《ブルーカラー》と、工場主や専門的職業《プロフェッショナル》、経営者《マネージャー》などと対比した、過去の遺物の復活とする見方をかわすこともできる。従来の社会学的分析は職業によって人々を分類していたため、階級の文化的、政治的特徴を十分には明らかにできていなかった。本書は、経済資本、文化資本、社会関係資本に着目することで、従来の方法に代わる新しい社会学的分析の方法を提示したい。

ジャーナリストのオーウェン・ジョーンズや社会地理学者のダニー・ドーリングといった近年の批評家たちが、階級という概念に言及することはほとんどない(1)。他方、エコノミストたちは熱心に格差の拡大を強調してきたが、格差を社会階級の概念で説明することはしない。こんにちの経済的分断を階級で説明するのは粗っぽい議論だと考えているのだろうか。そうした傾向に対し、本書は階級の重要性をもう一度呼び覚ましたい。

経済資本、文化資本、社会関係資本の集中が新しい階級を形成しているとする私たちの視点は、拡大する経済格差と、より幅広い意味での階級の分断の関連を明らかにするだろう。こんにちの深刻な社会的断絶、特に最上層と最下層の断絶の実像を明確にし、別の階層から最も優位性のある地位に移動することの困難や、かつてなく深刻化した地域的分断、エリート大学の権勢の理由を理解する一助にもなると思われる。

英国階級調査とは

イギリスでは現在、階級問題への関心が急激に高まっている。英国放送協会（ＢＢＣ）が実施した英国階級調査（Great British Class Survey：ＧＢＣＳ）の分析結果を２０１３年に私たちが公表したのを機に、メディアが大きく取り上げ、世界的な関心を喚起した。

ＢＢＣからウェブ上で実施する統計調査の設問作成の協力を求められたとき、そのような調査に人々がどの程度の関心を示すか、私たちには予想もつかなかった。依頼を受けたわけでもないのに、20分もの時間を費やして、余暇の過ごし方や、趣味や文化的嗜好、社会的ネットワークや経済状況に関する面倒で極めて私的な質問に、進んで答える人が大勢いるとは思えなかった。

しかし、アンケート調査が始まってわずか数週間で16万１０００人からの回答が寄せられたのである。私たちは喜んだ。この英国階級調査はイギリスにおける過去最大規模の階級調査となった。

そして、２０１１年４月以降、私たちは２年の月日を費やしてデータを解析し、７つの新しい階級が存在するという、新しい社会学的モデルを作成した。これについては、第５章で詳述する。(2) BBCは私たちの解析を印象的なグラフィックで広く紹介し、加えて、インタラクティブな「階級算出装置《クラス・カルキュレーター》」を作成した。ウェブ上で、所得や貯蓄、住宅の評価額、文化的な興味、社会的ネットワークなどについて簡単な質問に答えるだけで、1分もしないうちに、その人が属する「新しい」階級を教えてくれる仕組みだ。

驚いたことに、公開して1週間も経たないうちに、700万人が階級算出装置をクリックした。(3) これはイギリス人の成人の5人に1人にあたる。ソーシャルメディアではこの話題に議論が沸騰し、一般の人々や専門家からも、膨大な数のコメントが寄せられた。私たちはこれまで社会的階級についての論文を多数執筆し、主に専門家に向けて発表してきたが、これほど一般の関心を集めたのは初めてだった。社会学研究の分野ではありえない大きな反響だった。

このことが示すように、社会階級について人々が強い関心を抱いているという事実も、本書が伝えたい重要なメッセージのひとつである。社会階級は再び人々の想像力を掻き立てる力を持ち始めている。多くのイギリス人が、階級を意識し、階級に関心を抱き、階級に動揺している。マスメディアやソーシャルネットワークが英国階級調査の話題で賑わっていた頃、電車の中で人々が階級について話しているのを何度も耳にした。学校でも、子どもたちが階級を話題にしていた。

不思議な現象も起こった。英国階級調査の開始直後の1週間、ロンドンの劇場のチケットの売り上げが平均191%も増えたのである。

「演劇のチケットの売り上げが突然激増しました。そのときは、見当もつきませんでしたが、後になって、激増したのは、BBCの階級算出装置が広まった頃と時期が重なっていたことがわかりました」[4]。劇場チケットのオンライン販売サイト「シートウェイブ」の広報担当ルイーズ・マロックはそう語っている。つまり、階級算出装置が、劇場に行くかどうかを教養の指標としているのを知って、劇場に行こうと考える人が増えたということだ。

一般に、科学実験は「客観的」結果を得るために中立を確保して実施すべきだとされている。研究者の仮説に都合のよいデータが集まるのを避けるためである。例えば、複数の治療法の効果を比較する場合には、患者を無作為に抽出して対照実験を実施する。しかし、英国階級調査ではそれはできなかった。階級への関心は非常に高いため、距離を置いてしまえば、私たちは階級という概念を取り巻くエネルギーや激しさ、あるいは敵意や不安感を見落としてしまうからだ。

本書の議論の根幹はまさにそこにある。私たちは民主主義社会に生きていて、それぞれに平等の権利があるはずだと信じたい。しかし、同時に、経済的な機会が誰にも平等ではないこともよくわかっている。経済格差という現実と、平等な権利があるはずだという信念、このギャップが生み出す苦悩を解消するために人々が不満をぶつける対象、つまり階級は、避雷針のような役割を担っているのだ。

この問題は、ウェブ上の統計調査である英国階級調査に参加した人々の属性の偏りに如実に表れている。ウェブ上のアンケートに進んで回答した人々は、平均的なイギリス人とはかけ離れていたのだ。

図序-1の地図は、各地域の人口に対する英国階級調査参加者の多寡を示している。2011年の国勢調査を元に人口比で参加者の予想数を定め、実際の参加者が予想より多ければその比率に応じて濃い色に、少なければ薄い色に塗り分けた。白っぽい地域は参加者が予想の半分以下だった地域で、一番色の濃い地域は予想より50％以上多く参加した地域である。

イギリス全土で人々が同じ割合で英国階級調査に参加していれば、すべての地域で予想人数と実際の参加者数は一致していたはずだ（濃淡の差が小さい地図ができあがったはずだ）。しかし実際は違っていた。参加者数は地域によって大きなばらつきがあったのである。グレーター・ロンドンの各特別区を含むイギリス各地では独立自治体ごとに、北アイルランドでは州ごとに大きな相違があった。[5]

濃い色で示される参加者が多い地域はロンドン西部に集中している。ロンドン周辺のイングランド南東部も概ね参加者の割合は高い。これらの地域はBBCを支持する人の多い地域である。しかし、地域を細かく分けて注意深く見ていくと、地域的偏りはより複雑だ。スコットランドのエディンバラやグラスゴーなど大学のある都市や町は、人口に比べて相対的に参加者が多い。オックスフォード、ケンブリッジ、ヨークの各都市はいずれも周辺地域に比べて参加率は高く、アバディーン、ブライトン、エクセター、カンタベリー、アベリストウィス、ノリッ

調査参加率（16〜99歳人口）

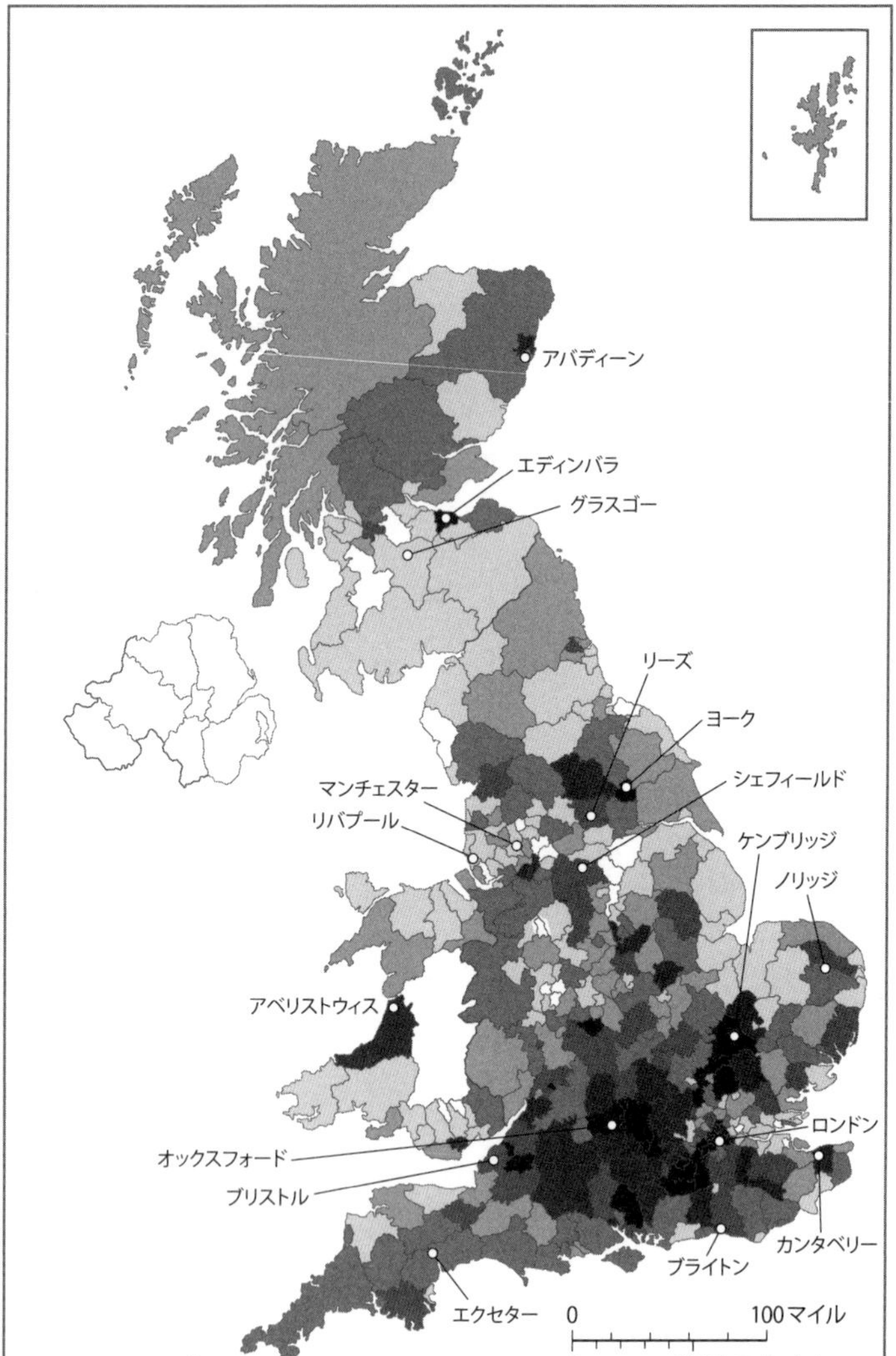

図序-1　各地域の英国階級

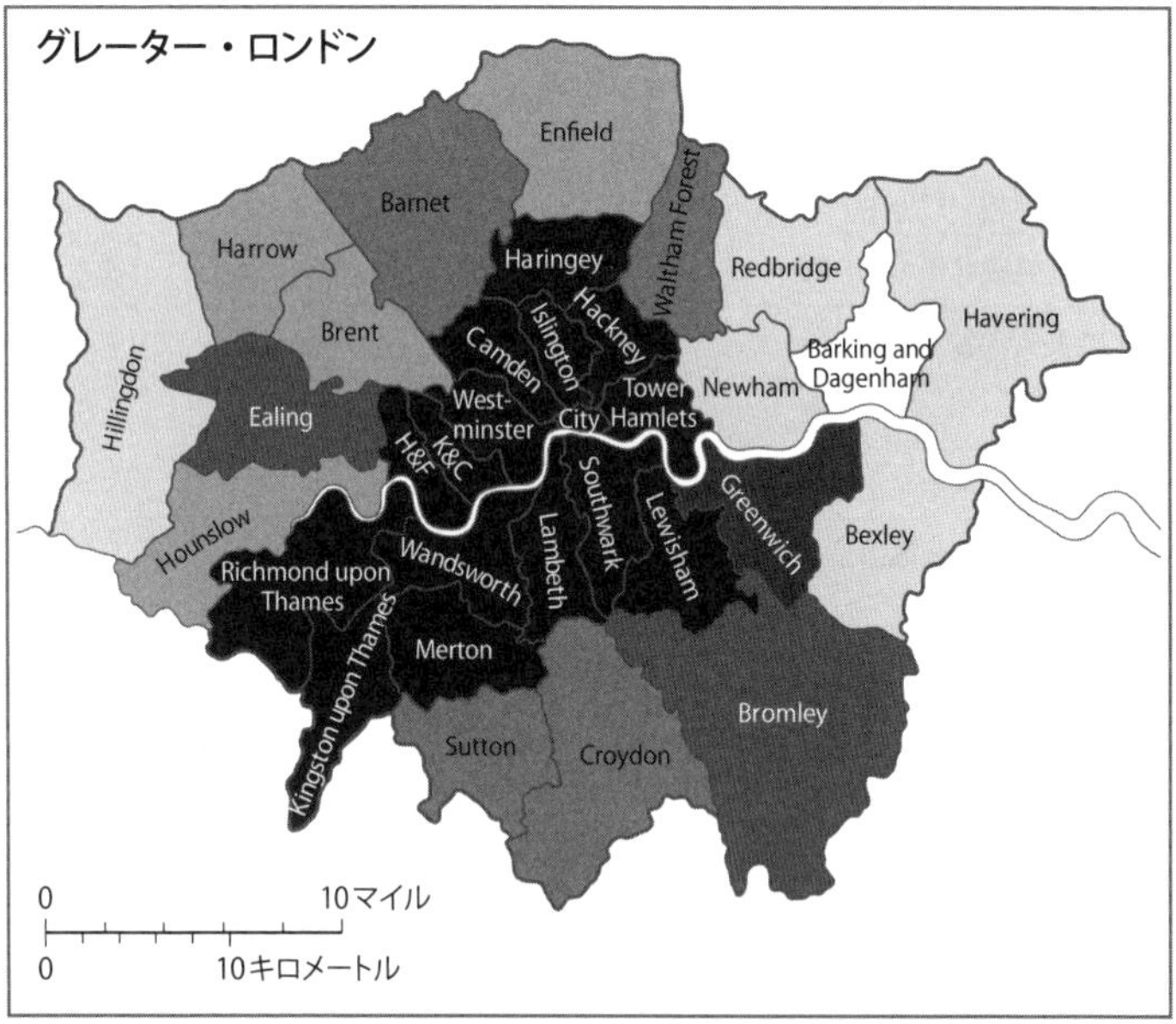

K&C　Kensington and Chelsea

H&F　Hammersmith and Fulham

単純予想数と実際の参加者の差の比率

- 50%以下
- 51～74%
- 75～89%
- 90～109%
- 110～124%
- 125～149%
- 150%以上

表序-1　英国階級調査参加率が高い職業

職業	英国階級調査参加率（%）	対労働人口比（倍）
CEO	4.1	20.4
ビジネス・研究・行政の専門職	0.9	5.8
ビジネス・金融関係の専門職	1.5	13.7
自然・社会科学者	1.2	8.3
物理科学者	0.4	5.9
法廷弁護士，裁判官	0.4	4.8
アクチュアリー（保険計理人），エコノミスト，スタティスティシャン（統計専門職）	0.5	4.8
工学の専門職	1.3	4.8
ジャーナリスト	1.2	4.5

注：対労働人口比は，各職業の労働人口比から単純に算出した予測参加数と実際の参加者数との比率を示す

ジの各都市も同様だ。

この調査への参加率が地域によってこれほど違うという事実は、著しい地域的な分裂の証拠になっている。どのような人がこの調査に関心を持つのかといえば、より裕福な人たちであった。調査結果を信用するかどうかは別の話だが。

調査参加率の地域差という最も基本的なデータにすら、階級間の分裂の大きさが反映されていると言える。

この調査の職業別参加率を見ると、違いはさらにはっきりしてくる。表序-1と表序-2はそれを表している。表序-1の最上段は、企業のCEO（最高経営責任者）の4・1%が英国階級調査に参加したことを示す。これは大きな比率だ。労働人口に対するCEOの割合から単純に予測した数字の20倍にあたる。

表序-2　英国階級調査参加率が低い職業

職業	英国階級調査参加率（%）	対労働人口比（倍）
単純なサービス業	—	—
単純な清掃業	—	—
プラスチック加工業	—	—
フォークリフト・トラックドライバー	0.01	0.3
ガラス職人，窓製造業	0.01	0.3
屋根職人，瓦職人，スレートふき職人	0.02	0.4
ゴム加工業	0.02	0.4
車両技術者，塗装技術者	0.02	0.4
荷造業，瓶詰業，缶詰業，充填業	0.02	0.4

注：対労働人口比は，各職業の労働人口比から単純に算出した予測参加数と実際の参加者数との比率を示す

ビジネス・金融関係の専門職、各種科学者、研究員や専門職、ジャーナリストの参加率も高い。つまり、あらゆるエキスパートたちが大挙して英国階級調査に参加している。

他方、表序-2には英国階級調査への参加率が低かった職業とその数字を示した。その大半が非熟練肉体労働者である。16万1000人の参加者に、単純な（初歩的な）サービス業や清掃業、プラスチック加工業の労働者は一人もいなかった。ガラス職人、フォークリフト・トラックドライバーなども極めて少ない。2つの表を比べると、階級がはっきり分かれていることは明らかである。

また、ロンドン西部やロンドン周辺諸州には裕福で高学歴の専門的職業に携わる人々が多く、肉体労働者の多くはイングランド南東部以外の地域に住んでいる。階級の意味を明らかにするために開発されたリサーチ・ツールに参加するかどうか

という行動にも、すでに階級がくっきりと影を落としている。

さらに複雑な問題もある。英国階級調査への参加率には、階級だけではなく、「イギリス人《ブリティッシュ》である」かどうかもかかわっている可能性が高い。北アイルランドでは他の地域に比べて参加率が著しく低い。北アイルランドの人々、特にアイルランド独立を志向する人たちの間では、「英国」階級調査という名称自体が忌避された可能性がある。その推測が正しければ、愛国心や郷土愛が階級に対する関心を上回った結果だと言える。スコットランド西部やイングランド北部で参加率が低かったことも、同じ理由で説明できるかもしれない。加えて、民族《エスニック》グループ、およびさまざまな民族グループの中の人種によっても参加率には大きな偏りがあった。表序-3は民族グループ別の英国階級調査参加率だ。黒人やアジア系など少数グループの参加率は想定をかなり下回った。その理由は、これらの民族グループの人々の多くが階級構造の下層にいるためだと推察される。すでに見たように、下層の人々の多くは英国階級調査に関心を示さない。英国階級調査の「英国（Great British）」という言葉から「白人の英国人」というニュアンスを受け取り、自分たちとは無関係な調査だと思ってしまった可能性も考えられる。

少数民族《マイノリティ》に属する人のうち英国階級調査に参加した人たちは、大半が大学生か大卒者で、比較的教育程度の高い人々に偏っている。そのため、例えばアジア系と白人を比較する場合、結局、双方のグループの高学歴者を比較することになってしまう。つまり、英国階級調査では、得られたデータに階級による偏りが働いていると、単純には判断できないということだ。デー

表序-3　英国階級調査参加者の民族による偏り

民族グループ	英国階級調査参加者に占める割合（%）	英国階級調査参加者に占める大卒者の割合（%）
白人	90.14	63.4
黒人	0.90	59.9
アジア系	2.18	68.1
中国系	0.94	71.9
混血	1.89	62.2
その他	3.96	65.0

タにはさまざまな種類の偏りがあり、調査の結果をまとめる際には、それらの偏りすべてに十分に留意しなければならなかった。

確かに、英国階級調査は統計的に正確なサンプルとは言い難い。しかし、それは一方で、非常に重要なポイントでもある。すでに見てきたように、その偏りからさまざまなことが読み取れるからだ。人々がどのような知識や専門的技能を持っているか、持つことができたかは、その人が属する階級そのものと深く関係していることが理解できなければ、現代のイギリスで階級が持つ影響力の大きさを認識することもできないだろう。これについては、本書の各章で詳しく触れる。

以上のようにＢＢＣの英国階級調査には、経済的に恵まれた、高学歴で経営や専門職の仕事に携わる人々の参加率が高く、肉体労働者や少数民族の参加率が低かった。その結果、私たちの分析戦略は根本的な難題に直面した。調査の結果を単純にそのまま発表してしまうと、最も裕福で高学歴の人々の声にばかり耳を傾けることになり、階級の断絶を正しく評価したことにならないからだ。また、民族、ジェンダー、年齢などと社会階級の関係を適切に分析することもできない。

実際、調査参加者の属性に大きな偏りがある問題は、これまでの英国階級調査結果についての報道でも、コメンテーターたちから繰り返し指摘を受けた[6]。そのため、本書ではそうした偏りを修正するために他の複数の調査結果や研究成果を利用することにした。

第1に、英国階級調査のサンプルの偏りを正す基準を得るために、全国各地の計1026人を対象に小規模な追加調査（全国サンプル調査）を実施することにした。英国階級調査と同一の質問をする調査で、マーケット・リサーチ会社GfKが担当した[7]。私たちは、それが適切と判断した場合には、分析には全国サンプル調査の結果を用い、さらに詳細な分析が必要な場合には、より大規模な英国階級調査の結果を用いることにする。どちらの調査のデータを用いたかはその都度明らかにする。

第2に、追加的に50人を対象にしたインタビュー調査を実施した。人々が階級についてどのような考えを持っているのかをより深く探るためだ。このインタビューは、英国階級調査の参加率が低かったグループ、下層の人々についても補足的な調査が必要と判断し、試みた。私たちはこのインタビューと民族学の研究で行われるスケッチの手法を用いて、生の声を報告し、アンケート調査では明確にできなかった問題を明らかにしたいと思う。また、私たちが特に関心を持っているエリート階級の人々の実像に迫りたい。

第3に、私たちがこれまで長年取り組んできた階級の問題についての社会学研究の成果を盛り込んでいく。これは特に重要だと考えている。私たちは、英国階級調査のほかにも、社会階級の再構成に関する数多くの研究プロジェクトに直接かかわってきた。本書の執筆にあたっては、他の研究との関係を深め、英国の社会階級について明らかにしていきたい。

中でも、文化資本と社会的排除についての研究プロジェクトに言及しておく必要があるだろう。このプロジェクトでも全国で総合的調査を実施し、イギリスにおける人々の文化への参画について、特に注目すべき集団を選んでインタビューを実施した。この調査結果はトニー・ベネットらによって、2009年に発表された(8)。そのインタビューで用いられた文化資本に関する質問は、私たちが英国階級調査で用いた質問の先駆であったし、本書のさまざまなテーマについても補足的な材料を提供している。

英国階級調査は、文字どおりひとつの実験だった。調査によって得られたデータそのものも、調査に対する人々の関心のあり方も、現代のイギリスに存在する新しい階級の分類について考察する絶好の機会を提供してくれた。しかし、この調査結果の真の意味を読み解く過程では、データから距離を置いて、人々がアンケートそのものに進んで参加したか否かを解き明かす、階級をめぐるもっと大きな力学に目を向けなければならない。

本書は、こんにちの階級の重要な意義について、私たちの見解を示すものである。私たちは、これまでの論文を網羅した要約を作ろうとしているわけではなく、ここ数十年の研究の成果を抽出して、議論を刺激するような報告をしたいと思っている。学術研究の世界の人々にも、一般の人々にも、階級について活発に議論し、考察を深めてほしいからだ。したがって、本書は英国階級調査の単なる報告書ではない。それよりはるかに広い視野に立った、階級に関する社会学的研究の成果である。

私たちの研究は、私たちの専門であるイギリス社会を対象としている。イギリスが世界の典型だと主張する意図はないし、他の国々がイギリスと同じ道を歩むと予想しているわけでもない。そんなことはまったく意図していない。イギリスは最富裕国のひとつであり、富裕層と貧困層の関係は、他の国々とは異なることも承知している。とはいえ、本書で議論する問題はイギリス固有の問題であるはずはなく、世界の他の国々の社会とも関係のある問題だと考えている。

また、イギリスという事例には象徴的な意味があるはずだ。20世紀、イギリスの各階級の関係についての考察は、世界中で変化し続ける市民権、福祉、貧困、文化的スノビズム、政治的急進主義、改革などの問題に対して、極めて重要な議論を喚起してきた。これらの問題のいずれも、イギリス特有の事象を考慮に入れることによって、諸外国の人々が、自国の階級関係の今後の展開を予想する参考となるはずだ。本書が諸外国の人々が階級の問題について考える契機となるならば、私たちの研究は意義あるものだと言えるだろう。

階級について議論するとき、冷静さを保つのは難しい。階級とは何か、階級をどのように見極め分析するか、階級は社会にとってどんな意味を持っているのか――、議論を始めれば必ず敵対的な意見のぶつかり合いになる。その議論で完全な中立を保つことはできない。私たちはここ数年、階級は社会学的分析の基本問題であると主張してきたイギリスの社会学者グループの先頭に立っている。フランスの社会学者ピエール・ブルデューは「文化的な階級の分析」という研究プログラムにおいて、現代の社会階級が複雑であることを理解するための極めて洞察の鋭いアプローチを提唱した。私たちは彼の考えを強く支持している。本書では、それ以外の考え方について直接的に議論することはしない。私たちの目的からはずれないようにするためである。

本書は論理的に構成してあるので、第1部から順を追って読んでいただきたい。第1部では、こんにちに至っても、階級についての議論は中流階級と労働者階級の格差に焦点を合わせたものが多いことを指摘する。私たちはこのような議論は時代遅れだと考えている。

第2部では、私たちの考える階級に対する多面的なアプローチを紹介し、経済資本、文化資本、社会関係資本の3つの要素が、それぞれに不平等に深く関連する仕組みを説明する。特に第5章では、これらの異なる資本の組み合わせによって階級を捉える新しい階級分類のアプローチを説明したい。その方法を用いることで、現在のイギリス社会では中流階級と労働者階級の境界は明確ではないこと、境界が曖昧なさまざまな階層の上に、富裕なエリートが屹立するヒエラルキーができあがっていることが理解されるであろう。

第3部では、社会階級が社会流動性［社会階級を移動すること、移動のしやすさ］や教育、地理的な差異にどのような影響を与えているかを見ていきたい。第4部は、現在の社会に存在する階級の深い分断を明示するために、階級の両極にある富裕なエリートとプレカリアートに焦点を合わせる。結論の章では、私たちの議論が政治にどのような影響を与えうるかを考える。

第1部

社会階級のヒストリー

第1章

階級の境界線はどこか

――中流階級と労働者階級の違い

2011年1月、BBCは英国階級調査の開始にあたり、次のように問題提起した。

「労働者」「中流」「上流」という社会階級を示す用語は、鮮明になってきた社会の階級を分類する方法として、19世紀に登場した。世界に先駆けて産業革命が起こったイギリスでは、当時、社会の階級格差が急速に広がりつつあった。

しかし、工業労働者、経営管理職《マネージャー》、工場主を分類したビクトリア朝の秩序体系は、今なお妥当であるとは言い難い。一方で、社会階層の分断がこんにちも消滅していないのは明らかである。伝統的に階級を表す言葉は、現在でも公けの事柄に蔓延し、政治思想を形成し、個人のキャリアに影響を及ぼしている。21世紀のイギリスにおいて、階級はどのような意味を持つのだろうか[1]——。

多くの人々が階級を分類することはなんの役にも立たないと反対してきた。階級分類は社会を単純化し過ぎているし、社会に不和を招くだけだという見解だ。歴史学や社会学の研究によると、どんな階級に属する人も、自分が属する階級について曖昧にしてきたことがわかる。私たちが2000年代前半にマンチェスターの住人200人を対象に実施した詳細なインタビューでは、回答者の3分の2は自分が属する階級がわからないと回答したし[2]、階級の区別が明確だと考えられていた1960年代の調査でさえ、イギリス人の約半数が自分の属する階級がわからないと答えていた[3]。

「労働者」「中流」「上流」の区別は明確で議論の余地はないものと考えるのは誤りだ。にもかかわらず、イギリスをはじめとして多くの国で、今世紀に至ってもなお、中流階級と労働者階級という区別の重要性が認められてきた。ただし、上流階級はこの議論の対象ではない。貴族など特殊な身分にある上流階級は、生来の特権と特有の社会規範や礼儀作法を持った人々であり、社会の中で一般の人々とはかけ離れた存在だと見なされ、上流階級自身もそれを自覚

している。(4)

反対に、中流階級と労働者階級の人々が自らを定義する言葉は、もっと流動的で曖昧だ。そうした状況は、労働者階級を結集させようとする社会主義者と、中流階級と上流階級の支持を得たい保守政治家の政治論争にも影響を与えている。

このように、労働者階級、中流階級、それぞれであることの意味が不確かであることから、この2つの階級のアイデンティティはかえって象徴的、文化的に強い意味を持っている。

両者を区別するものは何だろう。所得の相違か、それとも道徳観や価値観、生活習慣、住居、政治的立場の違いなのか。労働者階級に生まれた人が中流階級に移動することは可能なのか。中流階級であるとはどういうことか。ホワイトカラーの職業に就いていることなのか、「尊敬すべき」人間だということなのか、それとも、高学歴であることなのか。この変わりやすい不確実さが、過去2世紀にわたって、イギリス人の階級への執着をたきつけ、駆り立て続けている。

しかし、これまでのように中流階級と労働者階級の違いに拘泥していては、現代の階級のありようを正しく把握することはできない。それが本書の主旨である。古い考えに執着していると、イギリス社会の最上層で起こりつつある、根本的な階級の再編を見落としてしまうことになるだろう。

階級のアイデンティティ

歴史学者によれば、イギリス人の階級意識には長い歴史がある。[5] 諸外国に先立ち、18世紀後半には労働者階級に強い階級意識が生まれ、そのアイデンティティが維持されてきたのがイギリスの特徴だ。[6] フランスやアメリカなどの国々では、自作農や小作農、商人が象徴的な意味において最高の地位を付与され国家の中心的存在と考えられてきた。しかし、イギリスは違う。自作農や小作農の階級は早い時期に消滅した。[7] 資本主義的な農業と囲い込み運動が相乗的に働き、16世紀にはすでに自作農や小作農に代わって、賃金を得るために働く農業労働者という階級が生まれた。その多くは生活のために、パートタイムで手工業にも従事するようになった。[8] つまり、イギリスでは産業革命以前から、農業分野にも、熟練・非熟練工業分野にも、多くの賃金労働者が存在していたのである。

これらの労働者たちは独立精神に溢れていた。歴史学者のエドワード・P・トムスンによれば、彼らは「freeborn Englishman（生まれながらの自由な英国人）」であった。彼らの自尊心は手工業の技術に支えられ、産業革命期から20世紀に至るまで維持された。このような手工業の伝統は肉体労働者のアイデンティティに強い自信を与え、19世紀の社会主義運動や労働運動はその自信をさらに大きく育んだ。[9]

肉体労働者が歴史の変遷の中で階級のアイデンティティを形成していったのとは対照的だったのが、結びつきが強固な上流階級だった。他のヨーロッパ諸国とは異なり、イギリスでは革命によって上流階級が消滅することはなかった。さらに、イギリスの上流階級は驚くほど革新的《イノベーティブ》で進取の気風に富んでいたため、資本主義社会の草創期から、いち早くビジネスのチャンスをつかみとって繁栄を続けた。適応力と自信に満ち溢れたイギリスの上流階級は、帝国主義の武力やロンドンを本拠地とする強力な商業貿易インフラと結びついて、経済歴史学者の言う「紳士の資本主義」を推進していった。[10]

女性史の専門家が明らかにしてきたとおり、女性たちが階級の垣根を越えて働いていたことが、階級間の緊張をさらに高めた。当時の労働者階級の女性の雇用の大半は、家事労働を請け負う使用人だった。彼女たちは上流階級や中流階級の男性たちのそば近くで働いていたため、職場で性的、道徳的な逸脱が生じることを懸念する者もいた。[11] 女性たちは使用人として、男性たちから階級のヒエラルキーを補強する存在と見られていたが、同時に、階級のヒエラルキーに異議を申し立てる懸念の的とも、規制すべき対象とも考えられていた。

これらの要因はすべて、イギリスの中流階級のアイデンティティが不安定なために生じたものである。実業家、経営管理職、商人、ホワイトカラーから成る中流階級は、その数を拡大していったが、上には、入り込むことが至難な高慢で自信に満ちた上流階級があり、下には、プライドが高く自己主張の激しい肉体労働者の男たちがあり、その両方に立ち向かわなければならなかった。[12] 歴史学者のドロール・ワーマンが指摘したように、中流階級は結果的に、少数の上流階級と多数派の労働者階級の間の仲介者と位置づけられたのである。[13]

18世紀を通じて、このような緊張が続いた。顕著だったのは選挙制度改革をめぐる対立だった。1832年まで、イギリスの選挙権は少数の男性資産家に独占されていた。選挙権を有する上流階級の男性は、選挙権が拡大すれば新たに有権者となった多数派が階級の秩序に反旗を翻し、上流階級の「気品のある」価値基準や権威が毀損されることを恐れた。しかし、19世紀初頭の急進主義者たちや、それに続いたチャーティスト運動家たちが、参政権を求めて激しい抗議活動を繰り広げた結果、1832年以降の3度の改革で多数の男性が選挙権を手にすることになった。

上流、中流、労働者の三極が鼎立する駆け引きの中で、政治的に結束した中流階級は参政権のない労働者階級と自らの階級を明確に区別するために、上流階級の支持を得て、その制度化に努めた。

歴史上、この時期の階級間の利害の対立は想像に難くない。既得権者にとって労働者階級は危険な大衆であり、その勢力が大きくなり過ぎれば、既得権者が築き上げてきた社会規範を毀損し、社会的文化的な退廃を呼ぶと恐れた。[14] 他方、社会主義者や労働運動家らは、労働者階級は平等主義と思いやりの精神の旗手であり、彼らこそ誠実な国家を建設し、上流階級が築いた紳士の文化の偽善を打破する力になると信じた。[15] この時期の政治は、労働者階級の声に耳を傾けるかどうかを争点としていたのである。

上流階級と労働者階級の緊張の中でアイデンティティが確立されていなかった中流階級は、文化的な立ち位置を定められずにいた。歴史学者のJ・H・プラム、マクシン・バーグ、ジョン・ブルーワーらの研究は、18世紀後半以降、中流階級が贅沢品を消費し、それを誇示することで階級のアイデンティティを確立しようとした姿をあぶり出している。(16) そうすることで、労働者階級との違いを強調し、上流階級に近づこうとしたのである。その結果、中流階級と労働者階級の境界の意味と本質をもっぱらの関心とするような文化的な駆け引きが生まれた。

こうした中流階級の曖昧さはイングランド特有のもので、スコットランドやウェールズでは状況は微妙に異なっていた。生来のイングランド人であった社会主義作家ジョージ・オーウェルが上層中流階級《アッパーミドル》の価値観を批判したのは有名な話だ。オーウェルは、自伝的エッセイ「あの楽しかりし日々(Such, Such Were the Joys)」で母校の寄宿制私立学校を徹底的に批判したが、その一方で長編小説 *The Road to Wigan Pier*〔邦訳『ウィガン波止場への道』ちくま学芸文庫、1996年〕に描いた労働者階級の姿をめぐって激しい論争に巻き込まれた。

オーウェルは不況にあえぐ1930年代の鉱山労働者の悲惨な住環境を世に訴えようとしたのだったが、その意図は理解されず、かえってスノッブであると批判された。彼はこう反論している。「私は労働者階級の人たちが『臭い』などと言っていない。私が言いたかったのはその反対のことだ。私の他の著作を読んでもらえればわかることだが、私が子どもだった頃、中流階級の子どもたちは『労働者階級の人たちは臭い』と教えられた。それは私たちの心理に刻まれた事実であるし、そのことを考えるべきだと言いたかったのだ」[17]。

オーウェルは階級に関する偏見に非常に敏感だった。にもかかわらず、中流階級出身である自身を取り巻く文化的緊張関係から逃れることはできなかった。こうした危惧は人生のあらゆる場面で大きくなり、自分の立ち位置が階級の境界の正しい側にあるかどうか、常に悩まされるものとなっていた。

所得の高い熟練職人は労働者階級なのか、それとも中流階級の慣習に倣ってもおかしくない「労働者の中の貴族」なのか。貧しいホワイトカラーの事務員や、街角の小規模商店主、小学校の教師は中流階級と言えるのか、それとも下層中流階級とでも呼ぶべきなのか。立派な人とはどのような人々で、どういう人々はそうではないのか。20世紀のほとんどの時期を通じて、このようなあやふやさのためにイングランドの人々は階級とその区分について熱心な議論を続けたのである。[18]

階級の区分——初期社会学のパラダイム

階級への人々の過剰な関心を背景に、19世紀前半以降、イギリス人の社会階層の分類が公的に試みられた。最も関心を集めたのは、中流階級と労働者階級の境界だ。上流階級は別格だった。彼らは自分たちが上流階級だと自覚しており、部外者を受け入れず、彼らの特権は揺るぎないものだった。誰が上流階級なのか知りたければ、1769年以降は、貴族を網羅した『デブレット貴族名鑑』で調べればよかった。

しかし、専門職や実業家から成る中流階級の場合、事情は違っていた。彼らは自分たちが熟練職人や商人とどこが決定的に違うのか確信を持てずにいた。

中流階級のこうした複雑な心情に後押しされ、階級制度を示す明確な社会地図が公的に作成されていった。階級地図作成のキー概念は、貧困の本質とその力学の理解にあった。大規模な都市化と人口増、そして、悪評高い「失業者」の増加がその背景にはあった。(19)

社会不安という文脈の中で、1880年代にロンドン海運業界の大立者チャールズ・ブースがロンドンの詳細な社会地図を作成し、1901年にはクェーカー教徒でチョコレート製造会社社長のB・シーボーム・ラウントリーが貧困問題の研究書を発表した。いずれの研究も色分けした地図を作成し、専門的な研究者が計測したとされる住民の道徳観を基準に街の区域をすべて分類した。見落としてならないのは、どちらの著作も社会的地位と道徳水準を区別していないことだ。ブースのロンドンの地図では、黒は「最下層――不道徳で犯罪者に近い」、ピンクは「かなり裕福」、ゴールドは「非常に裕福」などと分類されていた。(20)

地域の社会的地位や道徳水準、階級区分についての人々の関心に応えるため、戸籍登記所は1911年、各世帯を分類する最初の階級区分の指標を発表した。社会的集団の別によって健康状態に差異があることや、貧困層が病気にかかりやすく、寿命が短いことを説明するために、人々を階級に分類する明確な指標が求められていた。当時は、下層階級の人々の病気や不道徳な行動には遺伝が影響していると広く信じられていたが、そうした偏見に異議を唱える人々にとって、階級の分類法は反論の根拠となった。病気や不道徳な行いは、貧困による劣悪な環境が原因だと主張したのである。[21]

表1-1に戸籍登記所による階級分類を示した。分類は職業を基準に作成され、職業に等級をつけている。「専門職」が最上位で、以下「経営職・技術職・中間的職業」「熟練事務系職・熟練肉体労働」「半熟練肉体労働」「非熟練肉体労働」の5等級に区分している。注目すべきは、「非肉体労働」か「肉体労働」かの別で、階級に明確な境界を設定していることだ。第3等級は「熟練労働」だが、肉体労働か否かの基準で「熟練事務系職」と「熟練肉体労働」に細分している（ⅢNとⅢM）。[22] この細分は、中流階級の文化的不安に配慮した結果と推察される。

戸籍登記所によるこの分類は、職業の文化教養的側面に着目してグループ分けしたものだった。分類法を発案した保健医務部長のT・H・C・スティーブンソンは、階級によって死亡率に違いがある理由を説明するには、階級の文化教養的側面の把握が重要だと考えていたからだ。以下はスティーブンソンの1927年の記述である。

富裕な階級の死亡率が低いのは、裕福だからではなく教養があるからだ。衛生状態に始まり、すべては教養と結びついている。職業による違いを比較するには、財産より教養を指標とする方が容易だ。そのような理由から、職業にもとづく階級分類には教養の側面を重視したが、適切な判断だと思っている。

彼はこうも語っている。「『経済的に不自由のない階級』というとき、私たちは『文化的で教養のある階級』のことを考えている」[23]。

つまり、この「職業」による階級の分類は、じつは、職業の序列と社会的価値を文化教養の側面から判断する方法だった。そして、職業の違いにより道徳水準にも差異があり、上位の職業ほど道徳水準が高く、社会的地位が高いことを示唆していた。

では、実際のところこうした社会階級の中で、職業はどのように位置づけられていたのだろうか。スティーブンソンの慎重な説明によれば、自宅の部屋数では階級は

表1-1　戸籍登記所による階級分類

	階級		職業例
非肉体労働	Ⅰ	専門職	医師，公認会計士，有資格エンジニア
	Ⅱ	経営職，技術職・中間的職業	支店長・事業所長，教師，ジャーナリスト
	ⅢN	熟練事務系職	事務員，会計係，小売店スタッフ
肉体労働	ⅢM	熟練肉体労働	肉体労働の監督者，配管工，電気工，物流ドライバー
	Ⅳ	半熟練肉体労働	倉庫作業員，警備員，機械操作員，介護士，ウェイター／ウェイトレス
	Ⅴ	非熟練肉体労働	作業員，清掃員，配達員

識別できない。「裕福な独身者の住居は、6人の子どもがいるタクシードライバーの家より部屋数が少ないかもしれない」からだ。結論として彼は、次のように宣言している。「法廷弁護士と鍛冶屋の社会階級が異なることは自明である」――。しかし、どの職業の社会的地位が高く、どれがそうではないかについて本当にコンセンサスはあったのだろうか？[24] 専門職を最上位に位置づける分類が、公務員や学者など専門職の手で作成されたのは単なる偶然なのだろうか？このように、階級の分類は、分類法を作成する側が、道徳的価値観を異にする労働者階級を切り離し、労働者階級が社会的に認められる立派な規範からどの程度逸脱しているか、見極めることと深く結びついていることがわかる。

つまり、階級分類の起源は、社会的地位の境界を明確にした職業区分を願うエリート意識から切り離すことができず、労働者階級にも社会的に認められる部分が多少はあったとしても、エリート層にとっては、中流階級（＝非肉体労働）と労働者階級（＝肉体労働）を明確に区別することが最も重要だったのである。各階級の文化や道徳的価値観に対する関心が根本にあったのは当然の帰結だ。だが、それは、特定のグループが他よりも秀でていると主張することを喚起することにもなる。民主主義が力を増していた時代の思潮と真っ向から対立するから、これは不適切な区別だとの批判に晒されることになった。

当時のイギリスは、民主的な政治制度への移行期にあった。1918年には男子普通選挙が実施され、1928年には女子も参政権を獲得した。労働組合運動は先鋭化していた。しかも、

1929年の大恐慌に端を発した大量失業と貧困の時代を迎えていた。もちろん、専門職の多くは自らの文化的優越性を疑っていなかったが、そのような時代に、それをあからさまに主張すれば、激しく嫌悪される危険性が高かった。その結果、階級を社会学的に分類する際の文化の役割は、「はぐらかされる」こととなった。それは、同じ階級同士の中では語るのが許されることだが、通常は公言するべきではないことになったのである。[25]

こうした歴史の文脈の中で、戸籍登記所の階級分類の根拠は、次第に変化していく。分類の基準から文化や道徳水準は消え、代わって技能や職業の地位が重視されるようになった。戸籍登記所の階級分類は以前よりも「客観的」で、判断から偏見が排除されたかのように見えた。しかし、実際には、職業の大半は以前と同じ階級に分類されたままだった。

ロス・マッキビンは、20世紀中葉に中流階級と労働者階級の境界が調整された過程を明らかにしている。保守党政治家は、「危険視」していた左翼に傾倒した労働者階級に対抗するイギリスの美徳のとりでと中流階級を位置づけた。戦後期にはこの分類法はさらに勢いを得て、専門技術と資格を持った「人的資源」の必要性が強調されるようになった。1960年代以降の教育改革と管理主義の動きは、その流れの中で広がっていった。[26]

さらに、20世紀全般にわたって、非肉体労働と肉体労働の線引きはますます複雑になっていく。ジェンダー（社会的な性別）と移民という新たな要素が加わったからだ。かつては男性の「聖域」だった事務系の仕事に、それまで教師か看護師という「ゲットー（少数民族居住区）」

に閉じ込められていた女性たちが次々と参入し、20世紀前半の数十年間で、銀行員や店員など非肉体労働の職種の女性の数は増加の一途をたどった。しかし、女性たちはそれらの職種の最下層に押し込められ、「ホワイトカラーのプロレタリアート」にすぎなかった。１９７０年代前半に女性と男性を異なる条件で雇用することを禁じた「性差別禁止法」が施行されてからも、女性たちの地位は職場の構造の下層にとどまっていた。[27] ビバリー・スケッグスが示したとおり、女性と社会的地位の問題は、女性が中流階級の社会的地位にふさわしいと認められることの難しさに集約されていた。

移民の流入も階級の境界の動揺と流動化を助長した。20世紀前半以降、相当数の黒人や少数民族が肉体労働に参入し、後れて、専門職に就く人も増えた。少数民族の多くは、階級によって異なる言葉遣い〔第11章、３４９頁の訳注参照〕を身に付けることがイギリス人として認められる方法であることを理解し、労働者階級の言葉遣いを身に付けて階級に同化していった。特にアフロカリビアン（カリブ海地域にルーツを持つアフリカ系の人々）の場合はそうだった。他の、主として後から移住してきた人たちにとっては、中流と見なされる専門職を得ることが、イギリス社会での居場所を手に入れたという証明でもあった。アニー・フィザクレアやロバート・マイルズらの社会学者は、「階級分派」という概念で、労働者階級の内部にある人種間格差の意味を解明しようと試みた。しかし、その後の分析で、階級区分の中に民族の違いを明確に関連づけることは非常に困難であることがわかった。[28]

このように、これらの新しい勢力が労働市場に参入し職種の幅を拡げたことが、中流に歴史的に注目が集まり続けている理由と見ることができる。誰が社会的に認められ、誰がそうでないかの根本的な境界線を引くのに決定的な層が中流だからだ。

肉体労働者ではないが完全に「中流階級」とも言えない「下層中流」という階級の概念への執着は、他の国々には見られないイギリス社会特有の強迫観念のようなものだ。しかし、その文化的な意味合いは多岐にわたっている。

階級をめぐる歴史の過程で、イギリス人は中流階級と労働者階級の境界を階級理解の核心に据えるようになった。他の多くの国々で、特に裕福ではないけれど困窮もしていない人々のことを中流と考えているのとは、事情が大きく異なる。イギリスでは中流階級は、文化的に上流階級には諂《へつら》い、労働者階級には傲慢な態度で特権を振りかざす人々だと見なされる可能性があるし、多くの場合、そう考えられているのである。

階級の社会学的分析——1960〜2000年

20世紀半ばを過ぎると、社会学者たちは中流階級と労働者階級の境界を理解する厳密な方法を探し出すことに躍起になった。文化的道徳的基準を排除した、より客観的な分類を研究し始めたのである。それまでの階級分類の試みが、階級間の緊張や利害対立から中立ではなかったことを考えると、この動きは、階級研究にとって大きな一歩だった。

研究の中心となった戦後世代の社会学者をリードしたのは、社会流動性の研究で知られるジョン・ゴールドソープだった。オックスフォード大学名誉教授である彼は、ヨークシャーの労働者階級の出身で、歴史学を志してオックスフォード大学を受験したが失敗し、社会学に転じロンドン大学で学んだ。

ゴールドソープは1960年代に、デーヴィッド・ロックウッドと共同で、高所得労働者について先駆的な研究を行い、「裕福な労働者」は中流階級の規範に強い抵抗感を持っていると主張した。ゴールドソープは、労働者階級は文化的道徳的に劣るとの従来の見解に強く反発していたが、人生における機会の不平等をよくわかってもいたので、文化的側面に偏らない「社会学的」な土俵に階級研究を位置づけることを摸索した。そして、1970年代に、職業にもとづいた新たな階級体系を考案したのである。その階級体系はのちに階級分類の基本となり、こんにちでも国家統計局が国家統計社会経済分類（NS-SEC）として利用している。[29]海外でも広く応用され、多くの国々が「ゴールドソープ階級図式」を基本に階級を分類している。

ゴールドソープの議論について検討する前に、ひとつ指摘しておくべきことがある。それは、意図したことではなかったにせよ、彼の取り組みの結果として、階級の研究とジェンダーや人種、民族の研究との関連の検討が脆弱になってしまったことだ。ゴールドソープの関心は、階級の分析を、雇用と職業に関連づける独自の立脚点にもとづいて行うことにあったため、ジェンダーや人種、民族による不平等の問題から切り離そうとしたのである。

ゴールドソープの階級図式は、戸籍登記所の階級のモデルより精巧で有効だと考えられていた。階級図式は人々を分類する労働に関する2つの別個の原則（雇用形態と職業）を明確に分けて、戸籍登記所の階級分類のように一元的な等級づけの原則で分類しなかったからである。(30)

表1-2にゴールドソープ階級図式による2014年の国家統計社会経済分類（階級分類）を示した。ゴールドソープ階級図式では、最も重要な階級の境界線を、被雇用者と自営業者（ここには大企業経営者は含まれない）の間に引いている。自営業者は事業を所有統率し従業員を雇用しており、事業が利益を上げなければ収入は得られない。そのような働き方は、雇用されて給料や賃金を得ている大多数の人々とは明らかに異なる。それが、自営業者と被雇用者の間に、階級分割の最も基本的な境界線を引く理由である。

雇用者と被雇用者の区別だけが階級分類のすべてではない。ゴールドソープは、被雇用者をさらに3階級に分類している。こんにちでは労働力の3分の1を占める専門職や経営職のような「管理部門」、そして中間的階級、労働者階級である。「社員（スタッフ）」と肉体労働の「労働者（ワーカーズ）」の区分も分析しているが、その区分はイギリスの雇用慣習に根深く刻みつけられたものだ。1980年代までのイギリスでは、多くの企業が労働者の階級によって別々の食堂やトイレを設けていた。また、給与体系も異なり、月給、週給、時間給、歩合給などの区別があった。年金受給資格の違いもあった。また、場合によっては、従業員の区分に、教養

表1-2　国家統計社会経済分類（NS-SEC）

1	上級の経営職・管理職・専門職	11.4%
	1.1　大企業経営・管理者	2.7%
	1.2　高度専門職	8.8%
2	下級の経営職・管理職・専門職	21.0%
3	中間的職業	10.8%
4	中小企業経営者，自営業者	8.0%
5	下級の監督職・技術職	6.2%
6	半定型労働	11.4%
7	定型労働	8.7%
8	労働未経験者，長期失業者	4.5%
	分類外（学生，分類外職業）	18.1%
	学生	7.3%
	分類外職業	10.8%

出所：労働力調査（Labour Force Survey）（2014年7～9月）

に関する直接的な表現を用いる職場もあったという。例えば、公務員には、「知的」と「技術的」という等級があったのである。

多くの業種で従業員のこうした区分は緻密な方法で守られていた。銀行では、管理職に昇進すると管理職用の住宅を与えられ、部下に責任を持ち、非管理職の行員とは別の文化的習慣を身に付け、スーツを着用することになっていた。これは重要なポイントである。1950年代以降、階級区分のより精緻な理解に挑んだ社会学者たちは、まさにこうした違いに注目したからだ。デーヴィッド・ロックウッドは、階級間の関係を実証するものとして、仕事、市場、地位の3つを挙げている。[31]

ゴールドソープは、給料と賃金の関連性をより正確に定義すれば、「雇用関係（service relationship）」にあって給料をもらう人々と、労働を提供する契約にもとづいて賃金をもらう人々に区別できると考えた。大半は後者である。賃金労働者は、行った特定の労働に対する市場価格を「その分の賃金（spot wage）」として受け取る。それは時給の場合もあるし、1週間分を合計した週給、あるいは月給の場合もある。しかしながら、従業員の中には、より広範囲の役割を果たしている人たちもいるが、その役割を直接的に計るのは難しい。このような人たちに対しては、雇用者は「将来的な報酬」を用意している。例えば、昇給や年金受給資格、その他の「付加給付」といったもので、有能な従業員が長期にわたって働き続けるインセンティブとなるよう設計されている。一般的に、このような従業員は高度なスキルや専門知識を持ち、他の労働者の監督者として経営管理的な手腕を振るう人たちだ。

このようにゴールドソープの図式は非常に精緻な枠組みであり、それ以前の図式と比べると、雇用形態に注目し、文化や道徳の側面は完全に排除したように見える。1980年代以降のさまざまな研究が示したように、ゴールドソープ階級図式は、単純に肉体労働と非肉体労働を区別する方法と比べると、多様な職業をより大きな階級に分類するための土台を提供している。[32]

しかし、ゴールドソープの試みもまた、階級分類の長い伝統の影響を受けていた。第1に、上流階級が階級の評価基準の範疇から除外されていたことである。上流階級は権力と権威を行使するものと考えられていたが、人数が少なく大規模な調査ではその姿を明確につかむことが困難だという事情があったせいか、階級の評価基準によって分類されることはなかった[33]。

第2に、この図式もまた、それまでの分類同様、階級構造における中流階級の区分に主眼を置いていることだ。それまでの分類のように非肉体労働者と肉体労働者を単純に区分するのではなく、管理部門（1、2〔表1-2の分類。以下同〕）、中間的階級（3、4、5）、労働者階級（6、7）という3つのカテゴリーに分類している。「管理部門」が中流階級であることは明らかだが、中間的階級はそれまでの200年間、「下層中流階級」とか、上から3番目の階級などと見られることもあったように、この分類の中でも不明瞭で曖昧な位置を占めている。国家統計社会経済分類は、いまだに中流階級と労働者階級の境界線を重要視しており、実際に、より精密にその分類ができることが、この分類法の大きな長所でもあった。

国家統計社会経済分類が成功したのは、多様な職業の区別をより厳密に説明できたからだ。階級の研究に、それ以前の分類法が採用していた文化や道徳の要素を排した科学的な分類の基盤を提供したのである。この新しいアプローチは現在に至るまで、社会流動性に関する国際的に評価の高い研究の基礎となっている[34]。

しかし、弊害もある。（少なくとも表面的には）この分類による職業にもとづく階級とは直接関連があるとは思えない、文化に関連する階級の目印が近年の社会に蔓延していることに私たちは気づいている[35]。現代の階級を理解するためには、この問題に真剣に取り組む必要があると、私たちは考えている。

私たちの見解では、近年、新しい種類のスノビズム（スノッブであること）が生じている。それは、ある種の人々やライフスタイルが他より優れているとあからさまに主張するものではない。そうした主張は、私たちにとって最も重要な民主的平等の感覚とは相容れないからだ。新しいスノビズムは、「知っている（事情通、物知り）」が根底にある。それによって階級を分類し区別してきたさまざまな行動規範を意識し、誇示するのだ。物事を心得た洗練された振舞いで状況に応じた対応ができる人たちと、それができない人たちとを分かつものだと言える。それは、国家統計社会経済分類が明らかにしたような、職業区分の上層による階級のスノビズムとは異なり、自らの審美眼を誇示するのが重要で当然とする、市場主義消費社会に急増するスノビズムである。

現代社会に生じている新しいスノビズムを支える行動規範を理解する手がかりを見つけるために、私たちはこんにちのイギリスの階級構造を分析する新しい枠組み《フレームワーク》を考案した。

ブルデューの階級分析――継承と文化

ここまで、階級分類の歴史を通して、イギリス人の階級に対する歪んだ執着の足跡をたどってきた。それは中流階級と労働者階級の境界線という問題に象徴され、多くの人々の関心の的であり続けてきた。その分類は、経済、政治、社会的特質だけでなく、道徳的、文化的な特質も示していた。本書が主張するのは、これまでとは異なる原理でこんにちの階級を考察し直すことである。新たな原理は、現在のイギリスの資本主義が以前の姿とは深い意味でまったく異なっていることを見極めたものでなくてはならない。

まずは、私たちのアプローチの基本的な特徴を述べておこう。

階級は根本的に不平等と結びついている。しかし、すべての経済的不平等が階級と関係しているわけではない。例えば、宝くじで100万ポンド〔1億3500万円。1ポンド=135円で換算、以下同〕当せんした人を考えてみてほしい。その人は一日にしてイギリスの上位1%の富裕層の仲間入りをするかもしれない。しかし、だからといって、その人の社会階級が移動するわけではない。不平等が階級として固定されるには、その利益がある程度長い間持続されなければならない。宝くじの当せん者が賞金を不動産に投資したり小さな企業を買収したりして経済資本を蓄積していけば、その人やその子孫が別の階級関係に移動する可能性がある。つまり、社会階級は基本的に前の世代から受け継ぐ、世代から世代への利益の蓄積だと言える。

このような視点を明確に打ち出したのは、フランスの社会学者ピエール・ブルデューである。彼は間違いなく20世紀後半の最も偉大な社会学者だった。1930年に地方の郵便局員の息子として生まれたブルデューは、フランスのアカデミズムで最も輝かしい地位にあるコレージュ・ド・フランスの教授となった。ブルデューの洞察の核心には、彼自身が社会階級を移動し、2つの社会では文化がまったく違っていることに気づいた経験がある。彼は階級の持つ象徴的な力や、恥や烙印という概念と支配形態との関連の仕方に関心を抱いた。ブルデューにとって階級は、「権利を与えられている」とか「見下されている」という人々の感覚と関連があった。ブルデューの研究がこんにちに至ってなお大きな影響力を持ち続けているのは、彼が階級の経済的、社会的側面だけではなく、文化的側面に着目したからだった。

ブルデューは、階級の特権は、彼の言う「資本」にアクセスできることに深く結びついていると考えていた。この「資本」を、彼は「将来にわたって先取できる諸権利」を持つことと定義した。あるグループの人々はある種の資源によって、今後も継続的に繁栄することができる。逆に言うと、資源を持たざる人々は可能性を否定されているということだ。理論的には、このような視点は、「資本（capitals）、資産（assets）、資源（resources）」（ＣＡＲｓ）による階級分析へのアプローチと分類されてきた[36]。ＣＡＲｓの視点が基本的に主張しているのは、階級は、労働の区分（仕事によって単純に定義された）や、搾取のように道徳的な含みを付与された概念と混同するべきではなく、階級を分類するには、資源が不平等に形成されていく過程に着目すべきだということである。

社会は蓄積された歴史により形成されている。もし社会が、交換可能な粒子として扱われている各主体間の、非連続的な一連の瞬間的な物理的均衡に帰着しないとすれば、資本の概念を再び導入して、その蓄積と、あらゆる効果を検討し直さなければならない。

資本とは（具体的に目に見える形であれ、「合同」して具体化した形であれ）蓄積された労働である。それは、各主体あるいは主体の集団により私的に、換言すれば排他的な原理の上に成立するとき、その主体は社会の活力を、具体化された、あるいは生きた労働の形で占有できるようになる。

それは「天性の力」、すなわち、客観的構造にも主観的構造にも刻み込まれている力だが、同時に「天性の法」、すなわち、社会に内在する秩序の根底にある原則でもある。それは社会のゲーム、特に経済のゲームを、いつでも奇跡が起きる可能性があるような、運が左右する単純なゲームとは違う、何かにするものである。

ルーレットを思い浮かべれば、ハンディのない純粋な競争や完全な機会の平等の世界をかなり正確に想像できる。ルーレットは、プレイヤーに一瞬のうちに巨額の富を手にして、ほぼ瞬時に別の社会階級にのし上がる機会を提供するが、同時に、手にした賞金は、次のゲームですべて失ってしまうこともある。それは、慣性のない世界、蓄積のない世界、相続や既得財産のない世界であり、そこでは、あらゆる瞬間は、それ以前のどの瞬間からも完全に独立している。あらゆる兵士は元帥になる野心を抱き、誰もが、一瞬のうちにどんな賞金でも手にすることができる。それゆえ、あらゆる瞬間に、誰もが何にでもなれる可能性があるのだ。

しかし、資本が具体的な形態で蓄積するには時間を要する。また、資本は、同等または拡大した形で利益を産んだり増殖したりする潜在的可能性を持ち、持続する傾向を持つ。資本は事物の客観性に刻まれた力なのである。そのため、すべてのことが平等に可能であったり不可能であったりすることはない。そして、ある瞬間において、さまざまな種類の資本を分配する構造は、社会、すなわち、一連の制約に内在する構造を表している。それは、世界の現実そのものに刻み込まれ、実践における成功の機会を決定し、永続的にそれ自体の機能を支配している。[37]

引用が長くなったが、ここには、歴史的に階級を理解する上で必要な柱が完璧に描かれている。経済学者や社会学者のように、階級を、次々に時が移り変わり急速に流動する世界の中で起こっている一連の取引や関係性として理解するのとは違う。社会を、一連の急速に流動する一時点を切り取ったスナップショットのようなものだと考えると、それぞれの地位をできる限り上昇させようとする主体の世界しか見えない。それは誰もが「歴史の荷物」など背負わず、同じ瞬間に均質化された地位に置かれることを意味する。しかし、ブルデューは主張する。どんな瞬間であろうとも、私たちは、それぞれに異なる財産、可能性、資源を受け継いで社会に生まれてくる。それゆえ、階級は歴史的に構築されるのだ——。

経済的格差は根本的に重要な問題だ。私たちは第2章で経済資本の性質について検討するが、経済資本のみで階級を定義することはできない。ブルデューは、彼が文化資本と名づけた象徴的な力が重要だとも指摘している。文化資本についてのブルデューの議論をここで明示しておきたい。ブルデューが文化資本の果たす役割について考察することになったきっかけのひとつは、現代社会でさまざまなものが継承されるありように関心を持ったことである。歴史上、継承とは概ね親族への経済資本の引き継ぎを意味してきた。経済資本とは、土地家屋、貯蓄、家財道具や家宝などである。しかし、ブルデューは経済資本以外にも継承されているものがあると主張した。そのひとつは、学歴の形をとった文化資本と関連する。高学歴の親たちは、意識的であるかどうかはともかく、子どもに学校や大学で良い成績をおさめる能力を伝える。それによって良い仕事を得るための資格を手に入れるのだ。これは直接的な相続とは言えない。自分の学士号を娘や息子に与えることはできないからだ。しかし、この種の相続が機能している可能性は高い。これは、ある種の文化的嗜好が他のそれより優れている、または「正統」だと考えられていることによる。

文化資本は経済資本のように直接的に継承されないため、その重要性は認識されにくい。経済資本の価値に疑いを持つ者はいないが、文化資本の力の源泉は、それが直接的に認識できないことにこそある。

ブルデューのこうした考察は、人類学を学んだ経験から生まれたと言ってもよい。人類学では、「贈与の習慣」が重視されている。[38] ブルデューにとって、贈与とは「現実を否定する現実」である。贈り物を利他的で自由意思による行為とは考えずに、贈った側が贈られた側に感謝の気持ちを持たせるための利己的な道具と考えると、贈り物はその本来の意味を失ってしまう。例えば、もし私たちが、贈られた花は、贈り主に美味しい料理を振る舞うよう仕向けるための道具だと感じれば、その花の贈り物としての価値は下がることになる。私たちはその贈り物を、心理的に私たちを操作するための道具だとか、支配のひとつの形だと考えるかもしれないのだ。

ブルデューはこうした考察を推し進め、象徴的暴力という概念に到達した。ここで言う暴力は実際の肉体的暴力ではない。私たちが暗黙のうちに支配を受け入れたとき、象徴的暴力はすでに発生している。それは、歴史上の権力への「順応」を示している。

ブルデューによれば、文化資本もこのように力を発揮する。財産の相続はわかりやすい。親類が集まって、遺書を読み上げる弁護士に耳を傾ける姿が目に浮かぶ。しかし、文化資本の継承は不明瞭だ。その上、能力主義の実績と努力の名のもとに隠されている。したがって、文化の重要性は、それが力を発揮し始めた瞬間、表面上は否定される。ブルデューによれば、文化資本が資本の形で力を発揮するためには、不明瞭でなければならない。文化資本は、それが誰の目にも明らかな特権だと認識された瞬間に、異議を唱えられ、その力は抵抗を受けることになる。

一例を挙げよう。後で詳述するが、その例は、能力主義がどのように、新しいスノビズムの出現を可能にしたかを議論する基礎となるだろう。古い教育カリキュラムでは、古典文学やクラシック音楽など正統的な知識が、大衆文化よりも明らかに重要視されていた。有り体に言えば、大衆雑誌ではなくシェークスピアを読めということだ。そのため、家族と劇場に行ったり文学談義をしたりする子どもは、そうではない子どもより学業に優れていた。しかし、このような教育カリキュラムが、元々恵まれた社会集団を有利にしていることが判明すると、つまり、文化資本が認識されるようになると、教育改革の動きが起こってカリキュラムは変更される。実際、教育改革の運動は幅広い成功を収めてきた。こうして、現在のAレベル〔高校在籍中に取得する一般教育科目の上級課程〕の英文学のカリキュラムには、アメリカの黒人女性作家で公民権運動活動家のマヤ・アンジェロウの詩集 *And Still I Rise*〔『それでも私は立ち上がる』邦訳なし〕や、スコットランドの詩人キャロル・アン・ダフィーの *Feminine Gospels*〔『女性の福音』邦訳なし〕、オーウェン・シアーズの *Skirrid Hill*〔『スカレッド・ヒル』邦訳なし〕などの作品が、テニスン卿やブロンテ姉妹などの権威ある作品とともに収められるようになった。(39)

重要なのは、文化資本を固定された嗜好ではなく、変わりやすい現象であると解釈することだ。本書が明らかにしようとするのは、文化資本の性質が変化し、現在では、国際的で風刺的な形をとり、多元的で反エリート主義的になっていることだ。しかし、そうした表向きの姿で、文化資本の本質を理解すべきではない。気軽に、優雅に、異なるジャンルの文化の間を行き来し、それぞれの文化の分類と類型を楽しむことこそ、こんにちの文化資本の本質であるかもしれないからだ。

高学歴の人々は学校や病院で物怖じせず、自信を持って自己主張することができる。そのため最高のサービスを受けられる場合が多い。しかし、そうした教育資源を持たない人々は、自分には資格がないとか、恥ずかしいなどと思いがちで、明確かつ効果的に自己主張することができない。自己主張ができなかったことでさえ、自信に欠けている自らの責任と考えることが多い。このような権利にかかわる感覚の不平等は些細な問題ではなく、個人の性格の問題のような単純なことでもない。蓄積され制度化されることによって、こんにちの階級の働きに強くかかわる問題である。

本章の最後に、ブルデューが社会関係資本の重要性についても詳述していたことを指摘しておきたい。社会関係資本とは、人々の社会的ネットワークの範囲と性質であり、人生におけるチャンスに影響を及ぼすものだ。社会関係資本は、経済資本や文化資本と同じように時を経て蓄積していくものであり、仕事や住居やすばらしいチャンスなどを得るための情報源になりうる。社会関係資本にも文化資本と同様に、誤った承認が浸透している。私たちは一般に、「親友」とは、いかなる場合も大切にすべき友人だと考えている。親友のために何かしても、見返りは期待していないと思い込んでいる。しかし、実際には、そうした友情であっても、長続きさせるには多少の相互依存関係が必要だ。いくら親友でも、何度メールを送っても返事をくれなければ、うんざりするであろう。

こうした一般的なアプローチは、さまざまな方法で応用することができる。例えば、「地域の道徳レベルの決めつけ」という概念も理解できるはずだ。これは、それぞれの地域が、評判が悪いとか、きちんとしているとか、気取っているなどの、住人の特徴にもとづいた強い文化的な意味合いを連想させるということだ[40]。このように、地域の景色には、誰にでもわかるようにはっきりと階級が刻みつけられている。若者の文化や仲間意識を表す「チャヴ」「ナード」「ギーク」などという言葉も、階級と文化的価値の関係を表している［チャヴ：スポーツウェアを着た不良っぽい態度のいわゆる「下層階級」の若者。ナード：オタクの一種で、内向的、特定分野の知識が豊富、文化系でスポーツに興味を持たないなどの特徴を持つ者。ギーク：技術系のオタクで、コンピュータやインターネットについて、卓越した技術や知識を有する者］。

ここまで見てきたとおり、階級は、数え切れないほど多くの蓄積と堆積の産物である。階級は、年齢やジェンダー、人種、民族などに起因する他の不平等と相まって、これら各種の資本に由来する優位性という特有の結晶体として形成されている。とはいえ、論より証拠である。次章からは、階級理解についてのこのアプローチによって、どのような洞察が得られたかを見ていきたい。

私たちの主張は単純だ。従来の階級研究は基本的には職業を基準にして、中流階級と労働者階級の関係に焦点を絞ってきた。そしてその社会的分断が、人々の大きな関心と不安を喚起していた。しかし、私たちは資本という概念に光を当てて、資本がどのように蓄積され、継承されていくのかを明らかにしたい。

このような方法で階級の実態を検証すれば、これまでとはまったく異なる階級構造が明らかになるだろう。そこでは、少人数の富裕なエリートと、ほとんどなんの資源も持たないプレカリアートとの対比がくっきりと浮かび上がるだろう。そして、その両極の間には、それ以外の多様な階級がパッチワークのように存在している。それらの階級は、それぞれ特徴的に組み合わされた資本を所有しているが、どの階級もヒエラルキーの最上位に君臨するエリート層との境界線には近づくことすらできない。

第2部

資本の蓄積と社会階級

第2章

社会階級と経済資本

不平等のパラドックス

私たちは根源的にパラドックスの中に生きている。経済格差はこの数十年で劇的に拡大した。こんにちのイギリスは、先進国の中で最も不平等な国のひとつになった。税込み各種福祉給付金給付前の所得で比較した場合、イギリスより経済格差が大きい先進国はポルトガルとアイルランドだけである。課税と福祉給付による再分配後を比較しても、イギリスの経済格差は大半の先進国より大きい。

格差は拡大しているが、統計調査はイギリス人が不平等に納得しているわけではないことを示している。経済格差を批判する人は多数派で、イギリス人の78％は富の再分配を支持している。(1)

このような厳しい経済競争の渦中にあっても、自身に関する問いになると、単純に勝者であるとか敗者であると回答する人はほとんどいない。英国階級調査の偏りを修正するために実施したインタビュー調査では、対象者に自分の経済ランクはどれくらいだと思うか質問した。典型的な3つの回答を紹介しよう。

質　問　わが国に、他の人たちより裕福な人たちがいるのは明らかです。経済的に上から1～10にランクづけするとしたら、あなたはどのランクに当てはまると思いますか?

回答1　**ジェイン　世帯所得6000ポンド**［81万円］、**資産なし、貯蓄5000ポンド**［約68万円］

「真ん中くらいかな……。ちゃんと暮らしていけてるし、贅沢したいとも思わないから。コンピュータも持ってないし、ほかにも持ってない物はいろいろあるけど、旅行もしないし、なんとか生きていくには十分だわ」。

回答2　**ジェレミー　世帯所得6万ポンド**［8１０万円］、**資産価値25万ポンド**［3３7５万円］、**貯蓄なし**

「うーん、そうだな、よくわからないよ。なんていうか、絶対に、うーん、真ん中あたりにいたいんだよね、そうだな、5だよ。直感で5だと思います」。

回答3　**フィオーナ　世帯所得6万ポンド**［8１０万円］、**資産価値70万ポンド**［9４5０万円］、**貯蓄10万ポンド**［1３5０万円］

「そうですね、たぶん6くらいかしら。持ち家だけど、車を見たらわかるでしょ。あんまり物にはこだわりません。ぼろぼろになるまで使うことにしてるの。そうね、6か、もしかしたら7かしら」。

ジェイン、ジェレミー、フィオーナの経済的状況には顕著な違いがあるが、３人とも真ん中あたりと回答している。元ショップ販売員のジェインの収入は公的年金のみで、所得はかなり低い。資産はなくグループホームで暮らしているが、ささやかな貯蓄がある。コンピュータを持たず、旅行もできないほど経済的に困窮しているにもかかわらず、自分では所得ランクは中程度だと考えている。

ジェインの対極にいるのがフィオーナである。職業はＩＴ企業管理職で、所得は上位10％に入る。評価額の高い住宅を所有し、貯蓄も多い。にもかかわらず、彼女もまた中程度だと言い、物欲はなく倹約の習慣を強調した。相当な経済資本を所有しているが、それを誇示するどころか恥ずかしいと感じていることが窺える。

ジェレミーは、ジェインとフィオーナの中間にいる。所得は高いが、住宅の評価額はフィオーナより低く、貯蓄はない。彼も自分を「5」に位置づけている。

これは何を意味しているのだろうか。3人の話を額面どおりに受け取らず、その深層を探ってみると、別の事実が浮かび上がってくる。自分の経済的ランクを中程度と答える人は多いが、実際に裕福ではない人々は、その事実がこれまでの人生と現在の暮らしぶりを制限してきたことをよく自覚している。

例えば、ヨークシャーに住む貧しい年金生活者のアリソンは、インタビューの間にたびたび金銭のことを口にした。過去の彼女の仕事は「賃金が高かった」かどうか、「お金が足りなくて」娘を大学にやれなかった、などといった話である。離婚後、彼女と娘の生活のために「いくらかのお金」が入ってくるようにする必要があったとか、友だちとは「あまりお金のかからない」ところで遊ぶ……。彼女は「なんとかやっていく」ことを学んだ……「その気になれば、なんとかやっていけるものよ」とも話している。

一方、裕福な人たちはまったく違っている。ロンドンに住む経営コンサルタントのルイーズは経済分布の上位にいる。所得は22万5000ポンド［約3038万円］で、住宅の評価額は

200万ポンド［2億7000万円］近く、そのほかに10万ポンド［1350万円］を超える資産がある。最初に経済ランクの自己評価をたずねると、じつに素っ気なく、「さあねえ。わからないわ。お金なんて重要だと思わないし」と答えた。「私はお金のために何かしたことはありません。何かするのは、やりたいから。所得のランクって言われたって、わからないわ」。彼女は自分の人生で金銭は重要ではないと言い、金銭は好きな仕事を熱心にやった結果、それも計画的にではなく偶然、手に入っただけだと強調した。つまり、裕福な人ほど金銭を軽視する素振りを見せているのがわかる。

しかし、ルイーズにとっても実際には金銭は重要であり、彼女も本当はそのことを理解している。労働者階級の出身で、借金に苦しんだ経験のある彼女は、経済状態が安定し、不安がなくなった現在の立場から、裕福になったことについてこう話している。

30歳になったときには、年収は10万ポンドを超えてたかしら。台所に食べ物がぜんぜんなかった頃を思い出すと、よくここまで来られたなって思いますね。

インタビューを分析すると、所得の少ない人々は必需品を購入できず、その生活は抑圧されており、富裕層——ブルデューの表現を借りれば「必需品に困窮する状態から程遠い」人たち——は金銭の無慈悲な強い力から距離を置くことができていることがわかる。どちらも経済分布では中程度だと自己評価しているとしても、その理由はまったく異なる。

次に、年齢に差があり、収入は同程度だが境遇が顕著に異なる2人の女性の例を紹介する。ロレインは離婚して持ち家を出て、思春期の10代の息子2人を連れて小さな借家に転居して以来、収入の不足に悩んで生活してきた。職業はフォークリフトの運転士で、「最低ではないけど、給料はとても安かった」と言う。年収は約1万1000ポンド［約149万円］と明かした。彼女は住宅の購入を望んでいたが、悩んでいた。いざというときのための4万ポンド［540万円］の貯蓄があるが、収入が十分ではないため「結局、資金が足りない」と言った。彼女のケースは、離婚して経済状況が激変した人が経験する「ショック」の一例だ。

シャーロットは定年退職した元教員で、年金と「あちこちからちょっと入る収入」で年収は1万2000ポンド［162万円］余り。所得は同程度だが、彼女は自らの境遇をロレインほど悲観していない。シャーロットも離婚しているが、子どもたちはすでに成人している。貯蓄も「クッション」になる程度には十分で、自宅は持ち家だ。彼女はやりくりの能力に大いに自信を持っている。貯蓄できたのは持ち家などの資産があったからだが、彼女自身は、質素に暮らすよう心がけてきたからだと考えている。「所得はそれほど多くありません。けれど、私はやりくりを知っています。しっかりと倹約できる性質なんです」。

ロレインとシャーロットの大きな相違は年齢と家庭環境だけではない。「資産ランク」上の位置が異なる。ロレインは離婚で資産を失い、その後、元のランクに戻ることができなかった。

他方、シャーロットには持ち家という資産がある。2人のインタビューを分析すると、それぞれ経済資本の中の別の構成要素をやりくりしており、そこからは、人々が自身を10段階の単純な経済ランクに位置づけるのは難しいことが窺われる。それと同時に、ロレインとシャーロットのどちらも、自身の経済ランクを過去の自分のそれと比較して考え、現在の経済状況を過去の自分の経験にもとづいて理解する傾向があることがわかる。

これまでに紹介した例だけで考えても、経済区分は人々のアイデンティティに決定的に刻み込まれていることが確認できる。しかし、そのあり方は非常に複雑で、「金持ち」「貧乏」「中くらいの収入」「低収入」などという言葉で表現できるほど単純ではない。イギリスは不平等な国であり、格差はますます広がっていると指摘したところで、人々がその不平等を人生でどのように経験しているか、身近にある格差をどのように感じているかを把握したことにはならない。

格差には、複数の異なる力が働いていることが、ここで紹介した例からもわかるだろう。人々は自分の富を誇示することはないが、同様に、最下層にいるという恥と烙印を認めることもない。インタビューからは、人々には自分の経済ランクを曖昧にしたがる傾向があることがわかったが、それでも私たちは、このような不平等が人々の生活や人生にとって非常に重大な問題であることを強調しないわけにはいかない。

所得格差の意味

イギリス人の所得格差は非常に大きく、しかも急速に拡大している。*The Spirit Level*〔邦訳『平等社会　経済成長に代わる、次の目標』東洋経済新報社、2010年〕の著者リチャード・ウィルキンソンとケイト・ピケットは、格差を計測する基準となるジニ係数を使って、加盟国が大幅に増えた2004年以前に欧州連合（EU）に加盟していた15カ国に、オーストラリア、カナダ、アメリカ合衆国を加えた各国の国内の経済格差を比較している。(2) 図2-1は、国内の所得格差を比較したグラフである。ジニ係数が大きいほど経済格差は大きい。イギリスの世帯所得格差は全体の2番目で、イギリスより格差が大きいのはアイルランドだけだ。グラフは2008年から2010年の間にイギリスでは格差が拡大したことも示しているが、これはイギリスに限ったことではない。この時期には、経済協力開発機構（OECD）の統計の対象となった国々の大半で格差は拡大しており、金融危機の影響と考えられる。

イギリスではなぜこれほど所得の格差が大きいのか。イギリスは世界の貿易や企業、専門職、金融などのネットワークの中心の一角であり、富裕層はその恩恵を受けている。他方、製造業の雇用の減少や、産業にサービス業の占める割合が大きくなった経済構造の変動により低賃金雇用が増加したことに影響を受け、貧困層の生活はますます苦しくなっている。

図2-1　欧州連合各国と英語圏諸国の国内経済格差

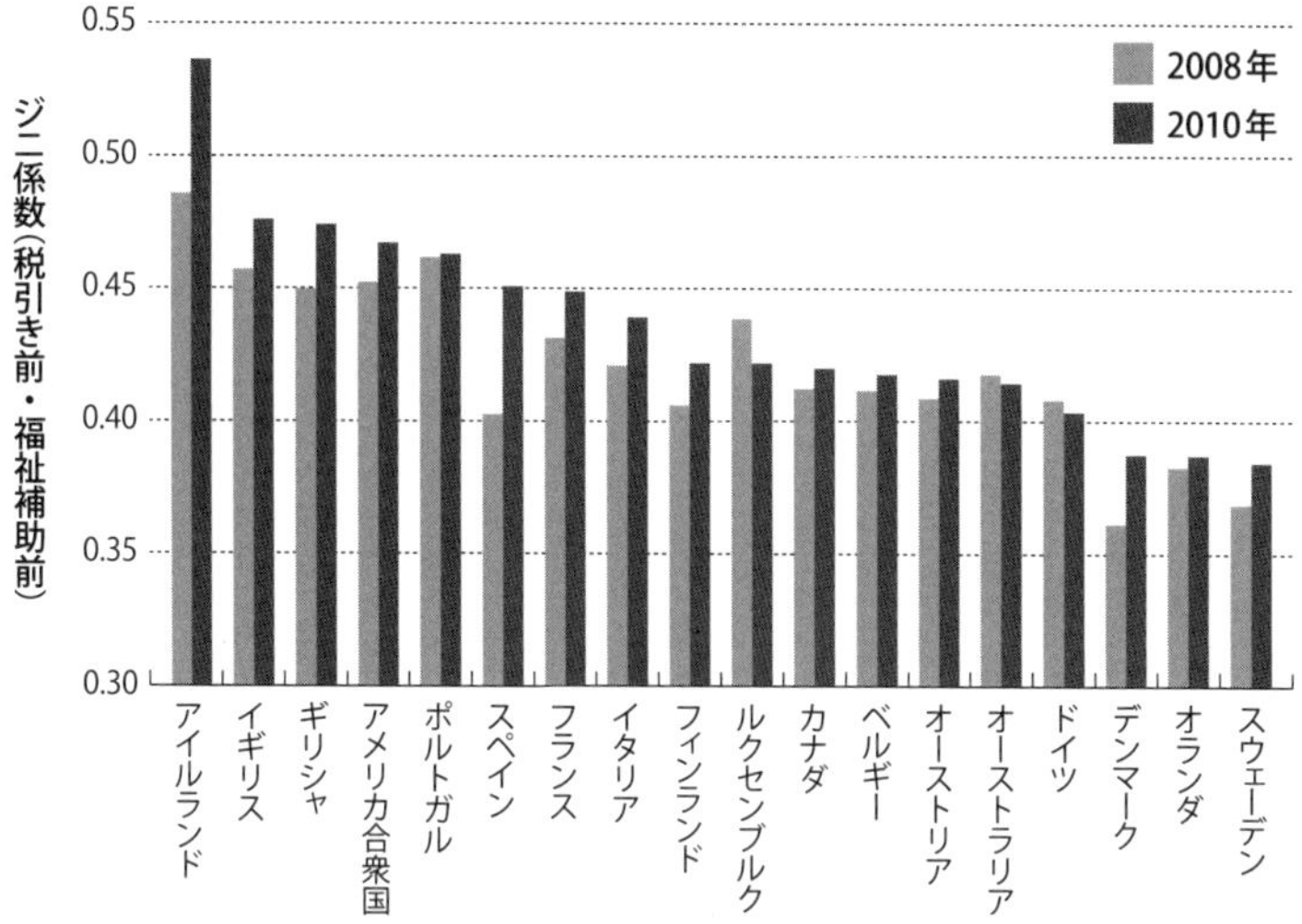

出所：社会保護と福祉――社会保護――収入分布と貧困（Social Protection and Wellbeing – Social Protection – Income Distribution and Poverty）．2015年5月22日，経済協力開発機構（OECD）の統計ウェブサイト（https://stats.oecd.org/index.aspx）より取得

所得格差の拡大は地域間格差にも直結している。ロンドン市内で颯爽と働く人たちは基本給やボーナスで高給を得ている。一方、イギリス全体では、経済ランクの底辺にいて、低賃金の長時間労働を強いられるサービス業に従事する人の数はますます増加している[3]。イギリスの経済構造には歪みが生じているのだ。他の国々はもっとバランスのとれた雇用の枠組みになっているのに、イギリスでは所得の格差がより大きくなっている。

このような著しい所得格差は能力主義によると考えることができる。能力主義の社会では、高い要求をこなし、責任ある業務に就く実力のある人にインセンティブが与えられるからだ。そ

表2-1　職業階級と所得格差（2011年1〜4月）

職業	平均年収（ポンド）
上級の経営職・専門職	45,362
下級の経営職・専門職	29,419
中間的職業	18,178
中小企業経営者，自営業者	（データなし）
下級の監督職・技術職	20,874
定型労働	14,944
半定型労働	13,389
労働未経験者，失業者，分類外	9,857

出所：労働力調査（Labour Force Survey）（2014年）

れが正しければ、極端な格差は、競争の激しい環境で働く能力を備えた労働力の需要が高いことを反映していると考えることができる。第1章で検討したように、国家統計社会経済分類（NS-SEC）の論理に従うなら、専門職や経営支配層のような、より高い技量が要求される仕事に就く人たちは応分の報酬を得ているということだ[4]。表2-1に2011年の階級間所得格差を示した。階級分類は国家統計社会経済分類による。表が示すとおり、職業階級間には所得の格差がある。最上位に位置する「上級の経営職・専門職」の所得は、下層の「定型労働」の約3倍だ。大変な格差に思えるが、所得上位10%の収入は下位10%の約17倍であり、上位1%の所得が下位1%の約124倍であることを考慮すると、それほど大きな違いとは言えないのかもしれない。

またこの表からは、最上位の「上級の経営職・専門職」の所得が突出していることがわかる。2番目の

表2-2　職業階級と所得水準

	所得ランク下位20%	中位20%	上位20%
上級の経営職・専門職	3	10	59
下級の経営職・専門職	8	19	33
中間的職業	18	28	8
下級の監督職・技術職	10	25	15
半定型労働	36	19	3

出所：労働力調査（Labour Force Survey）（2014年）

「下級の経営職・専門職」より所得が約1万6000ポンド［約216万円］多いが、「下級の経営職・専門職」と「定型労働」の所得格差はそこまでは開いていない(5)。

表2-2には、所得上位20%、中位20%、下位20%の、各職業階級における分布を示した。職業階級と所得は完全に一致しているわけではないことがわかる。平均年収が最も少ない「半定型労働」でも、その3%は所得上位20%に入っており、反対に「上級の経営職・専門職」の3%は所得下位20%に入っている。私たちは可能性と傾向の問題を見ているのであって、もちろん、所得は単純に職業だけで決まるものではない。

所得分布の上位集団では、所得と職業の関連性はより薄くなる。特定職業の所得が詳しくわかる英国階級調査のデータは、それをよく示している(6)。表2-3は上級職の職種別平均所得である。CEOの平均給与は科学者の2倍に近いなど、同じ「上級の経営職・専門職」のグループでも、職種により平均給与に大きな差異がある。CEO、医師、法律家、金融仲介業の平均世帯所得は7万ポンド［945万円］を超えるが、科学者、公務

表2-3　職業群の平均年齢と平均所得

職業群	平均年齢	平均給与（ポンド）
科学者	36.1	47,928
エンジニア	37.2	51,237
IT専門職	38.3	55,296
医師	36.9	78,221
医療専門職（医師を除く）	38.0	58,924
大学教員	45.2	62,640
教育関連専門職	44.5	57,901
法律家，法廷弁護士，裁判官	34.3	79,436
公務員（医療関係を除く）	39.9	53,163
会計士	36.4	59,118
CEO，取締役，社長	44.9	93,881
企業幹部（CEO，取締役，社長を除く）	38.6	63,233
金融仲介業	38.2	74,130
ジャーナリスト	35.8	50,168
国家統計社会経済分類で最上位に分類される，上記以外の職業	39.6	54,738

員、ジャーナリスト、ＩＴ専門職、エンジニアの所得は６万ポンド［８１０万円］に達していない。このような所得の差に年齢は概ね無関係である。平均年齢の低い法律家の所得は最高の部類だが、平均年齢の高い大学教員の所得はそれより低い。

つまり、所得上位の階層では、所得の高さが職業の階級で決まっているわけではないのである。スキルや専門性、権威が同等レベルと思われる他の職種に比べ、高収入を得られる職種があるということだ。

最高の所得区分に入る職種にはどのような要素があるのかは後の

章で検討することにして、本章では、富の分配とより関連が深い、所得とは別の経済資本を考察してみたい。

資産と階級

ここまで、所得に限っても大きな経済格差があることを明らかにしたが、経済資本の格差には、別の側面もある。経済資本には、所得のほかに、貯蓄、年金受給資格、不動産資産などの潜在的金融資源も含まれる。従来の階級研究は、そうした経済資本の価値をほとんど検討していないが、実際には重要である。ピケティは、住宅関連の資本は、2010年には国全体の資本の半分を超え、国の資本の最も大きな要素になっていると指摘している。(7)つまり、富の多くは、高所得に由来するとは限らないということだ。(8)

やや古いデータであるが、シルミンスカからの研究によると、2000年にイギリスの全世帯が所有していた純資産は平均17万3641ポンド［約2344万円］だった。(9)これは一世帯の平均年収の5倍に相当する。また、多くの場合、純資産は2000年以降、大幅に増加している。近年の試算では、「ドル建て百万長者」は200万人にのぼる。つまり、それらの人々は、純資産として莫大な富を持つということだ。私たちのインタビューの回答者たちが、収入だけではなく資産も強く意識していたことも理解できる。イギリスの純資産はイタリアよりはいくらか少なく、アメリカやルクセンブルクよりはかなり少ないが、ドイツやスウェーデンよりは多い。

純資産の総額の重要性を考察するには、絶対的な富と相対的な富の区別を考慮しなければならない。絶対的な富とは社会全体の資本の合計であり、相対的富とは社会を構成する各世帯に配分された富である。イギリスでは絶対的な富はこの数十年で激変した。1980年には2兆ポンド［270兆円］だった貯蓄、住宅、家財・貴金属などの個人資産の総額が、2005年には3倍になり、インフレを考慮した不変価格で6兆ポンド［810兆円］を超えた。[10] 対GDP（国内総生産）比の総資産の割合も同じ時期に、300％未満から500％超と2倍になったのである。[11] 過去30年の社会全体の富の蓄積は莫大であり、イギリス社会の経済資本の総量の大規模な蓄積を証明している。

これは重要な問題である。毎年の社会全体の所得が、事実上、減少していることを意味するからだ。人々が自分の経済状況について考える場合、確かに現在の所得は大きな位置を占めるかもしれないが、しかしそれは、蓄積されてきた富にもとづいたもっと広い意味での経済状況の、一部分にすぎない。フェイスブックの創設者マーク・ザッカーバーグのような類い稀な起業家の一獲千金の物語に目を曇らせ、10億ドルの財産をわずか数年で築くことができると考えてはいけない。ブルデューやピケティが指摘しているとおり、資産の蓄積は長いプロセスなのである。[12]

こうした富の絶対的な増加は、社会の分断をさらに広げてしまう。登山にたとえると、資産を持たない人が、経済ランクの頂上を目指す場合、30年前と比較し、山頂が何倍も高くなったのと同じだからだ。いくらかの資産があって、山の中腹から登頂を目指す人にとっても同じだ。社会全体の富の全面的かつ絶対的な増加は、連鎖的に社会の格差を増大させる。富の分配の不平等が大きくなっている場合は、特にその傾向が強くなる。2005年の不変価格で比較した場合、上位1%の人々の資産の市場価格の平均は、1976年の70万ポンド［9450万円］から、2005年には3倍以上の223万ポンド［3億105万円］にまで膨れ上がった。他方、下位50%の人々の平均資産は、同じ時期に、5000ポンド［約68万円］から1万3000ポンド［約176万円］に増加したにすぎない。(13) 麓から頂上へ這い上がるために必要な資産は、30年間に3倍に増加したことになる。「富の山」はこんにち、かつてないほどにそびえ立っているのである。

経済資本の分析に富を持ち込んだことには3つの意図がある。第1に、人々にとって、所得は唯一の経済資本ではないことをはっきりさせるためだ。所得は主要な経済資本ですらない。富裕層では特にそうだ。これについては、本章のはじめの部分で紹介したインタビューの内容からも明らかになっていたが、その理由もこれで確かめられた。

第2に、経済資本を持つ人々と持たざる人々の絶対的格差が増大しつつあるためだ。自力で成功を目指すには、かつてより多くの資産を手に入れなければならない。第3に、こうした状況下で山頂に到達するには、長期にわたる蓄積がより重要になっているからだ。第6章で詳述するが、本人の若い頃からの継続的な努力だけではなく、親からの援助の有無の重要性が増していると言える。これが正しければ、経済資本は受け継いだ富の固定化と考えるべきだ。年長者から若年層への資産の譲渡は、それを明確に示す事例である。

親からの援助、とりわけ裕福な親からの援助は、若年層にとって大きな意味を持つ。親の29％は別居している子に経済的援助をしており、子の独立期を迎える人が多い45歳から54歳に限ると、その割合は45％にのぼる。[14] イギリスの多くの人々の間で、かなりの富が相続されている。それは富裕層に限られたことではないが、資産額上位20％の人々は、下位の人々と比較して資産を相続する可能性が高く、その金額も大きい。上位20％の平均相続額は5万9000ポンド［約797万円］で、下位20％は2万7000ポンド［約365万円］である。[15] このようなメカニズムで、富裕層の資産はますます蓄積される。ジョン・ヒルズらはそうした実態を、「裕福な家系の優位は長期間継続する」と結論した。[16]

一般論として資産の重要性を明示したが、資産の最も重要な構成要素として、住宅に言及しておきたい。イギリスでは、住宅の資産価値は1920年代には平均国民所得とほぼ同じだったが、現在では約300％に高騰している。2000年の統計では、住宅資産は純資産総額の76％に相当し、アメリカの54％など、他の先進諸国と比較しても割合が大きい。それでは、経済資本において住宅資産はどのような意味を持っているのだろうか。

不動産市場

こんにち、所有者が居住する住宅は経済資本の蓄積と関連づけられ、その結果、3つの現象が起きている。①借家に住む人と持ち家の人の間に明確な区別が生じる、②経済資本の取得においては年齢が重要である、③富は場所によって差別化され、経済資本は各地の住宅市場の価格騰貴の影響を受ける。この3つの要素をつなぐと、借家人は資本を蓄積するすべを奪われていて、その傾向は借家人が多い若年層と住宅の高騰が著しいイングランドの南東部で顕著である。つまり、住宅市場の動向は、格差を増大させる仕組みに完全に組み込まれているのである。

イギリスでは、住宅の所有が富を作り出すことがよく知られている。20世紀には継続して、住宅の所有者は増加していた。[17] マーガレット・サッチャーの時代は殊に顕著で、イギリス初の女性宰相は確実にイギリスを持ち家の国にした。しかし、そのマイナスの側面として、国内のほとんどの地域で、公共住宅に住むのは恥ずべきことだとの意識が植えつけられていった。[18] 公営住宅の借家人への売却は、サッチャー政権時代に最も人気のある政策のひとつだった。それは大衆の願望を叶える政策として立案され、マイホームを夢みる公営住宅の住人の多くが、割引価格でそれを手に入れた。殊に近年住宅価格の高騰が著しいロンドン中心部やインナー・ロンドンと呼ばれる区域の公共住宅を購入した人たちは、破格の値段で資産を築くことができた。[19]

こんにち、住宅資産を持つ者と持たざる者の間に大きな格差が生じている。また、新しい公営住宅の建設は、売却された古い公営住宅の補充に追いついていない。地方自治体が古い公営住宅の売却で得た資金を新たな公営住宅の建設に充てることを政府が許可していないからだ。こうした政策は、長期的に多大な影響を及ぼす。住宅価格の急騰もあり、住宅所有率は２００１年から２０１１年の間に69％から64％へと、１００年ぶりに下落したのである。[20]

住宅は資産として大きな意味を持つ。特に経済区分の底辺に近づくほど意味は大きくなる。ごく小さな経済資本しか配分されていない経済の底辺にいる人々の間で、持ち家のある人とない人の大きな断絶が生じるからだ。最も重要な経済的階級の境界は、従来の中流階級と労働者階級を区別する肉体労働者と非肉体労働者の間ではなく、最下層の「プレカリアート」との間にあるべきだと私たちが考える理由のひとつは、ここにある。プレカリアートは経済資本をほとんど持たず、大半が借家に住んでいる。その事実が、彼らの不安定な状態と不利な地位を決定づけ、住宅資産のランクづけで上位に移動する現実的な可能性を奪っている。

もちろん、持ち家のあるなしによる分断には、年齢も関係している。若年層の大半が住宅を購入できなくなっているため、年齢による格差の拡大が明らかだからだ。２０１４年7月の、ホームレスを支援する慈善団体「シェルター」の報告によると、20歳から34歳の２００万人近くが親と同居している。その実態から、「翼を折られた世代《クリップト・ウィング・ジェネレーション》」という言葉も生まれた。[21]

経済格差を拡大してきた長期の政策の結果、住宅市場にとどまらず、さまざまな問題が生じている。1980年代以降、公営住宅予算が抑制されてきたため、公営住宅の家賃値下げの要求が大きくなった。2010~2015年の保守党・自由民主党連立政権は、これに対して、いわゆる「寝室税」を導入した。家族構成に比して広すぎる公営住宅に居住する世帯へペナルティとして課される税金で[22]、その目的は狭い住宅への転居を促すことだった。しかし、寝室税導入後、半年以内に転居した世帯はわずか4・5%にすぎなかった。そして、新税を課された世帯の59%は、家賃を滞納するようになった[23]。

住宅資産の価値は、家屋の所在地により大きく異なる。顕著なのは、首都ロンドンとそれ以外の地域との大きな差だ[24]。こうした差が生じるのは、住宅の価値が大きさと状態だけではなく、住宅のある地域の市場価値に左右されるからである。好ましい地区にある物件には、魅力がない地区にある同じような物件より高い価格がつく。住宅そのものの条件にほとんど違いがないとしても、である。つまり、不動産は、地理的条件や住む場所としての魅力と切り離せない関係にある。住宅は単に住む場所というだけではなく、経済的に恵まれた人々にとっては戦略として投資をする対象でもあるのだ[25]。

近年、都市の住宅地区で、富裕層と貧困層を社会的に隔てる傾向が問題視されている。これに対応する地域計画政策は、民間の住宅開発計画において安価な物件を含めることを事業者に義務づけた。ところが、一部の開発事業者は、表向きは政策に準拠しつつ、富裕層と貧困層を隔てる驚くべき方法で対処している。2014年7月に報道された事例では、市場価格で高価な住宅を購入した裕福な住人と、福祉政策で同じ建物に住むことになった貧しい住人を隔てるために、同じマンション内に別々のロビーや入り口が設けられていた。[26] 富裕層と貧困層が混在し、ひしめき合う大都市での、開発事業者のこうした手法は、今後のトレンドを予見する動きなのかもしれない。

表2-4、2-5は土地登記所のデータから作成した、不動産価格上位下位各20位までの自治体のリストである。上位20位はすべてロンドン市内または近接地域だ。ロンドン都心のケンジントン&チェルシー特別区とシティ・オブ・ウェストミンスターの地価は突出しており、その天文学的な不動産価値は「グローバル・エリート」居住区のステータスを反映している。[27] 平均価格は150万ポンド［2億250万円］で、最安価格地域の20倍に近い。また、上位20位の中でも、最上位の地域は他の地域からかけ離れた価格であることがわかる。ケンジントン&チェルシー特別区の地価は3位のカムデンのほぼ2倍、11位のチルターンの3倍にもなっている。

住宅価格はロンドンから離れるほど下落していく。下位20位のリストには、ウェールズ南部のポート・タルボットが含まれている。かつて鉱業と鉄鋼業で繁栄したが、どちらも衰退し、ここ数十年、大幅なリストラを強いられている。マージーサイド州ノーズリー区の住宅価格は最上位のケンジントン&チェルシー特別区の10%に満たない。これらはいずれも、地理的条件と経済資本蓄積の相互作用による極端な差異の例である。

最後に、年齢と経済資本の関係にも触れておきたい。図2-2に、年齢と経済資本の関係を

表2-4　自治体の不動産価格ランキング（上位）

順位		不動産価値（ポンド）
1	ケンジントン & チェルシー	1,581,747
2	シティ・オブ・ウェストミンスター	1,387,151
3	カムデン	808,061
4	シティ・オブ・ロンドン	754,138
5	ハマースミス・アンド・フルハム	753,911
6	エルムブリッジ	647,992
7	リッチモンド・アポン・テムズ	646,016
8	イズリントン	580,041
9	ワンズワース	568,319
10	サウス・バッキンガムシャー	532,208
11	チルターン	501,446
12	マートン	471,566
13	サザーク	455,625
14	バーネット	451,287
15	ハーリンゲイ	451,050
16	ウィンザー & メイドゥンヘッド	444,132
17	キングストン・アポン・テムズ	443,518
18	イーリング	437,209
19	ウェイバリー	435,451
20	ハックニー	428,970

出所：イングランド，ウェールズ：イギリス政府土地登記所／スコットランド：スコットランド登記簿（Registers of Scotland）／北アイルランド：北アイルランド近隣情報サービス（Northern Ireland Neighbourhood Information Service）

表2–5　自治体の不動産価格ランキング（下位）

順位		不動産価値（ポンド）
367	ノーズリー	114,814
368	ノースイースト・リンカンシャー	114,685
369	イースト・エアシャイア	114,202
370	ノース・ラナークシャー	112,269
371	バロー・イン・ファーネス	111,190
372	ロンザ・カノン・タフ	110,835
373	ミドルズブラ	110,764
374	ノース・エアシャイア	110,569
375	ウェスト・ダンバートンシャー	110,219
376	ボルソーバー	106,657
377	ペンドル	105,705
378	ニース & ポート・タルボット	105,132
379	ブラックプール	103,444
380	マーサー・ティドビル	103,066
381	キングストン・アポン・ハル（シティ）	102,995
382	ストーク・オン・トレント	99,281
383	ヒンドバーン	99,090
384	アイリアン・シア／ウェスタン・アイルズ	98,446
385	バーンリー	83,982
386	ブラエナイ・グエント	83,437

出所：イングランド，ウェールズ：イギリス政府土地登記所／スコットランド：スコットランド登記簿（Registers of Scotland）／北アイルラン：北アイルランド近隣情報サービス（Northern Ireland Neighbourhood Information Service）

図2-2　年齢と経済資本

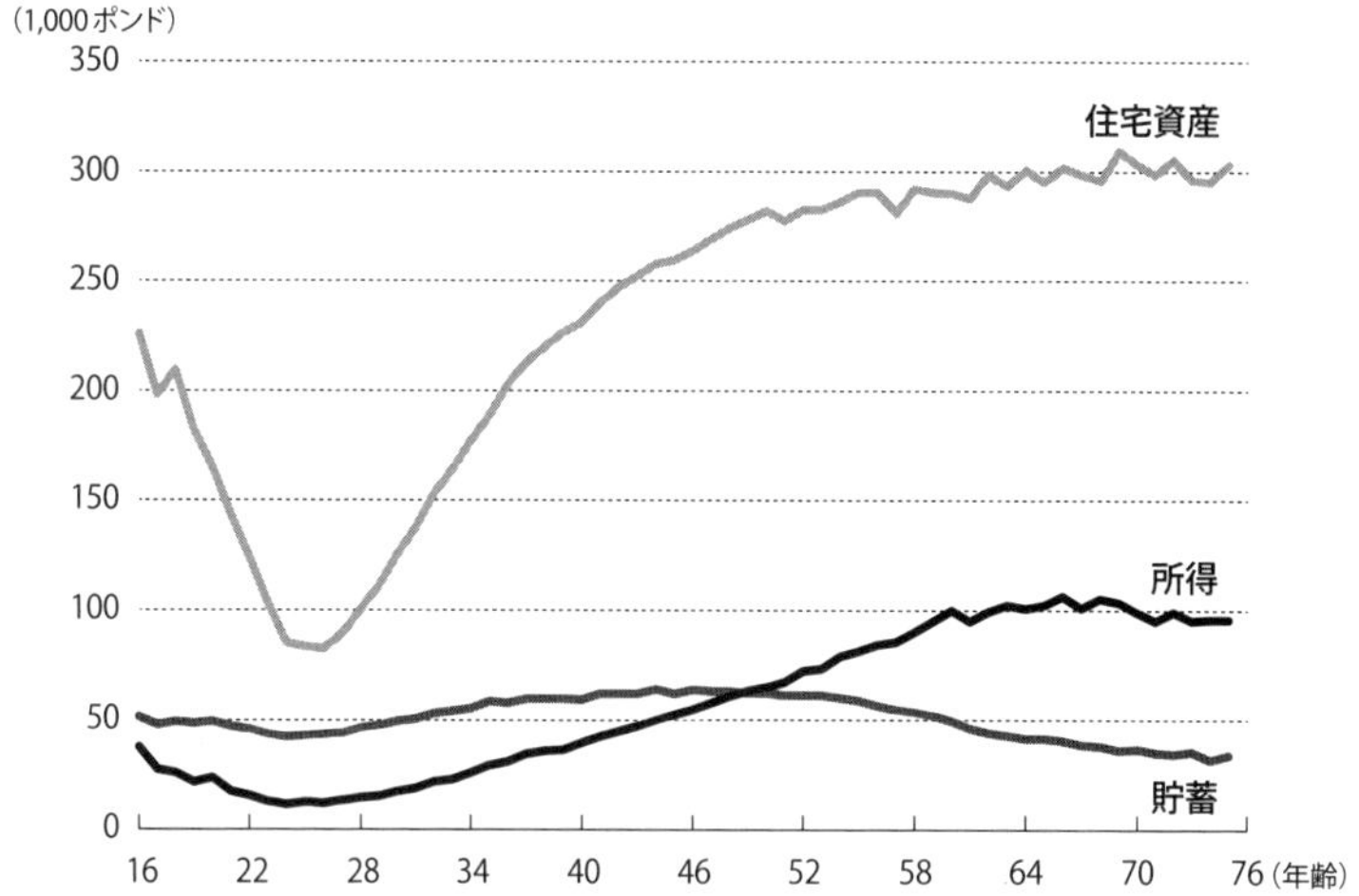

出所：英国階級調査データ

示した。人々の生涯にわたる「絶え間ない蓄積」を見て取ることができる。この図は、経済資本のどの要素も年齢によって同じ傾向があることを示している。20代半ばでは所得、貯蓄、住宅資産とも最も少なく、中年も後期になると最高に達する。20代前半では、たとえ裕福な家庭の出身であっても多くの経済資本には恵まれていない。だが、30年経つと、全体的にみて若い頃よりずっと経済資本に恵まれることになる。資本の獲得は基本的に年齢と結びついているのである。

　以上、考察してきたとおり、経済資本は多面的で、地理的条件や年齢、世代と深く関連している。地理的条件は住宅資産に多大な影響を及ぼす。貯蓄や不動産は、子や孫たちの進学や住宅購入、起業などの大きな助けになるし、最終的に相続させることもできる。ジョン・ヒルズの報告にあるように、「経済的優位や不利は生涯を通し、また世代を超えて増強される」[28]。経済資本の獲得には時間がかかるから、必然的に年齢を重ねるプロセスとかかわっている。相続に関しても同様だ。年齢を重ねることと蓄財は相互に強化し合うと言える。

経済資本の意味とは

ここで再び、人々の経済格差の受け止め方について考えてみたい。すでに考察してきたとおり、所得より資産が相対的に重要であるため、人々が経済格差を考えるときには、職業や雇用形態を他者と比較するだけでなく、居住地域や年齢の相違を比較する傾向がある。このようにして、経済資本の影響は自然なものであると思い込まされている。それで、金銭面の差異は個人的、社会的、地理的要素などと結びつけられ、多くの人々はそれを「当たり前」なことと思うようになる[29]。

特に、多くの経済資本を蓄積するには非常に長い時間を要する。それが、自分の経済状況を考える際に、裕福な人や貧しい人と直接比較するのではなく、自身のそれまでの人生を振り返って評価する理由となっている。人々は自分の経済的成功を、グローバルな社会のさまざまな影響によるものではなく、自分の特別な人生経験と強く結びついたものと考えているのだ。

彼らの人生経験にはいろいろな形があるだろう。居住地と関係している場合もある。イングランド北東部に住む講師のロジャーは、1980年代後半に家族とともにロンドン南部から転居してきた。すでにその頃には、売却したロンドンの住宅と購入した北東部の住宅の価格に大きな差があった。25年たった今でも、彼はこう振り返っている。

私は明らかに得をした側です。ロンドンの自宅がかなり高く売れ、かなり安い物件を買いましたから、一軒家が買えました。私たちは以前よりずっといい暮らしをしているわけですから、そんな贅沢な暮らしをするのはおかしいと思っている人たちもいるかもしれません。

元看護師のスチュアートも、同じような違和感を抱いている。現在は、イングランド南岸部の瀟洒《しょうしゃ》な都市で、ドラッグやアルコールの問題に取り組む地域のグループのリーダーを務めている。自身は資産を相続したことはないが、妻は亡くなった母親からマンションを相続している。年金は十分にあり、妻はまだ働いている。1992年に現在の自宅を10万9000ポンド〔約1472万円〕で購入したが、近くの同じような物件が最近85万ポンド〔1億1475万円〕で売れた。スチュアートはそうした状況に当惑し、「狂ってる」「ナンセンス」「まったくどうかしてる」と呆れている。50万ポンド以上の価値のある住宅を所有している友人たちにこの話をして、こんなことになって恐いくらいだ、運がよかっただけだ、と思っていた。しかし、スチュアートはすでに成人した息子たちに自分が蓄積した資産を譲ることができるわけで、彼はますますその必要を感じていた。

うちは安心です。家がありますから。とんでもない価格になってますよ。だけど、息子たちはいったいどこに住めばいいのかね。フランクのことを考えるとね……。たぶん、まだまだ助けてやらないといけないんでしょうね。最近は男の子の場合、36歳くらいまでは親と同居だっていうから。ずっと親と同居してる場合もあるんだってね。困ったもんです。だけど、とにかく家があるから、うちは安心できますよ。息子たちのためにもね。

インタビューの協力者にとって、住宅資産は経済資本の重要な構成要素だった。次世代に譲り渡せる富でもあるからだ。

同様に、貯蓄の多い人たちも、人生のさまざまな選択を自由に選べると考えている。ナイトクラブで警備の仕事をしているクレイグは、倹約を心がけてきた。不況のときは特にそうしてきた。普段はクレジットカードを持ち歩かず、支払いは現金で済ませる。西インド諸島からイギリスに移住した両親と同様に、住宅ローンの返済を終え、いくらか貯蓄できたことが彼には重要なことだった。子どもたちにも、いざというときに備えて、普段から金銭管理をしっかりして貯蓄しておくように言い聞かせている。

元教員のモニカも同じような考えだった。夫ともども退職後に備え、金銭と選択肢を持つように心がけてきた。「私たちは若い頃から、55歳くらいで引退したいと考えていたの。そのための貯金もしたし、もちろん年金にも加入してきました。働いていた頃は質素な生活を心がけ、できるだけ貯金するようにしていました。夫の両親が亡くなったときにはいくらか相続したから、ちょっと助かったわね。そうね、正直なところ、ずいぶん助かりました」とモニカは語った。人々が関心を寄せるのは、住宅ローンの返済だったり、退職後の快適な暮らしだったりとさまざまだ。それぞれ、経済資本の程度によって、まったく違う制約やチャンスが生まれるのだ。

近年、一部の住宅地が高級化し、不動産市場や都市の文化的社会的構造に変化が生じている。ロンドン中心部に住むイモジェンは、ボヘミアン気質のセラピストで、「リバーシング」と呼ばれる、出生を再体験することで自己を解放する独特のセラピーを指導している。自営業である。貧しい家庭に育ち、幼少期は「生きていくので精一杯」だった。それでも、彼女は25年近く前に5万5000ポンド〔約743万円〕のマンションを全額ローンで購入した。今では、その評価額は42万ポンド〔5670万円〕くらいになっていると彼女は思っている。前年の年収は2万1000ポンド〔約284万円〕で多いとは言えないが、マンションの高騰で不動産という彼女の経済資本はふくらんだ。だが、いいことばかりではない。この土地の高級化で、多くの富裕層が転居してくるようになった。イモジェンは新しい隣人とうまくやっていけないと感じている。「すごいお金持ちばかり」だからだ。

人々の主観的な階級理解は、経済資本だけでなく、文化資本や社会関係資本にも影響を受けている。お金がなくても「上品」でいられるし、逆に、お金があることが必ずしも気品を「与える」わけでも、誰よりも優れた人にするわけでもない。このような、「みんな同じで上も下もない（everyone is as good as everyone else）」という考えについては、第11章でより詳しく検討する。ときとして、人々は「オールドマネー（何世代も続く資産家）」「ニューマネー（成金）」という言葉を使って、経済資本、文化資本、社会関係資本が多い人と少ない人の違いを語る。

一方に王族とか、昔からの大金持ちがいる。「オールドマネー」と呼ばれる人たちだね。その一方で、「ニューマネー」と呼ばれる人たちがいる。いわゆる「庶民の」金持ちだよ（笑）。サッカー選手とか、ポップスターとかね……。彼らはだいたい労働者階級の出身だけど、今はものすごい金持ちだろ。

新しい富裕層の出現

富の蓄積により、新富裕層とでも呼ぶべき人々が出現している。彼らはどのような人々なのであろうか。新富裕層について研究したカタリーナ・ヘクトが興味深いことを指摘している。(30)

英国階級調査のデータを利用して、超高額所得者の収入、貯蓄、その他の資産を比較したところ、それらには強い相関関係があることがわかった。所得が20万ポンド［2700万円］を超える世帯の75％は、評価額50万ポンド［6750万円］以上の住宅に住んでおり、60％には20万ポンドを超える貯蓄があった。

しかし、社会的側面では、新富裕層に共通する際立った特徴があるわけではないと、ヘクトは言う。大学・大学院卒の学歴の割合が多少高いだけだ。けれども、所得が10万ポンド［1350万円］を超える人々には、全体と比べて、伝統的な専門職や上級経営職に就いている家庭の出身者の割合が高く、前者で約2倍、後者では約3倍だった。これらの数字を見る限り、経済資本を多く持つ人々は、恵まれた環境に育った人たちだということになる。これについては第6章で詳しく検討する。

ヘクトによると、英国階級調査に参加した新富裕層は自分が上流あるいは上層中流《アッパーミドル》であることをはっきりと自覚している。20万ポンドを超える高額所得者で自分の階級を上流階級と回答した人は8・4％にすぎないが、全参加者の中でそう回答した人の割合の約14倍にあたる。また、半数以上が自分は上層中流だと回答し、その割合は全体の約4倍にあたる。彼ら新富裕層は、他の回答者に比べて、自分がなんらかの階級に属していると感じる人の割合もいくらか多い。前述のとおり、経済ランクの自己評価では、ほとんどの人が最上位や最下位に位置づけるのを嫌がったが、頂点にいる人たちにはその傾向は当てはまらないようだ。彼らは、自分は上層中流、あるいは上流階級であると認識している。

同じように、年収20万ポンドを超える超富裕層では知り合いに貴族がいる割合が38%で、他の層より顕著に高い。年収が15万~19万9000ポンドの層では27%で、全体では10%に満たなかった。他方、超富裕層は知り合いに郵便局員がいる割合はずっと低かった。オペラを鑑賞する割合は全体の約3倍で、ジムや劇場に通う割合も全体を大幅に上回った。

富裕層は単に裕福なだけではなく、際立った社会的、文化的特徴を持っている。彼らの多くは元々恵まれた階級に生まれ、より特権的な社会的ネットワークを持ち、自身を上流または上層中流階級だと考えている。

経済資本を蓄積した人々には、共通の文化的、社会関係的な特徴があり、それは、現代の階級を考える上で深い意味を持つ。私たちは本書で、その意味を社会学的に解明していくが、本章の最後に、結論として次の4点を整理しておきたい。

第1。経済資本の絶対的な増加は、社会の中間に位置する人々の経済的ヒエラルキーをより複雑で入り組んだものにする。そうなると、以前は明確だった中流階級と労働者階級の境界が曖昧になる。過去30年来の経済資本の絶対的増加により、中流が上流からはるかに引き離され、それよりは小幅ながら、中流と最下層との格差も広がった。また、経済的ヒエラルキーのどの階層においても多様性が出現する結果にもなった。

これは、かつてマックス・ウェーバーやピエール・ブルデューが主張した、経済格差の「段階的な」性質と同じ議論と思われるかもしれない。だが、それとは重要な違いがある。現代においては、中間層の経済資本は不明瞭かもしれないが、最上層と最下層のそれは明確になっている。最下層では、貯蓄はなく、所得も少なく持ち家のない人々がはっきりした集団を形成している。上位の階層でも上位1％とそれ以外の富裕層の間に大きな差は存在するが、英国階級調査が示すのは、経済資本を蓄積した富裕層にある種の統一性が生まれ、特徴的な態度やアイデンティティがあるということである。換言すると、経済的ヒエラルキーの最上層と最下層では、階層の特質が明確になる一方で、イギリス人の大部分が属する中間層は、非常に複雑な様相を呈しているのだ。

第2。経済資本は職業ごとに形成されているものではない。例えば所得は、私たちが思うほど、職業とは関連していない。したがって、職業だけを根拠に富について判断することはできない。また、住宅資産の地理的条件、家族や世帯の状況、年齢などが、さまざまな経済資本の蓄積に深く関係していることもわかってきた。

第3。ピケティやブルデューが指摘するように、経済資本は、長期にわたる蓄積の結晶としてのみ理解できる。銀行家や実業家の武勇伝ばかりが取り沙汰されるが、それは経済資本獲得の物語の実相ではない。大半の人々は、長期にわたる過程を経て経済資本を蓄積し利益を得ているという事実を知るべきである。また、経済的に恵まれた人々は、経済資本とは別の歴史的に共鳴したさまざまな力、例えば、知り合いに貴族がいるといった社会関係的な力や、オペラを鑑賞する習慣があるというような文化的な力や、あるいは上級経営職に就いている家庭の出身であるといったことと、密接に関連している。経済資本の形をとった現代の富は、長期にわたる投資の産物と見なすのが正しい。

第4。経済資本において、所得に対して資産の相対的割合が大きくなっているために、自分の相対的な経済的位置がわかりにくくなっている。経済資本の大部分が所得であれば、職業を比較することで自分の経済的位置は明確になるだろう。そうした世界では、直接的に雇用関係と結びついた階級の対立が生まれる。しかし、給与や賃金以外の所得や住宅などの資産が富の大きな部分を占めると、別の階級との関係について、地理的条件や年齢の側面を意識するようになる。そして人々は、住宅価格が異なる別の地域に住んでいる人たちや、別の世代の人たちと自分を比較するようになるのだ。

第3章

高尚な文化資本と新興文化資本

経済資本は人々が生きていくための必須の資源であり、生活の基盤であるとともに、他者、とりわけ子どもに譲渡可能であることは、誰もが知っている。それに対し、文化的な趣味や嗜好は、個人の領域に属するもので、蓄積したり、他者に譲り渡したりできるとは考えられていない。しかし、ブルデューは、趣味や嗜好が正統なものと認められ、社会的に承認され、高尚で価値があると評価されることは、非常に重要な問題だと考えていた。私たちも同感である。

文化的活動は、ガーデニングから、大英博物館の見学、リアリティ番組の視聴、コンピュータゲームなど多種多様だが、どれもが社会的に同等に評価されているわけではない。賞賛され、社会的影響力のある人々や機関に養成され、奨励されている活動もある。その活動の正統性が社会に認められると、資産となったり、他の活動に対する優位性が生じたりするのだ。

伝統的に「高尚な」文化は大衆的な文化より価値があると広く認められてきた。それには理由がある。第1は、国家による「高尚な」文化活動の振興である。例えば、芸術評議会の予算の大半は演劇、バレエ、美術など「高尚な」芸術への補助金として使われている。大衆文化のための予算は「混合芸術（combined arts）」という意味不明瞭な項目にごく少額が振り分けられているだけだ。それは、大衆文化（例えば、ポップミュージックなど）は企業によって維持されているという考え方があるからかもしれない。「高尚な」文化はあさましい商業的考慮（commercial considerations）を超えるというわけだ。

第2は教育である。教育も「高尚な」文化の価値を維持し再生産する機能を果たしている。英文学や音楽、美術史などの「高尚な」芸術は、人文科学系の諸学科として教育制度の中で重視されてきた。芸術科目の試験でコンピュータゲームを選択したいと希望しても、もちろん、無駄である。

評論家らの言動も影響している。彼らの仕事は、文化の質についての見解を公表することであり、ほとんどの場合、大衆的芸術より前衛芸術を高く評価する。

このように、ある種の文化的趣味や活動は資本になっているという見方が成り立つのだ。

文化資本とは何か

文化資本という概念は、文化的趣味嗜好は個人の好みを表しているだけでなく、社会関係に根ざしているという事実から生まれた。服装を選ぶ際、人々は他者に与える印象を意識している。音楽の好みを口にするときには、言外に嫌いなジャンルも表現し、そのニュアンスには、自分の好みではないジャンルの愛好者への軽蔑が含まれている。100年以上前にドイツの著名な社会学者ゲオルク・ジンメルが指摘したように、人々の生活習慣は社会関係に深く根ざしており、ありたい自分を表現すると同時に、望まない姿も表している。人々は一定の社会的集団の中で生きているが、それは、自分をある種の人々から区別したり、また、別の人々と協調させたりしている。(1)

フランスの社会学者ピエール・ブルデューは、ジンメルの基本的な考察をもとに緻密に議論を深め、「文化資本」という概念を提示した。(2) ある種の文化には社会関係上の優位をもたらすことが期待できるため、「資本」の一種になりうると彼は主張した。ブルデューは文化資本が権威づけられる構造を解明している。神聖視されているクラシック音楽や美術の鑑賞は、その抽象的な価値を評価することにかかっている。ただ熱中したり、楽しんだりするのではなく、「距離を置いて」、より知性的に、さまざまな文脈の中での価値を認めるというふうに鑑賞するものだという。したがって、大英博物館を歩き回っても、ゲーム機や遊具などがあるはずはなく、そこにあるのは、普遍的な価値を持つと考えられる「偉大な」芸術や考古学の展示品だけなのだ。

このような文化を抽象的に鑑賞する能力を身に付けると、別の優位性を蓄積していくことができる。美術館や画廊、教育機関などに展示され、尊ばれ社会的に価値を認められた、ブルデューがいうところの「正統的な文化」が身近なものになる。すでに指摘したとおり、それは資格や権威と無関係ではない。このような文化に精通している人々は、学校の授業を容易に理解し、抽象的な思考能力も養われるため、より良い資格を得ることができ、それがキャリアの成功の基盤となる可能性もある。例えば、近年、「分析技術（analytical skills）」に優れた人々の報酬が大幅に増加しているのは、こうした文脈で説明できるのかもしれない。[3]

このように考えたブルデューは1960年代のフランスで、文化資本には「高尚な」文化を鑑賞する能力が含まれると主張した。高尚な文化には、大衆的で下品な世界を敵視する側面もある。ブルデューは代表作のひとつ *Distinction*〔邦訳『ディスタンクシオン――社会的判断力批判』（Ⅰ・Ⅱ）藤原書店、1990年〕で1960年代のフランス人の嗜好を研究し、「インテリ」と大衆の間に文化的に深い溝があると結論した。労働者階級は美術館に行ったり古典文学を読んだりといった、いかにも「芸術的な」行動を避け、「わかりやすい」娯楽や現実逃避を好む。だが、教育レベルの高い人々は、自分たちのステータスや文化的能力を他の人とは違うと区別するような文化に惹かれる。

ブルデューの考えでは、文化資本は単にその人の経済的豊かさを表すものではなく、上流や中流の階級の内部でも、多くの文化資本を持つ者とそうでない者との間には大きな違いがあるという。贅沢な休暇を楽しんだり、高級車を所有したりして財力を誇示する「実業家」と、趣味のよいアンティークを手に入れ、鑑識眼で育ちの良さをほのめかす「インテリ」とはまったく違うということだ。[4] こうした議論をもとに、ブルデューは文化資本には経済資本とはまったく異なる重要な意味があると結論づけている。

私たちがインタビューした人たちも、いささかわかりにくい表現であったが、文化資本の力についてははっきりと語っていた。高尚な文化的趣味を持つ人たちは、自信、つまり社会学者のシェーマス・カーンが「余裕（ease）」と同一であると見なしたものに溢れていた。[5] 彼らが強い誇りと自信を滲ませる姿に私たちは驚いた。自分の好きな美術、建築、音楽などの作品に言及したり、ふいにまったく関係のない事柄についての話になってしまうこともたびたびあった。例えば、会計士のポールは、「通勤途中に桂冠詩人のジョン・ベッジュマンが大好きだった教会がある」と話し始め、生物学教授のアンソニーは微生物学の研究をサルバドール・ダリの絵画にたとえた。こうした発言は自意識過剰なスノビズムの所産ではない。それよりもむしろ、彼らのような恵まれた人々は何気ない会話の中で文化的な事柄を展開できるという、余裕を示しているのである。

インタビューの協力者たちが、強い信念を持って自分の文化的嗜好を社会に役立てようとしている姿にも驚かされた。前出の元教員シャーロットはジャム作りの趣味について語った。ジャム作り自体は珍しいことではない。だが、彼女はそれを趣味では終わらせなかった。家族のためにジャムを作るだけでは飽き足らず、数年前、物産展でジャムの販売を始めたのだ。自分の味覚に絶対的な自信があったからである。「ジャムを作るのがすごく楽しいの。だけど、たぶん、それだけじゃありません。ちゃんとした食べ物の味を世の中の人に伝えるために、女ひとりの運動をしているつもり」。趣味は著書の出版にまで発展した。「娘が勧めてくれたんです。せっかくの知識を人に教えずに死んじゃだめだって。それで、ジャムの本を2冊出版しました」。

元小学校校長のフレイザーにも強い自負をはっきりと感じた。彼は並はずれた文化好きで、オペラやクラシック音楽を熱烈に愛好している。特筆すべきは、教員時代を通して、自分の文化的嗜好を生徒に広めようとしていたことだ。彼は生徒たちの「世界を広げてやるために」、自分の趣味を「押しつけた」話を繰り返した。「押しつけ（inflict）」という言葉を使いながらも、この文化のごり押しを悪かったとは思っていなかった。小学校の朝の集会でも、子どもたちによくクラシック音楽を聴かせていたという。

後ろめたい思いはまったくありませんよ。学級担任だったときに、イングランド北部から転校してきた男の子がいてね。家はパブを経営していたんです。その子は前の学校でいじめっ子だった。体格のいい子で、名前はマイケル。私はその子に言った。「マイケル、ほかの子をいじめちゃだめだ。この学校では許さない」ってね。ある日、授業で美について教えていて、ソフィア・ローレンの写真とか、いろいろなものを見せてから、こう言ったんだ。「今度はちょっと音楽を聴かせてあげよう。先生が美しいと思う曲だ」。そして、トルトゥリエのチェロで『白鳥』を聴かせたんだよ。そうしたら、なんと、マイケルは座ったまま涙を流したんだ。「どうしたんだい?」って聞くと、こう答えたよ。「こんなにきれいな音楽を今まで聴いたことがなかった。絶対に忘れられない」ってね。私は自分の好みをどんどん生徒たちに押しつけましたよ。ええ、いい影響を与えたと思っています。

フレイザーは高尚な文化的嗜好に絶対の自信を持っている。彼の場合、個人的情熱というだけでなく、すばらしい嗜好を広めたいという社会的な行動につながっている。換言すると、彼にとっての文化は、より広い意味を持った社会的な通貨であり、それを持つ人と持たざる人、さらにより多く持つ人を差別化している。あたかも金銭のように……である。

しかし、文化的嗜好に多くの記号が付随していることは確かだが、こんにちでは、ブルデューの概念に依拠し過ぎるのは危険である。(6) その理由は4つある。

第1は、「エリート主義」文化に対するブルデューの批判があまりにも的を射ていたため、芸術関係者が文化政策を担う者としての役割について悩み始めたからだ。各種文化機関はなおさら、自分たちのエリート主義とスノビズムに気づき、対応策を講じるようになった。美術館や画廊は、来訪者に親しみを持って来てもらいやすくするために、そして、美術館見学に慣れていない子どもたちにも来てもらうために、インタラクティブな装置に溢れている。主要な国立の美術館、博物館は入場無料だ。「偉大な巨匠たち」の作品よりも、幅広く多様な文化作品を展示しようという努力も見られる。今では、サッカー博物館、セックス博物館、ロックミュージック博物館などもある。歴史的建築物の保護を目的に設立されたナショナル・トラストは、豪勢なステイトリーホーム〔貴族の住居として郊外に建設された大邸宅。多くが一般公開されている〕を管理しているだけではない。20世紀初めに建てられたグラスゴーの都市住宅や、ジョン・レノンやポール・マッカートニーが育った家、古い工場なども保護の対象としている。

第2に、現在の私たちは以前よりはるかに「文化的な」世界に生きているからだ。ブルデューが『ディスタンクシオン』を執筆するために調査を実施した時代には、フランスでテレビのある世帯は半分にすぎなかった。パソコンやスマートフォンは誕生もしていない。経済資本の絶対的増加は前述のとおりだが、今では芸術、文学、音楽、映画、テレビなど、文化の絶対的な量も利用の手段も急激に増えている。オペラはオペラハウスでしか楽しめなかった時代のような、明確な文化的断絶はこんにちの社会では認められない。ロイヤル・オペラハウスのチケットを買う余裕のない人でも、音楽配信サービスを利用すれば簡単にオペラの名曲をダウンロードできる。オペラが好きだというだけで、エリート気取りだとは言えない状況になっているのである。

第3に、「高尚」とは異なる、多様な文化活動が盛んになっているからだ。その好例が、スタンダップコメディ［日本でいう「お笑い」］で、かつては最低の、ほとんど軽蔑される嗜好だったが、毎年夏に開催される多様な娯楽の祭典エディンバラ・フェスティバルや、テレビチャンネルのプライムタイムのおかげで、すっかり娯楽の主流になっている。(7) では、ファッションリーダーには、ブルデューの言うような意味での文化資本を持たない人がいるだろうか。デヴィッド・ベッカムはどうだろう。エセックス出身の彼は、セレブに成り上がって以来20年というもの、新しい男性ファッションのスタンダードを示しているが、高尚な文化資本とは無縁だろう。

第4に、ここ数十年で文化鑑賞のあり方がすっかり様変わりしたからだ。社会がグローバル化し、多くの移民が流入したため、国家が誇りとしてきた古典芸術の魅力や重要性は失われてきている。ロイヤル・オペラハウスやロイヤル・ナショナル・シアターはイギリスの正統的な文化嗜好の境界を定義する国家的指針だったが、人々はもはやそれには縛られてはおらず、ブラック・カルチャーに興味を持つことも、「クール」だと考えられるようになっている。(8) つまり、芸術のヒエラルキーは姿を変え始めているのだ。こんにちの芸術ヒエラルキーにおいては、ワールドミュージック、ジャズ、レゲエ、インド・パキスタン発祥のバングラなどは、どこに位置づけられるだろう。文学はシェークスピアかオースティン、音楽はベンジャミン・ブリテンに限るという人は、むしろ時代遅れとなっている。

第1の文化的分断——社会参加

英国階級調査や最近のその他の研究[9]は、文化資本のあり方が変貌していることを示している。変貌の様を明らかにするために、私たちが実施した「文化『資本』解析」実習の結果を報告したい[10]。これは、文化活動や嗜好に関する選択肢を提示し、被験者に好みを選択させ、一緒に選ばれることはまずない組み合わせを検討する調査だ。例えば、オペラ鑑賞とダーツの両方を好む人がほとんどいなければ、両者の文化的対照関係が明確になり、文化活動のヒエラルキーの兆候も見て取ることができる。

表3-1は、明確な対照関係にある文化活動を示したものである。これらは単純な組み合わせではなく、互いに対立する2つの志向の「群」である。そうはいっても、一番上の行にあるのは最も「意味を持たせた」文化活動で、1人の人がA群、B群両方の活動を行うことはまずないと思われるものである。この表3-1を解釈する前に、読者には、どちらの列の活動がより社会的に認められる立派なものか考えてみてほしい。この文化的解析の原理は、1人の人が選ぶ活動は左右の列のどちらかに多く当てはまり、両方の列から同数の活動が当てはまることはないというものである。

表3-1を詳しく検討すると、B群が文化的機関、レストラン、コンサートホールや競技場な

表3-1　文化的対照 I

文化的志向	
A群	B群
フィッシュ・アンド・チップスが好き	劇場に行く
めったに外食はしない	オペラ，バレエ，クラシックのコンサートに行く
レストランには行かない	美術館や画廊に行く
ポップミュージックを好まない	ジムに行く
インド料理は嫌い	ロックのコンサートに行く
友だちと外出することはない	スポーツをする
ジャズは嫌い	芸術関係のクラブに行く
ワールドミュージックは嫌い	フランス料理とイタリア料理が好き
散歩はしない	スポーツ中継を観る
レゲエは嫌い	ワールドミュージックが好き

出所：全国サンプル調査データ

どの公共の場での活動であるのに対し、A群にはそうした公共の場での活動に対する嫌悪が表れている。それがA群とB群の顕著な違いだ。B群の活動を多く選択した人は、音楽や美術、演劇などの場に積極的に参加しているが、A群を多く選んだ人は音楽や外食を嫌う。おそらく、ほとんどの読者は、A群よりもB群の方が社会的に良いと認められる、つまり、より正統的な活動だと考えるだろう。ここでも、いわく言いがたい社会の圧力や思い込みが働いている。

表3-1が示す事実は、他の研究成果とも類似している。ブルデューが「正統な」文化と表現した、社会的評価の高い活動に参加している人々と、それらを放棄する人々の間には、はっきりした文化

的断絶があるのだ。しかし、この断絶は「高尚な」活動と「大衆的な」活動を区別しているわけではないことに留意しなければならない。B群には画廊や美術館に行くなどの高尚な活動が並ぶと同時に、ジムに行く、ロックのコンサートに行く、ワールドミュージックが好きなど、大衆的で商業的な活動も混在している。

では、表3-1に見られる違いは、文化資本の徴候を表しているだろうか。じつは、ここから所得と教育にもとづく明確な区別を読み取ることができるのだ。所得が多く高学歴な人々はB群を好み、所得も教育レベルも低い人々はA群を好む傾向がある。つまり、文化的嗜好の相違は、根本的な社会的区分をはっきり表しているということだ。例えば、大英博物館に行くのが好きかどうかは、単に個人の嗜好の問題ではない。それは、正統な社会的価値を認められた文化に、どの程度の足がかりを持っているかも示しているのである。

B群の多くはかなりの費用を必要とする。バレエでもロックコンサートでも同じだ。他方、A群にはほとんど費用はかからない。裕福で教育レベルの高い人たちは、そうでない人たちに比べて、はるかに多くの余暇活動を行っている。このような現象は、文化資本の文脈でどのように理解されるであろうか。私たちは、低所得で教育レベルが低い人々は文化に関心がなく、日がな一日家に閉じこもっていると言いたいわけではない。私たちが指摘するのは、彼らは文化的活動をより自由に、近場で近親者同士で楽しんでいるという事実だ。それは、博物館に行くといった特定の余暇活動とは違う場合が多い[12]。他方、高学歴で裕福な人々は、文化的な催しに出向くことで、積極的に携わっている感覚を味わうことができ、その自覚が文化的な自信や誇りを増幅させている。

本章の冒頭で紹介したシャーロットとフレイザーは、確信を持って、大勢とかかわりを持つ類いの文化を楽しみ、いかにも立派だと思われる活動に携わっており、自信に溢れている。対照的にA群を好む人たちのライフスタイルは、自分独りか、あるいは家族や友人という親しい間柄で行うことがほとんどで、大勢とかかわるようなことは少ない。つまり、回答者は意図していなかったとしても、表3-1は文化的な差異を明白にしている。さらに、この差異は何を正統だと考えるかの違いを示しており、人生の機会《チャンス》を違ったものにしてしまう可能性がある。

前出のセラピスト、イモジェンの態度は、フレイザーやシャーロットが見せた自信ある態度と対照的だった。イモジェンは大学に行っていない。労働者階級の出身で、年収は2万ポンド［270万円］未満だ。会話の途中でふいに自分の文化的関心について話すことはなかったし、むしろ特に活動していないようだった。画廊や美術館に行くことはなく、スポーツもせず、パブやレストランに出かけることもない。クラシックやオペラも聴かない。しかし、イモジェンは文化的なことに縁がないわけではなかった。ただ、彼女の興味の対象が、私たちがアンケート調査で用意したものとは違う、もっと形式ばらない「新しいタイプ《オルタナティブ》」の文化活動だっただけなのだ。彼女はヨガを好みサルサやタンゴを踊る。カラーコンサルティングの話を始めると止まらなくなるほどで、彼女にとって色遣いは「普通の」ファッションよりも重要だ。

このように、さまざまな文化的活動に強い関心があるにもかかわらず、イモジェンはフレイザーやシャーロットのような自信ある態度は見せなかった。インタビューの途中で、私たちが初めて「文化的嗜好」という話題に触れると、彼女はネガティブなことを語り始めた。「うーん、そういう方面に私、弱いのよ。あんまりものを知らないし、もしかしたら、それでずいぶん損しているかしら」。

ここで重要なのは、イモジェンのような人々とフレイザーやシャーロットのような人々の相違である。それは、自分の文化的活動をどの程度正統だと思っているかの違いだ。インタビューの間に彼らが「趣味のよさ」についてどんな発言をしたかによって、彼らがどの程度、自信を持っているかが明らかになった。教育レベルが低く低所得の人々は、文化的活動に関心はあっても、趣味がいいかどうかの判断基準には、確信を持っていない様子だった。

骨董品を販売するポーリーヌもその一人だ。彼女の自宅は文化遺産の宮殿と呼んでもいいほどである。庭には古い赤い電話ボックスやロマ族の大型馬車があり、家の中は陶製の胸像やビンテージ物の広告看板などで溢れていた。リビングにはタイから輸送したトゥクトゥク（三輪タクシー）まで置かれていた。

ポーリーヌは長い時間をかけてこれだけの文化財を収集しながら、自分は趣味がいいと思ってはいない。質素な家庭に育った人々の多くがそうであるように、自分の好みは個人的なことであり、フレイザーのように他者に押しつけようとは考えたこともない。それどころか、それはシンプルで洗練されたものとは程遠く、「センチメンタル」だとか「ちょっとやり過ぎ」だと批判されかねないことも理解している。「好き嫌いがはっきり分かれるわよね」と彼女は言う。「好きなら楽しめるけど、ミニマリストな趣味の人から見たら、うちにあるガラクタなんてぞっとするかも」。

社会的に恵まれた立場にある人々の態度は、ポーリーヌとは対照的だ。自分は「趣味がいい」という自信を持っている。例えば、ロビイストのジョージだ。「好みにはいろいろな『タイプ』があるって言う人もいるかもしれないけど、それは違うと思いますね。趣味のよさには、客観的な基準があるはずですよ」。さらに、「客観的な」趣味のよさの基準をたずねると、それは識別する能力であり、自分が消費するものについて「正しい」選択をすることだと答えた。「ある程度の理解ができて、根拠のある判断ができるってことでしょうね。考えもなしに、ただ、『あ、あれ、いいな』っていうんじゃなくて」。

文化的な断絶は、正統性、自信、余裕と関係している。表3-1のA群の活動を選んだ人々の多くは、社会一般で広く知られ正統だと思われている活動には参加していない。そのため、「同好」の人々の幅広いネットワークに入っていることは少なく、社会から賞賛されたり認められたりすることも少ない。対照的に、B群の活動に参加してきた人々は、単にある種の文化を消費するだけではなく、文化的活動に携わって得た自信によって文化資本を蓄積していることがわかった。私たちのインタビューが示すように、フォーマルで「正統」な、国が支援するような文化的活動に親しむことによって、文化的価値について語り、趣味のよしあしを判断し、その判断を公言する「権利」について、驚くほどの自信が育まれているようだ。

第2の文化的分断――「高尚」と「新興」

文化の分断は表3-1の対照とは別の場面にも表れている。私たちはもうひとつの対立関係に目を向けた。表3-2には、表3-1を補足する別の対立関係を列挙した。

表3-2のD群には、ステイトリーホームの見学、美術館や画廊の訪問、観劇、バレエ、オペラ、クラシック音楽の愛好などの項目が並んでいる。ラップ、レゲエ、ポップミュージック、ロックなどの音楽ジャンルを嫌うという項目もある。「高尚な」趣味と一致しているとともに、現代的な音楽ジャンルへの嫌悪が示されている。これはまさしく30年前にブルデューが『ディスタンクシオン』で述べたとおりだ。

一方、C群には対照的に、クラシック音楽やジャズを聴くなどの高尚な文化活動への無関心を示す項目が並んでいる。また、ファストフード、菜食主義、ラップ、スペインでの休暇、スポーツなども列挙されている。

C群、D群どちらの列が正統派かとたずねられたら、表3-1の場合と違って、読者の意見は分かれるだろう。年齢の比較的高い読者だったら、D群の活動の方が立派なものだと自信を

表3-2　文化的対照Ⅱ

文化的志向	
C群	D群
ファストフードが好き	オペラ，バレエ，クラシックのコンサートに行く
ラップが好き	ポップミュージックは嫌い
クラシック音楽に関心がない	ステイトリーホームを見学に行く
ヘビーメタル・ロックに関心がない	劇場に行く
散歩はしない	クラシック音楽が好き
ベジタリアンのレストランが好き	美術館や画廊に行く
ジャズに関心がない	レゲエは嫌い
スポーツをする	ラップは嫌い
休暇にスペインに行く	ファストフードの店に行かない
スポーツ中継を観る	ロックは嫌い

出所：全国サンプル調査データ

持って言うかもしれないが、若い読者は判断に迷うのではないだろうか。実際、私たちの分析でも、C群、D群の選択には年齢による違いが明確に表れた。若年層にはC群を志向する人が多く中高年層はその反対だった。年齢による相違には、ブルデューが考えたよりも重要で深い意味があり、それは現代のイギリスの文化状況の特色だと言える。

この対立関係が示すのは、世代の相違に起因する明確な文化の分断である。そこに階級の影響は小さい。こんにちのイギリスでは、ブルデューが提起した意味での高尚な文化的活動は、中高年層に支えられている。クラシック音楽で番組を編成する、BBCラジオ3のリスナーの平均年齢は62歳であり、クラシックのコンサートやバレエの観客の大半は中高年だ。他方、ヒップホップのファンは圧倒的に若年層である。

こうした文化の対立は、単純な「ライフスタイルの選択」によるものではなく、互いを区別するという意味において階級的であるというのが、私たちの主張である。特に興味深いのは、高学歴層の間で世代による分裂が顕著なことだ。若年中流層は流行の音楽やコンピュータゲーム、ソーシャルメディア、スポーツを楽しんでおり、彼らの関心は高尚な文化にはない。

私たちはこのような実態を次のように分析している。こんにちの文化資本は2つの種類に分裂している。「高尚」な文化資本と「新興」の文化資本である。前者には確立された地位があり、歴史的に認められ、画廊や美術館などによって教育制度にも組み込まれている。しかし、それは中高年層の文化資本である。一方、若年層では、「ヒップ（最新のトレンドに敏感）」な、あるいは「ヒップスター（新しい物好き）」な文化資本が生じてきており、今後、その勢力は拡大すると思われる。新しい文化資本には特有のインフラがある。ソーシャルメディアや、バー、クラブ、スポーツ競技場などだ。柔軟性や順応性が大切にされる新しいタイプの職場やライフスタイルの中で、「新興」文化資本もそれなりに制度化されていると捉えることもできる。

文化資本における年齢の重要性は、経済資本の場合とは対照的である。第2章で示したとおり、経済資本は中高年の人々に系統的に蓄積していく傾向がある。一般には若年層が所得や貯蓄を大量に増やす機会はあまりないし、住宅の資産価値が増えていくこともまずない。しかし、文化資本の場合、若年層が上の世代に比べて明らかに不利だということはない。若年層の方が大学進学者の割合が高く、高等教育の恩恵を享受しているし、先述のとおり、彼らは新興の文化資本に活発に携わっている。問題なのは、2つの文化資本の間で世代間の衝突が起きているということだ。

私たちが実施したインタビューは、イギリスの文化資本がいかに大きく変化しているかを浮き彫りにしている。特権階級の高年齢層では、ブルデューが指摘していたような、上位の文化と下位の大衆文化の違いはいまだに重要な意味を持っている。例えば、大学の研究者から実業の世界に身を転じた60歳のナイジェルの家にはテレビがない。これはもちろん意識的な選択であり、その理由は「見るものがない！」からだ。

現代的なメディアを全否定する傾向はフィオーナやアリソンにも見られた。2人ともタブロイド紙やフェイスブック、電子音楽やラップミュージックは大嫌いだと言った。しかし、彼女たちのような強硬な拒絶派は、中高年の回答者でも少数派だった。多くは、自分の趣味は幅広くて、文化については平等主義者だと主張している。

近年の多くの社会学者たち、殊にアメリカの社会学者たちは、社会的地位の高い人々にも、高尚な文化と大衆文化の双方を愛好する人が増えたとしている。今は「文化の雑食主義」が盛んで、これは伝統的な文化のヒエラルキーの終焉を予言するものだと彼らは主張する。今後は、文化的寛容が一般化し、新しい「クール」という価値観がスノッブな価値観を排除し、多様性を称賛する時代になると言うのだ(13)。

しかし、その主張は私たちの観察とはかけ離れている。なぜなら、インタビューの回答者を見る限り、多方面にわたる幅広い嗜好は必ずしも文化的寛容を伴ってはいなかったからだ。確かに、裕福で高学歴の人々は幅広い文化活動に関心を持っており、そのことについて流暢に語る様子には感心した。しかし同時に、そうした文化への関心を語るとき、彼らは自分の知識や鑑識眼を意識していることが見て取れた。ポップカルチャーについて語るときはその傾向が顕著だった。高尚ではない文化については、自分の蘊蓄《うんちく》と眼識を口にせずにはいられないのだ。

生徒にクラシック音楽を押しつけていた元小学校校長のフレイザーは高尚な趣味の持ち主だったが、ポップミュージックも聴けばハリウッド映画も観ると話した。しかし、それは「世に知られていない」芸術家の作品に限るとわざわざつけ加えた。それらの作品が好きな理由を事細かに説明し、自分の高尚な嗜好と矛盾していないことを強調した。その作品を認める特別な理由がある場合に限って、ポップカルチャーを文化として認めるということだ。フィリップ・グラスやショスタコービッチのような彼の好みのクラシック音楽の作曲家はさらりと名前を挙げ、詳しい説明は加えなかった。だが、ダイアナ・ロスや映画『グラディエーター』を理解する感性については、即座にそれだけの価値があるという説明をした。

彼らにとってのポップカルチャーは、楽しむことを目的としたものではない。さまざまな職を経験し現在は芸術家となった60歳のエリザベスは「デイリー・メール」を読むが、好きで読んでいるのではなく、イギリス人の大半が読むタブロイド紙の内容を知っておくために読んでいると言った。同じように、企業で広報部長を務めるジョージアは、真面目なものよりも風刺が効いていて遊び心のある「ポップミュージックには普通じゃない魅力がある」と説明した。

新興文化資本の本質は、ポップカルチャーが好きだというそのこと自体ではない。むしろ、さまざまな選択肢からクールなアーティストや作品を巧みに選び出す技量を証明することであり、ポップカルチャーの中の「最上級」を見つけ出す鑑識眼を披歴することなのだ。

例えば、ITコンサルタントのベネディクトは伝統的で高尚な芸術、特に美術や文学に強い関心を持っている。しかし、ポップミュージックも好きで、その話になると目を輝かせた。といっても、彼は好みに非常にうるさい。「大量生産されたもの」「型にはまったもの」「商業的な」チャートにのぼるようなポップミュージックは我慢できないと言い、好みの「インディー」や「ポストパンク」「エレクトロニカ」について長々と持論を述べた。ポップミュージックを愛好することを恥じてはいないが、明らかに特別なポップミュージックを求めている。「オリジナリティがあって、しかも親しみやすく」、「従来の音楽の流れを汲んでいる」が、「やや狂気じみた」ものらしい。彼の注文の多い美学を体現している「完璧な例」が、アメリカのシンセポップバンド、「フューチャー・アイランズ」だという。

普通っぽいところもあるんだ。だけど、ボーカルの歌い方がすごく変わってる。初めて聞いたときは嫌な声だと思ったんだ。フランスの学者がぼそぼそしゃべってるみたいな声だと思った。彼には2つの音域があるんだよ。ファルセット（裏声）と深く低い声。でも、ノーマルでポップな感性もちゃんとあるんだよね。

裕福で高学歴の若年層はどんなジャンルの文化も受け入れる。しかし、それが自分の好みだと公言するには、その理由を説明できなければならない。[14] そして、好みの幅は広いが同時に、逆説的になるが、えり好みが非常に激しい。あらゆる文化的選択をするときには、さまざまな美学的原則に則《のっと》り、その質や価値を注意深く評価しなくてはならないのだ。ロビイストのジョージがフェイスブックよりツイッターを高く評価するのは「意味のある知的な会話ができるから」であり、ジョージアは、デトロイトのハウス・ミュージックの方が電子音楽のドラムンベースよりはるかに優れていると言った。

重要なのは、彼らが評価する、あるいは好むポップカルチャーとはどういうものかという点ではなく、彼らの表現の仕方や態度の方なのだ。彼らはとことん厳密に検討している。ベネディクトは「どんな場合でもいいものを選べる人でいなきゃいけない」と言っている。「僕たちはファストフードが嫌いだ。でも、マクドナルドよりはバーガーキングの方がいいと思う。低い次元でも正しい選択をすることが大事なんだ」。

19歳の法学部生ヘンリーは、インタビュー回答者の中で最も特権的な階級の出身者の一人で、新興文化資本のありようを見事に体現していた。インタビューの間、途切れることなく、チェシャー州の田園地帯での狩猟に始まりエディンバラのお笑いのライブに至るまで、自分の趣味の広さについて得意気に話した。どれくらい幅広いのかを証明しようと、ヘンリーはiPodを取り出して最近再生した音楽を見せてくれた。「なんでもここにあるんだ」と誇らしげに言って、「フィル・コリンズでしょ、プッチーニのオペラでしょ、ディープパープルにジェイ・Zも。統一性がないんですよ。すごい自由なんだ」。ヘンリーは狩猟やオペラなどの極めてエリート主義な文化とポップカルチャーの間を苦もなく行き来し、壁を作らずに幅広い趣味を楽しんでいる。だが、それでもやっぱり、彼の音楽リストは明らかに知識をひけらかすものだった。彼は選曲した作品のそれぞれについて、「風刺が効いている」、「誰もが知ってる曲じゃない」、「あきれるくらいポップな感じ」などと説明した。

ここで重要なのは、ヘンリーがこの博識と言うべき趣味によって何をしているか、それが彼の日常生活にどのような情報を与えているかだろう。インタビューで強く印象に残ったのは、彼が音楽と社会的ネットワークを結びつけていたことだ。毎晩の学生寮での話題は文化についてである。「どんなことでもいいから、会話に話題を提供することが肝心なんです」と彼は説明した。

これこそが新興の文化資本の力である。それは「正しい」種類のポップカルチャーを楽しむことでも表現できるが、「ふさわしくない種類の」、つまり低級なポップカルチャーを正しい方法で楽しむことでもかまわない。このような新興の文化資本をうまく活用するとはどういうことか、実際の感覚をつかみたければ、例えば「風刺が効いて」「キッチュ」なものばかりを好む現代の「ヒップスター」とはどういう人なのかを考えてみればよい[15]。いずれにせよ、ここで肝心なのは、ポップカルチャーに対して一定の距離を置いたり理解を示すというような、取捨選択する知識と特権的な理解の両方による、独特なスタイルの審美的鑑賞力なのである。

ものの見方

文化資本を考察するには、人々の文化活動がそれぞれ異なるということを分析するだけでは足りない。例えば市場アナリストは、ある消費財を見たときに、この製品は市場のどの「セグメント」を狙ったものだろうかと考えるのが習性になっていることからもわかるように、さまざまに行われる文化活動がどのように評価される可能性があるのかを確認する必要がある。同じ活動であっても、これを正統だと見なす人もいれば、低い評価をする人もいる。ここに、ある活動を見識があると判断する見方と、感覚的で薄っぺらいと判断する見方との間にはどのような違いがあるのか、その核心を見ることができるのだ。

鑑識眼を培うには、さまざまなジャンルや活動に幅広く精通していなければならない。素早く評価し、その判断を正当化できる論拠を用意しておかなければならないからだ。こうしたスキルはだんだん教育において教え込まれるようになっており、仕事の速さが求められる専門職の世界や企業の職場では高く評価されている。しかし、この種のスキルは中立的とは言い難い。このスキルは文化資本として影響を及ぼし、志向の違うものには低い評価を下すからだ。

私たちは、インタビュー回答者の多くが、作品に触れて理由もわからず感動するというような直接的かつ感覚的な反応には、最初から懐疑的な目を向けていることに気づいた。そのような経験がないと言った回答者はいなかったが、それは原則に対する例外「ギルティ・プレジャー（良くないとわかっているが、やってしまうこと）」と考えられていた。例えば、会計士のポールは、「疲れるだけで、エネルギーの無駄」と説明していた。つまり、文化の鑑賞には「努力」が必要で、審美眼を培うための努力を惜しんでいては、より高いレベルの鑑賞はできないという価値観が支配的なのだ。芸術家のエリザベスはこう言っている。「ただ楽しむだけじゃ嫌なのよ。もっと向上したいから」。

このような「ものの見方」は、階級を考察する上で重要である。それが露骨であるかどうかは別として、貧しく教育レベルが低い人々を蔑視することにつながる可能性があるからだ。生活に余裕がない回答者にとっての文化的な楽しみは、そのために努力したり、超然とした態度をとったり、審美眼をひけらかしたりすることとは無縁だ。彼らにとって文化とは、理屈抜きに楽しむことであり、「気分転換」になるような現実逃避の手段なのだ。

例えば、セラピストのイモジェンにとって、ダンスや音楽、ファッションは「お祭り」のようなもので、楽しむことが目的だ。元ショップ販売員のジェインがテレビドラマに夢中になるのは、登場人物と感情的に「つながる」ことができるからだ。「ドラマを見てると、これが人生だなって思うの」。彼女が大好きなTVドラマ「コロネーション・ストリート」では、登場人物の一人がアルツハイマー病の診断を受けた。ジェインにはとても他人事とは思えなかった。彼女自身が同じ経験をしていたからだ。

このような「ものの見方」は、高尚な文化を愛好する労働者階級の人々にも当てはまるが、彼らはおそらく「識別力がある」から鑑賞しているわけではない。例えば、工場労働者で介護士のティナは、バレエや演劇、クラシック音楽が大好きだが、その鑑賞の仕方は印象的だった。何が興味をそそったかというと、彼女の鑑賞の仕方は、特権的な環境で育った人々とはまったく違ったのだ。ティナは自分がバレエや演劇を観て「得たこと」についての話はしなかった。彼女が強調したのは、文化に対する飽くことのない知識欲だった。彼女は審美眼を鍛えることよりも、とにかくいろいろな作品を観ることの方に興味を持っているのである。

ティナの例から、バレエやオペラなどの「高尚な」文化を愛好するのは高学歴で教養のある人々だけではないが、どのように楽しむかという微妙な違いが、高学歴の愛好家のスノッブな態度に晒される可能性の基準となることがわかる。そのため、スノッブな人々の高尚で学術的な美学をきっぱりと拒絶する人もいた。そこに社会的な差別の臭いを嗅ぎ取るからだ。

化学製品の営業の仕事をしているアランは労働者階級の出身だが、新興の大学でコミュニケーション論の学位を取得している。だが、彼は学位を取得したことに対して葛藤がある。仕事に本当に「役立っているわけでもない」し、大学で奨励されていた抽象的な文化の評価の仕方が嫌いだったと言う。

自分にとって難し過ぎたっていう意味じゃありません。「能力がないから、いいと思えない」なんて考えたことはないですよ。ただ、あまり興味が持てなかったんです。大学ではずいぶん、高尚な映画について勉強しました。だから、セルゲイ・エイゼンシュテイン監督のソ連映画『戦艦ポチョムキン』なんかも観ました。確かにいい映画もありました。でも、授業が終わる頃には、映画を観るというより、映画を分析するようにプログラムされちゃった感じがしたんですよ。そうなると、もうなんだか……ね。映画でもなんでも、僕はただ、観て楽しいものを観たいんですよ。気分転換になるようなものがいいんです。

つまり文化資本の面から見て、スノッブであるということの境界線が変化しているということだ。かつては高学歴の中流階級だけが楽しんでいた文化に多くの人が親しむようになり、どんな文化活動をしているかでなく、どのように楽しんでいるかが重要になってきている。高学歴の人々にとっては、あからさまなスノッブな態度を避けることは今や美学と化しているので、その区別は難しくなっているのだが、だからこそ、この境界線は強力なのである。

文化的スノビズム

高い階級に属する人々は、スノッブだと思われないように細心の注意を払っている。自分の嗜好を語るうちに、ついスノッブな態度を見せてしまいがちなことをわきまえているのだ。だから、多くの人は自分の嗜好を語るときは前もって、「スノッブなつもりで言ってるわけじゃないんですけど……」とか、「スノッブに聞こえちゃうかもしれないけど……」などと断りを入れる。このように、人目を気にしてスノッブであることを拒否する態度をとる人は、本章ですでに述べたように、しばしば文化的折衷主義を主張する。小学校の生徒に高尚な音楽を押しつけていたフレイザーは、「私は他の人の嗜好を批判する気持ちはさらさらないですよ」と言った。「人の好みはそれぞれ。『人は人、自分は自分』と、私はいつもそう言っています」。

だが、このような一見「自由放任主義《レッセ・フェール》」の態度にもかかわらず、人々はスノッブの問題では頻繁に矛盾したことを言った。フレイザーはその典型だ。彼は他人の嗜好を「批判するつもりはない」と言ったすぐそばから、ビンゴゲームに通う人たちを批判し始めた（「知的な意味で夢中になれる娯楽じゃないな。勝ちたいから行く、欲張りな人でもなければね」）。矛先はオペラが嫌いな人たちにも及んだ（「オペラの美しさを知らないとはね。人生、損をしているよ」）。

フレイザーのように、まったく矛盾したことを平然と口にする人は驚くほど多かった。ある種の「タイプ」に属する人のことを直接的に批判するのは適当でないが、ある種のライフスタイルに対して表明されている限り、社会的に受け入れられると考えているようだ。このような他者の嗜好に対する批判は、本質的に欠点があると見られる特定の芸術形式やジャンル、アーティストなどにも向けられた。頻繁に言及されたのはテレビのリアリティ番組やバラエティ番組、特定のポップミュージシャン、ビンゴゲームといった娯楽文化だった。この種の大衆文化は「平凡」「ありきたり」「見え見え」「内容がない」などと評される。芸術家のエリザベスは女性向けのロマンス小説をこう片づけた。「あんなの、存在意義がないわよ！」。

ファッションのセンスについても、はっきりと線引きしたがるインタビュー回答者は多く、特に「悪趣味」が批判された。例えば、「ブランド物のひけらかし」だ。高学歴の人々にとって有名ブランドの服は「カッコ悪く」「俗っぽい」。広報部長のジョージアはこう話した。

エセックスに住んでる友人たちなんだけど、ブランド物が大好きで、それがステータスだと思ってるのよ。私だってブランド物は好きだけど、大きなロゴがついているからじゃなくて、ちゃんとデザイナーのことがわかってる人に、ああ、あのブランドだなってわかってほしいわけ。あからさまなのは好きじゃない。ブランド物を持ってるのはいいけど、ひけらかす必要ないでしょ。

「ロゴ」や「ブランド物のひけらかし」に対するこの嫌悪感の根拠になっているのは、大量生産の「低俗な大衆の嗜好」、つまり、均質化を促す自由市場によって創造性が蝕まれたと見る思想である。これらの判断を、人々は文化について始めたのだが、しばしば無意識のうちに、特定のタイプの人々の話にすり替わったことが印象的だった。例えば、IT企業管理職のフィオーナには、テレビのリアリティ番組やポップミュージック番組を観る人たちは、どういうわけか自分の嗜好について自主的に判断する能力が欠如していて、そのために、なんとなく消費の中に取り込まれ、騙されているように感じられていた。

オリジナリティを求めて、自分の気に入ったものを入念に選んで、自分のやり方でそれらを組み合わせる人もいるけど、反対に大量生産されたものを買う人もいるでしょう。自分で考えないで、言われたとおりにするだけの人がね。

文化的スノビズムは、審美的な評価から人格の評価に及ぶことがある。裕福で高学歴な回答者の多くは、文化的嗜好は病的なアイデンティティをよく表していると考えていて、軽蔑の素振りや、ときには露骨な嫌悪を見せた。嗜好は他者の「価値」を判断するための重要な基準となっているのだ。こうした他者への批判は、多くの場合、インタビューが終わりに近づくにつれて口にされた。話し手がリラックスして、警戒心が緩むからだ。例えば、会計士のポールは地元のウォーキングクラブの教養のない人たちにうんざりしていると言った。

ちょっとね……。軽蔑は強すぎると思いますが、なにごとであれ、一番ベストなものを自分の力で探そうとしない人たちはね……。だって、それはすごく大事なことでしょう？ みんなが楽な道を選んで、ただなんにでも耳を傾けるようじゃね……。こう言うと、気取ってると思われますか。でも、そういう性格は変えられませんからね。僕はやっぱり、いいものを見分けられる人と一緒にいる方が楽しいんだ。何を選ぶかって、すごく大事なことだと思いますから。収入には限りがあって、なんでも手に入るわけじゃないからね。

ITコンサルタントのベネディクトは嫌いなものについて延々と語った。テレビ番組ではオーディション番組やメロドラマ、有名人や日焼けサロンも我慢ならない。これらの共通点をたずねると、少し考えてからこう答えた。「趣味が悪い《バッド・チョイス》ってこと」。

ベネディクト　見た目で人を判断しちゃいけないって言うでしょう。だけど、そうじゃないと思う。見た目でこそ判断するべきだよ。だって、肌の色みたいに生まれつきのものじゃないんだから。生まれつき以外のものは、どれもその人が自分で選んだものなんだ。だから、僕は見た目で人を判断するな。

インタビュアー　その人たちのことを、どう判断しているんですか？

ベネディクト　怠け者だね。自分でいいものを探したり、判断したりしないで、初期設定《デフォルト》のままにしているんだと思う。つまり、彼らはただ、影響を受けてるっていうだけじゃなくて、自分以外のもの、市場とかメディアとかからの外圧に、自分を決めされちゃってるんだよ。つまり、資本の文化にだよ。僕が我慢できないのは、彼らの思慮のなさなんだ。

以上からわかるように、流行に流される人や単一な、あるいは単純な嗜好しか持たない人々と自分をはっきり区別するために、洗練された多彩で柔軟な嗜好をアピールすることが広く行われている。たとえ露骨ではなかったとしても、それこそが現代の新しい階級のスノビズムだ。

文化活動には個人の熱意だけでなく、社会関係がついてまわる。一部の人々は、文化活動を通して他者と接点を持ち、影響を与えることで活力を得ている。そうした人々は自分たちの活動の「正統性」を明確に意識している傾向があり、それは他者に「押しつける」に値すると考えている。他方、活発に文化活動をしていても、力を奪われ自信を持てない人たちもいる。

本章の議論は明快である。「古いスタイル」――これまでは、「高尚な」という言い方をしてきた――の文化資本は今でも機能している。だが、それは次第に中高年の人たちに限られたものになりつつある。他方で、新しい種類の、つまり「新興の」文化資本が生まれている。そこでは、目まぐるしく変わり、ヒップでファッショナブルであることに価値がある。それは激しい世界だ。メディアから常に情報が押し寄せ、興味や情熱、興奮が増殖し、互いに激しくぶつかり合っている。社会がそのような状況にあるからこそ、英国階級調査が人々の関心を引き、大勢が参加して、こんにちでもイギリスでは、階級は人々が興味を持ち続ける問題であることが証明されたのだ。

文化資本の蓄積のプロセスは、経済資本の蓄積のそれとはまったく異なる。経済資本は経年的に蓄積されるため、深刻な世代間のギャップが再生され続け、一般に若年層の経済資本は親の世代に比べてずっと少ない。しかし、文化資本では、若年層は独自の文化資本を所有し、それは中高年層の文化資本と激しく衝突している。そうした状況の中で、若年層は自分たちの文化に自信を持ち自己主張しているのだ。このような新興の文化資本は、新しい種類の洗練を体現している。

新興文化資本の本質は、どのような活動を楽しむかではなく、それをどのように楽しむか、どのように語るかという局面に表れる。新興文化資本を蓄積している人々は、表面的には、古い「高尚な」文化では当然だったスノビズムに批判的だ。しかし、そこには新しい種類の微妙なヒエラルキーが存在していることがわかる。それについては、本書の後の章で詳述する。

第4章

社会関係資本
――ネットワークとつながり

人々の生活に社会的ネットワークが大きな役割を果たしていることは、誰もが知っていることだ。人々はソーシャルメディアを使い、スマートフォンに軽く触れるだけで他者とつながることができる。同時に、人々は職場の同僚や近所の住人、同じ趣味を持つ人々とも付き合うし、親戚付き合いもある。このような社会的ネットワークによって幅広い範囲の人々と出会うことができるし、多くの人は、いろいろな職業や階級の人々と付き合いがあることを誇りに感じている。こうした他者とのつながりの総体を社会関係資本と呼ぶ。

社会的なネットワークは、一見、誰にも平等に開かれているようだが、じつは、社会関係資本には極めて排他的な特徴があり、恵まれた環境にある人の方がより大きな利益を得られる構造になっている。

私たちがインタビューした人の多くは、社会的つながりの二面性をよく意識していた。その一人は、さまざまな種類の人々と付き合いがあると言った。警備の仕事をしているので、大金持ちの知り合いもいる。「弁護士とか、実業家の友だちもいる」。しかし、詳しく話を聞いていくと、本当はホワイトカラーの友人は多くはないし、実際に親しくしているのはそれ以外の人たちだと打ち明けた。

友だちはやっぱり肉体労働者だね。自分が肉体労働者だからね。一所懸命働いて、やらなきゃならない仕事をやる。そして、ときどき集まって、一緒に楽しくやる。それが人生だろう。やっぱり、肉体労働者の友だちと一緒の方が楽しいね。

別の階級の人にも話を聞いた。高尚な音楽を生徒に押しつけていた元小学校校長のフレイザーは、親友の一人は「本物の労働者階級の出身」だと強調した。その友人は「Aレベル試験［中等教育修了試験の上級レベル］を受ける前に学業を断念せざるをえなかった。父親が『仕事を見つけろ』と言ったからだ」。だが、「労働者階級の出身」と言いながら、その親友は典型的な労働者階級ではないとも強調し、「統計的に言えば彼は労働者階級ということになるだろうけど、私の知る限りでは一番聡明な労働者階級の人と言えるだろうね」と評した。それからフレイザーは、政治家や企業の幹部と親しくしていることや、地域の代表として女王との昼食会に出席したこともあると語った。

このような話には、前章で検討した新しい種類のスノビズムが表れている。特定の人々としか交友がないと発言するのは「常識的」でないと考えられているのだ。そうした発言をすると、心の狭い、お高くとまった、あるいは洗練されていない人間だと思われかねない。しかし、人々は自身が認識しているほど純粋に民主的な考え方はしていない。また、自分と社会との接点が偶然の賜物ではないこともよく理解しているし、特定の人々と付き合うことに重要な価値があることも知っている。つまり、社会関係についても、「新興の文化資本」について明らかにしたような、「事情通」で「内省的」な自覚が働いているのだ。

社会資本の概念の応用として最もよく知られている社会関係資本は、アメリカの政治学者ロバート・パットナムが著書 *Bowling Alone*〔邦訳『孤独なボウリング――米国コミュニティの崩壊と再生』柏書房、2006年〕の中で明示したものだ。パットナムは、人々が集団で物事にかかわれば、つまり、誰もが何らかのクラブや広範な社会的ネットワークに参加していれば、社会構造は全体として強化されていくという、好意的な見解を示している。(1) パットナムの主張に影響を受けた、市民参加を促進して社会関係資本を構築する政策努力が多くの国で実施され、健康や幸福の増進に成果を挙げていることが少なからず確認されている。(2) デーヴィッド・キャメロン首相が提唱した「大きな社会《ビッグ・ソサエティ》」構想や、あるいは「持続可能なコミュニティ」を支援する必要があるという主張は、パットナムのこの思想にもとづいている。

しかし、ブルデューにおける社会関係資本の概念は、パットナムのそれとは違う。ブルデューの概念では、社会的ネットワークは概して社会の利益にはならない。利益を得るのは特権や権力を持つ人々で、コネクションを利用して互いに助け合い、自分たちの利益を守っている。それによって、こうした社会関係資本を持たざる者たちをネットワークから締め出している――としている。もちろん、このような見解は目新しいものではない。裕福な人々や社会に影響力を持つ人々が「助け合っている」ことは、誰もがよくわかっている。

例えば、大学の法学部を優秀な成績で卒業しても、法曹界に入れるとは限らない現実が、その実態を如実に示している。あるインタビュー回答者は、家族の中で初めて大学を出た息子について話してくれた。息子は法律を専攻し、卒業後は法律の仕事に就くことを希望していた。ガールフレンドも法律専攻で、一等学位《ファースト》を取得し丸一年通して2番の成績だった。息子はアルバイトにも励んでいたため、就職の際にも仕事ができる者と評価されるだろうと母親は期待していた。しかし、息子もガールフレンドも、法曹界で職を得ることはできなかった。2人の話によると、弁護士になるための勉強を続けることになったのはクラスで1人だけだった。「親とか親戚に弁護士がいないと法律の仕事には就けない」と息子は話したという。インタビューに協力したこの母親が、大学に行かせたのはまったく無駄だったと不満に思うのも無理はない。

とはいえ、社会関係資本の実態への理解を深めるためには、こうした「コネを利用する」ことにとらわれ過ぎない方が賢明だ。アメリカの社会学者マーク・グラノヴェッターは「弱い紐帯《ちゅうたい》の強さ」説を主張して高く評価された。(3) 私たちは、人生に最も大きな影響を与えるのは、家族や親友など最も自分の近くにいる人々だと考えがちだ。しかし、グラノヴェッターは、実際に私たちに利益をもたらしてくれるのは、むしろ、通りすがりといっていいほどの弱いつながりの人たちだと主張した。なぜなら、家族や友人のようにつながりの強い人たちとは情報を共有していて、自分が知らないことを教えてくれることはあまりないが、弱いつながりの人々は、私たちの日常の生活から離れたところにいるからこそ、その人が教えてくれなければ知りえなかった有益な情報を持っている可能性があるからだ。

この基本的な考えはさまざまな分野で研究され、確固たる根拠があることが示されている。ビジネスの世界について研究したアメリカの社会学者ロナルド・バートによれば、最も大きな社会関係資本を持つのは、彼の造語である「構造的空隙《ストラクチュラル・ホールズ》」、すなわち、互いを知らない異なった組織や業界の人々の間を橋渡しする社会的なつながりを持っている人たちである。

また、教育学者スティーブン・ボールは、子どもをどの学校に入れるか悩んでいる親にとって、弱いつながりは大きな意味を持つとしている。(4) 多くの場合、さほど親しくはない人の中に、誰に相談すればいいか助言できるだけの有力な経験をしている人がいるのだ。同じように、親たちの大半は、いわゆる「校門ネットワーク」の力をよく知っている。子どもを迎えに来た親たちが待っている間、重要な情報を交換し合うことだ。社会学者ボニー・エリクソンは、管理職として成功するのは、同僚だけでなく、仕事上の地位と無関係に誰とでも気軽にスポーツやテレビの話ができる人だと指摘している。(5)

「弱い紐帯」の力は、強力な「エスタブリッシュメント」〔既成の秩序、転じて上流階級〕の存在と関連していると思われる。(6) ここで言いたいのは、上流階級の人々は互いにそれぞれをよく知っているということではない。そうではなく、彼らが非常に幅広く、弱いつながりで結ばれているということだ。彼らは、寄宿学校やオックスフォード大学の同窓生や、会員限定の紳士クラブで何度か挨拶した人を、うっすらと覚えているだろう。そして、そのような知人を必要に応じて、情報や支援を得るために動員することができるのだ。実際、数世紀にわたり存在し続けてきた貴族階級は、「弱い紐帯」でつながった団体と見ることもできよう。その内部では誰もが、直接ではなく評判だけの場合も含めて、肩書きを持ったくさんの人々を知っているのだ。

ソーシャルメディアの時代にあって、今では社会構造の全体で弱い紐帯のネットワーク作りがより一般的になっている。若年層専門職の多くは、仕事の一環として「ネットワーク交流」の方式に熱心に取り組んでいて、彼らはさまざまな職業の人々の連絡先は仕事に役立つ重要な資源だと考えている。それが事実ならば、おそらく社会関係資本は以前より普及するようになり、社会全体は民主化されているということである。こんにちの社会では、あらゆる職業の人々が別の職業のあらゆる人々とつながる機会がある。

誰が誰を知っているか

英国階級調査はこの問題を詳しく分析した最初の調査である。分析にはリン式ポジション・ジェネレーター（地位想起法）の最新版を使用した。1980年代に社会学者ナン・リンが開発した地位想起法は、人々の社会的ネットワークの大きさと範囲を評価する方法として広く使われている。[7] これは、単純な質問の形式で知人にどんな職業の人がいるかを被験者にたずね、さまざまな社会的地位にある人を知っているかどうかで、社会構造全体にどの程度つながりがあるかを評価するものだ。この一連の質問で、違う民族の人々や、異なる地域の人々とのつながりを分析することができる。

英国階級調査では、貴族から家庭向け清掃員まで、意図的にさまざまな地位の職業を37種類選び、参加者にその職業の知人がいるかどうかをたずねた。職業によって社会的なつながりの幅にどのような相違があるのかを知ることが目的だった。加えて、職業によって、高い地位の職業、または低い地位の職業の人と知り合いになる傾向があるかどうかも知りたかった。[8] 参加者の社会階級と社会的ネットワークの範囲を比較すれば、それが明らかになるからだ。全国サンプル調査でも同じ質問をしている。

表4-1　職業と社会関係――各調査で回答者が各職業の知人がいると回答した割合

	全国サンプル調査	英国階級調査	職業別人口比率（労働力調査）
教師	63.4	84.2	3.8
ショップ販売員	62.9	51.4	3.7
学生	62.8	68.5	5.9
電気工	59.5	39.4	1.0
看護師	58.3	64.4	2.0
清掃員	56.0	28.7	1.9
バス・トラックドライバー	50.8	24.4	2.1
工場労働者	50.8	23.7	1.6
秘書	49.7	43.9	1.6
受付係	49.7	34.3	0.8
会計士	48.9	67.6	0.8
事務管理職	48.2	55.7	0.7
労働未経験者	47.5	31.0	該当なし
庭師	44.2	29.9	0.6
土木・機械エンジニア	41.6	52.9	1.5
軍人	40.7	43.2	0.28
弁護士	39.9	56.7	0.4
開業医	38.6	59.9	0.8
郵便局員	38.1	19.8	0.6
事務員	36.2	49.0	1.4
美術家・音楽家・俳優	35.6	58.7	0.5
大学講師	35.0	57.1	0.9
パブ経営者	34.7	21.3	0.1
飲食店員	31.6	19.1	1.4
コールセンター従業員	31.2	28.3	0.4
機械操作員	31.1	12.1	0.5
レストラン支配人	28.9	23.0	0.4
農場労働者	28.6	23.6	0.2
科学者・研究者	27.8	61.4	0.6
警備員	27.3	14.5	0.6
ソフトウェア・デザイナー	26.8	49.1	0.8
財務管理者	26.4	41.1	1.2
旅行代理店員	25.0	15.5	0.1
CEO	23.3	35.6	0.2
銀行支店長	22.5	20.0	0.3
電車運転士	12.5	7.0	0.1
貴族	7.9	11.3	該当なし

出所：英国階級調査（2011年1月～2013年7月）および労働力調査（2014年）による全労働人口に対する割合

表4―1に、全国サンプル調査と英国階級調査の結果を示した。例えば、表の最上段は知人に教師がいる人の割合で、全国サンプル調査対象者の63・4%、英国階級調査参加者の84・2%に教師を職業とする知人がいるという意味だ。富裕層に偏っている英国階級調査の参加者は、全国サンプル調査の回答者と比較して、専門職、経営職、高報酬の職業に多くの知人がいて、労働者階級の知人が少ないことがわかった。

表4―1には、労働力調査(LFS)による、職業別人口比率も示した。調査回答者のネットワークの職業的偏りを知るためだ。表4―1を分析すると、人と接する機会が多い職業に従事する人は、職業別人口比率に比して、より多くの人から知られていることがわかる。中でも、日常生活でよく見かける人々、つまり教師、看護師、電気工、ショップ販売員の知人がいる人は多く、回答者の3分2近くに及んでいる。反対に、電車の運転士の知人がいる人は少ない。これは主に、職業別人口比率が少ないのが理由だ。しかし、教師や看護師の職業別人口比率を考慮すれば、電車の運転士が社会的に知られている割合はじつは比較的大きいことが理解できる。貴族やCEOの知人がいる人はほとんどいない。例外はあるとしても、最も特権を持つ職業の人たちは、広く知られる可能性は実際に低い。

ただし調査では、この職業の人を「知っている」かどうか質問したので、友人なのか、単なる顔見知りなのか、曖昧だったかもしれない。

表4―1からは社会関係資本がどのように分配されているかとか、その優位性との関係などに

ついては何もわからない。ここからわかるのは、教師やショップ販売員、学生を知っている人が最も多いということ、知っていると答えた人が最も少なかった職業は銀行支店長、電車の運転士、貴族であるということである。これらの職業の人を知っていると答えた回答者の割合と、全国で実際にこれらの職業に従事している人々の割合を比較すると、いくつかの際立った違いがあることがわかる。一方、教育分野（教師と学生）や、ヘルスケア分野（看護師、開業医、清掃員）は、実際の人数に比べて、知っていると答えた人の割合が少ない。ポジション・ジェネレーターは、回答者がそれぞれの地位あるいは職業グループで知っている人数を把握するのではなく、その地位の誰かを知っているかどうかだけを捉えている。例えば、ある回答者は8人の財務管理者を知っているが、貴族、CEO、科学者、大学講師、ソフトウェア・デザイナー、銀行支店長、弁護士には知っている人がいない場合、ひとつの職業では8人も知っていたとしても、これらの地位のうちのひとつだけに知人がいると記録されるだけである。

社会的紐帯の構造

社会学的な見地からいうと、異なる職業の人を何人知っているかではなく、誰を知っているかという社会的ネットワークのパターンの方が重要である。例えば、貴族に知人がいる人にはCEOの知人がいる可能性が高いとか、電車の運転士の知人がいる人には財務管理者の知人がいる可能性は低いといったパターンである。社会関係資本と社会階級に関連がなければ、どんな職業の知人がいるかについての調査の結果は、回答者の職業とは関係なくランダムとなるはずだ。しかし、例えば、教師は看護師を知っている可能性が高いとか、医師は弁護士を知っている可能性が高いなどの明確な規則性があれば、そこに社会分化が働いていることになる。

表4-2は、人々が最も交際している職業をまとめたものだ。これによって、どんな職業が「一群」あるいは「集団」になっているかがわかる。[9] これらの職業はそれぞれ逆からランク付けされており、位置が離れているほど交流する機会が少ないことを意味している。例えば、一番上の貴族に知人がいる人は、一番下の機械操作員に知人がいる可能性が最も小さいということだ。表の中ほどに並んでいる職業は、このような分化が少ないことになる。例えば、看護師の知り合いがいることは社会分化の特徴にはならず、看護師の知り合いがいる人に上位の職業の知人がいる可能性と下位の職業の知人がいる可能性は同程度である。

この表には、ケンブリッジ・スコアに従った職業の地位ランキングも示した。この順位は、私たちの分析結果とほぼ相関している。[10] また、第1章で触れた国家統計社会経済分類による職業の順位も示した。私たちの調査でわかった違いが国家統計社会経済分類とどれだけ重なるかを見られるようにした。

表4-2では、国家統計社会経済分類［本書の表1-2を参照］で上位にあった専門職や経営職（1と2）のグループが上の方にあり、半定型労働と定型労働のグループ（6、7、8）が下の

表4-2　職業別社会分化

	職業別社会分化	社会的地位（ケンブリッジ・スコアによる）	国家統計社会経済分類による階級
貴族	1	該当なし	該当なし
科学者／研究者	2	6	1.2
財務管理者	3	8	1.1
CEO	4	5	1.1
大学講師	5	1	1.2
ソフトウェア・デザイナー	6	13	1.2
銀行支店長	7	9	2
弁護士	8	4	1.2
国・地方の事務職公務員	9	16	3
開業医	10	2	1.2
美術家・音楽家・俳優	11	15	2
会計士	12	11	1.2
教師	13	3	2
秘書	14	14	3
土木・機械エンジニア	15	7	1.2
事務管理職	16	10	2
看護師	17	18	2
学生	18	該当なし	該当なし
レストラン支配人	19	23	4
コールセンター従業員	20	22	3
電気工	21	24	5
旅行代理店員	22	19	2
軍人	23	12	3
受付係	24	17	6
電車運転士	25	34	5
ショップ販売員	26	20	6
庭師	27	26	4
郵便局員	28	25	6
パブ経営者	29	21	4
農場労働者	30	30	6
清掃員	31	33	7
労働未経験者	32	該当なし	該当なし
バス・トラックドライバー	33	29	7
飲食店員	34	27	6
工場労働者	35	31	7
警備員	36	32	6
機械操作員	37	28	6

方にあるという傾向が見える。しかし、ケンブリッジ・スコアの順位および職業的社会階級による国家統計社会経済分類の順位との間には完全な相関関係は見られない。例えば、事務職公務員は国家統計社会経済分類では3に置かれていたが、私たちのリストでは9位になっていて、国家統計社会経済分類で1や2にランクづけされていた多くの職業より上に位置している。一方、旅行代理店員は国家統計社会経済分類では2に分類されていたが、私たちの分析による順位では、国家統計社会経済分類で下の方にあった職業より下に位置している。これは、ある職業の同一の人物がそれぞれの職種の人を知っているかどうかにもとづいてランクづけされるためである。

しかし表4-2は、階級格差の影響を明らかにしている。表を上から順に見ていくと、上の方には地位が高いと考えられている職業が並び、それらはより大きな権限を持ち、一般により高い教育を必要とし、より多くの尊敬を集め、そして所得が高い。下になるほど所得が少ない職業になっていく。この表は実際、明らかな社会階級の番付のように見える。つまり、社会関係のネットワークは階級に影響を受けているのである。科学者や財務管理者のような専門職や経営職の知人がいる人には、同じような社会的地位のある別の職業の知人がいる可能性が高く、労働者階級の知人がいる可能性は低いだろう。逆もまた然りで、機械操作員に知人がいる人には、工場労働者や警備員の知人がいる可能性は高いが、貴族に知人がいる可能性ははるかに低くなる。

社会的紐帯と不平等

表4-2が示した職業の社会的分化は、人々の人生のさまざまな場面に大きな影響を及ぼしている。それが社会的分化を「資本」という形にしている。表にした37の職業を5つのグループに分けて考察すると、それがよく理解できるだろう。

表4-3には、5つにグループ分けした職業群別に、人々との交流頻度を示した。ほとんどの人に各グループ内の職業の知人が少なくとも1人はいる。例えば、全国サンプル調査の回答者の73%にはエリートグループに属する知人が1人はいるということだ。また、それ以外のグループでは、90%近くになっている。この表は、回答者のほとんどが上位ランクの職業と下位ランクの職業どちらにも知人がいることを示している。確かに人々は選択的に社会的なネットワークを築く傾向はあるが、こんにちの社会では人々の大半が幅広いつながりを持つという事実を見逃してはならない。それぞれの階級や、その文化が、互いに遮断されていた50年前とは、状況は様変わりしたのである。今では階級によるアパルトヘイトは存在しない。肉体労働者と知り合う機会もあれば、エリートと知り合う機会もあるのが現代社会だ。

しかし、それだけではない。明確ではない巧妙な方法で、人々のネットワークは社会的に区別され、そのネットワークがもたらす利益にも格差が生じている。図4-1は、全国サンプル調

表4-3　職業群別交流頻度

職業グループ	職業の数	全国サンプル調査回答者の，知人がいる職業の数（平均値）	全国サンプル調査回答者の，職業群に1人以上知人がいる割合（平均値）	英国階級調査参加者の，知人がいる職業の数（平均値）	英国階級調査参加者の，職業群に1人以上知人がいる割合（平均値）
エリート 貴族，科学者・研究者，財務管理者，CEO，大学講師，ソフトウェア・デザイナー，銀行支店長，弁護士	8	2.1	73	3.3	92
専門職 事務職公務員，開業医，美術家・音楽家・俳優，会計士，教師，秘書，土木・機械エンジニア	7	3.1	89	4.2	98
中間的職業 事務管理職，看護師，学生，レストラン支配人，コールセンター従業員，電気工，旅行代理店員，軍人	8	3.5	93	3.4	96
熟練労働 受付係，電車運転士，ショップ販売員，庭師，郵便局員，パブ経営者，農場労働者	7	2.7	88	1.9	77
定型労働 清掃員，労働未経験者，バス・トラックドライバー，飲食店員，工場労働者，警備員，機械操作員	7	3.0	88	1.5	64

査にもとづき、世帯所得と知人がいる各職業群の数の関係を示している。所得ランク下位20％では、表4-3のエリートグループに属する8つの職業のうち、平均ひとつ以上の職業の人を知っているという意味である。一方、上位20％では8職業のうち、平均3つ以上の職業の知人がいる。専門職グループも同様に、所得分布の最上位と最下位の差は急な勾配になっている。

重要なのは、高所得層には地位の高い職業の知人が多数いる可能性が高いということだ。高所得層はさらに大きな接点へとつなぐ「橋渡し型社会関係資本」を持っていると言える。知人にエリートがいれば、その人を通して、別のエリートを紹介してもらえる機会が増えるからだ。彼らは「弱い紐帯」で他のエリートと結びついており、有益な情報や噂話などを共有できる可能性が高いのである。

それとは対照的に、「熟練労働」のグループには、社会階層による特徴が見られない。あらゆる所得層の人たちが、このグループの7つの職業のうち、平均して3つ弱の職業の知人がいると答えている。これは大きい数字で、熟練労働グループの職業の人は幅広い職業の知人がいることを示している。受付係やショップ販売員、郵便局員などを含むこのグループの職業の多くが、さまざまな階層の人々と接触する機会が多い仕事であることがその理由と考えられる。また、この職業グループには電車運転士など人の目に触れない職業も含まれている（したがって、これらの職業の知人がいるという人はあまりいない）。しかし、定型労働のグループはもっと孤立している。低所得の人々と比較して、高所得層には定型労働グループの職業の知人がずっと

図4-1　所得と社会関係Ⅰ

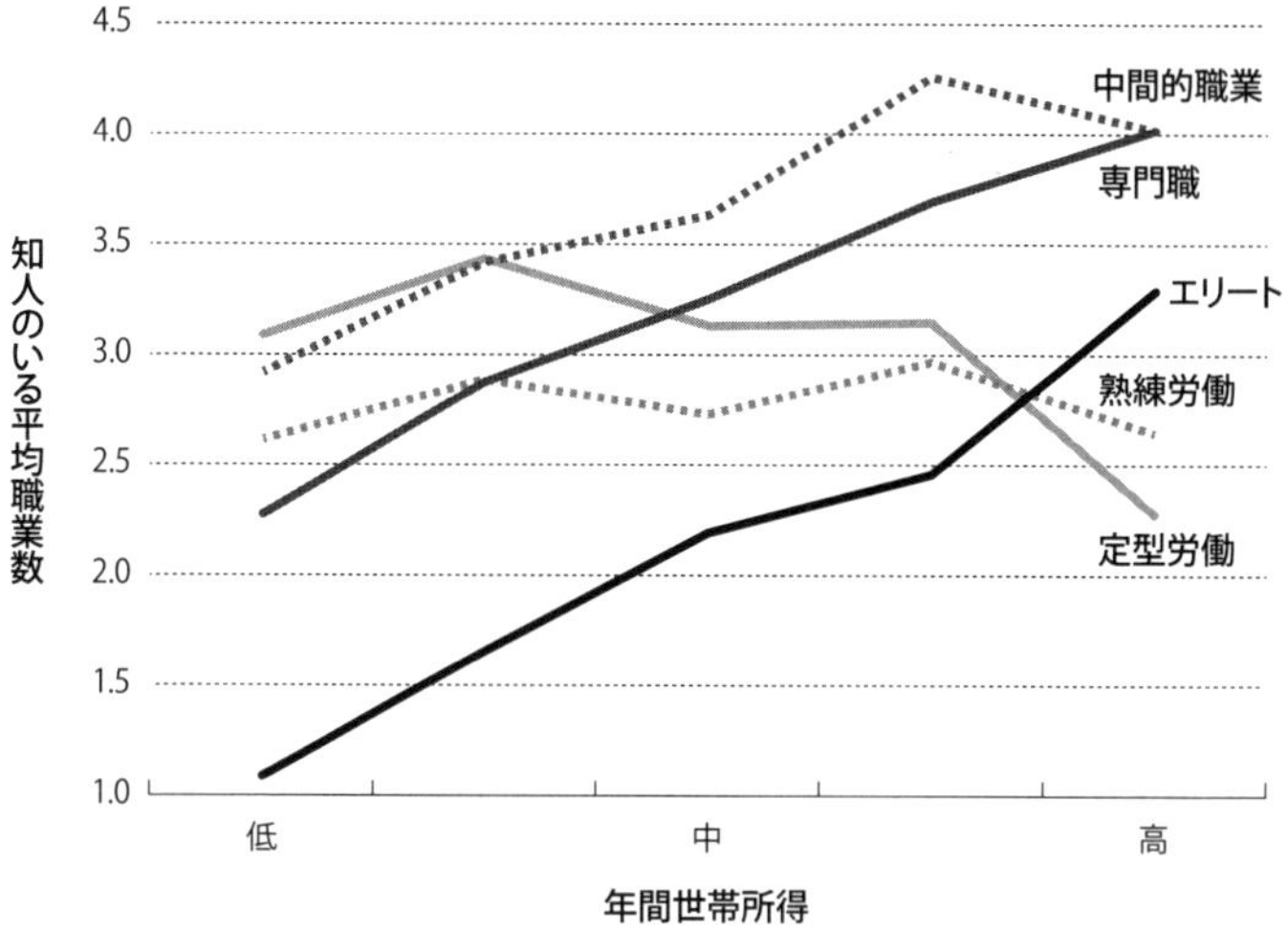

注：世帯数を所得により単純に20%ずつ5分割した

少ない。

図4-1の各グラフを比較すると、「勾配が最も大きい」のはエリートのグループだ。それは、エリートには他の職業グループと社会的に際立った違いがあることを示している。エリートの人々は閉鎖的で知り合うことが難しいということだ。

所得がどの範囲にあるかによっても社会的ネットワークに顕著な違いがある。高所得層は別の層の人々より労働者階級の知人が少なく、低所得層は社会的に地位のある職業の知人が少ない。これには重要な意味がある。有益なつながりを持っていると思われる人々はステータスの高い人々であり、彼らは自分では誰とでも話をするし特別ではないと思っていたとしても、彼らのアドバイスは排他的であろうと思われるからで

図4-2　所得と社会関係Ⅱ

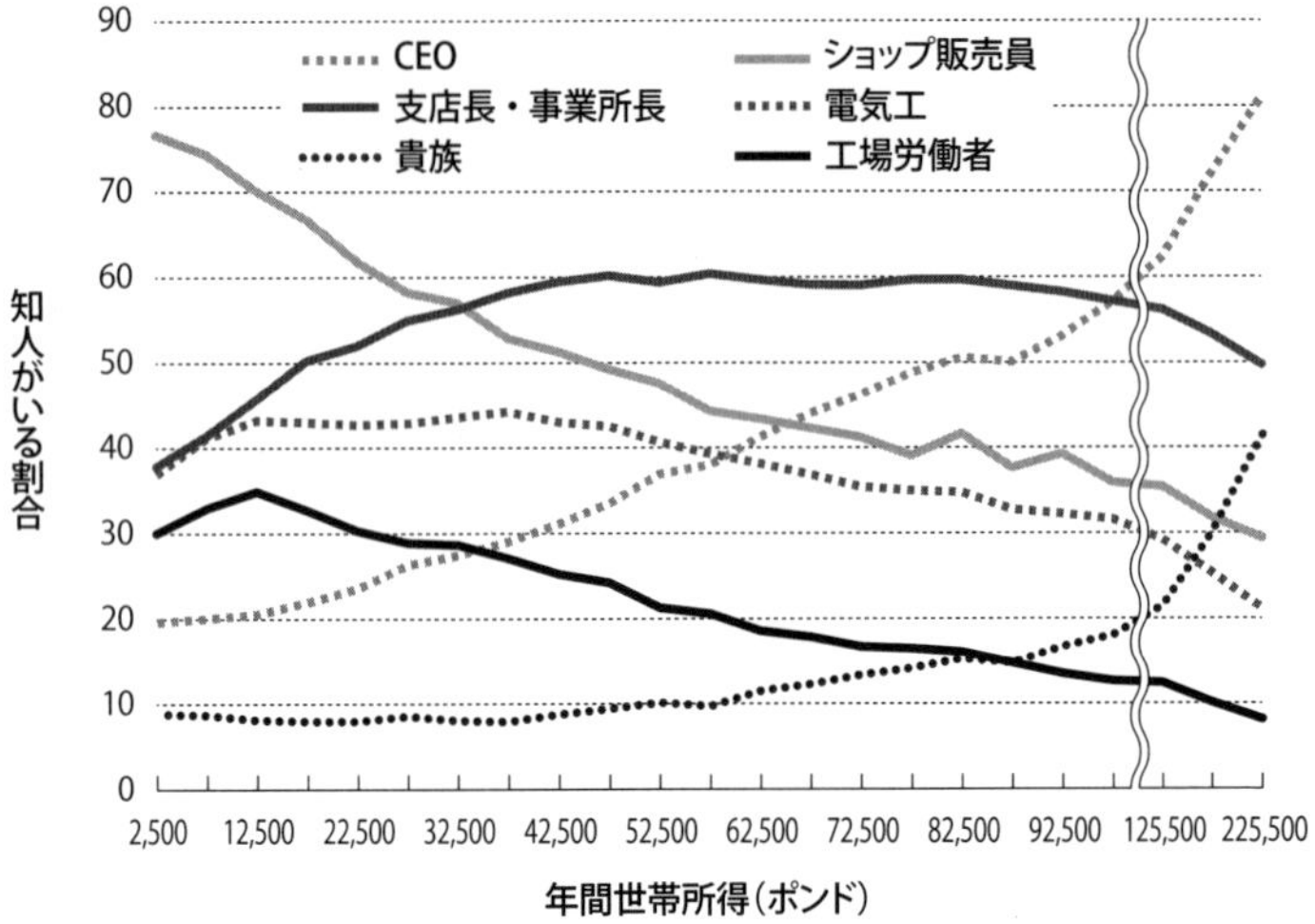

ある。また、(世帯所得が20万ポンドを超える)非常に裕福な人々は、それ以外の人々に比べて際立った社会的紐帯を持っていることがわかった。彼らはエリートグループのほとんどの職業に知人がいると思われる。専門職の知人よりエリートの職業の知人が多いというのは、この所得グループの人たちだけだ。裕福な人々は経済的に恵まれているだけではなく、特別な社会的紐帯を持っているのである。(11)

最後に、所得と社会的ネットワークの関連について、いくつかの職業を例に検討したい。図4-2には、英国階級調査の所得分類ごとの、私たちが選んだ6つの職業に知人がいる割合を示した。貴族に知人がいる人は非常に少なく、イギリス人の大多数を占める年収5万ポンド[675万円]以下の人ではわずか10%である。これより低い年収の場合でもほとんど差がない。

しかし、年収が5万ポンドを超えるとその割合は上昇を始め、10万ポンド付近では20%となる。そこから曲線は急上昇し、所得最上位層では40%近くに貴族の知人がいる。CEOに知人がいる人の割合も同様である。所得最下位層では約20%、所得最上位層では80%を超えている。つまり、英国階級調査の参加者のうち、所得の高い人たちは低い人たちの4倍の割合でCEOに知人がいるわけだ。反対に、ショップ販売員や工場労働者に知人がいる人の割合は、所得が増えるにつれ少なくなっていく。貴族の人口は低所得労働者の人口よりはるかに少ないが、所得最上位層で工場労働者（あるいは、飲食店員やコールセンター従業員、その他いくつかの職業）の知人がいる割合は、所得最下位層で貴族の知人がいる割合と同程度なのである。

ここには統計における「外れ値」の影響が見られる。社会構造の中間あたり、中流階級と労働者階級の間の主要な差異よりも、最も注目される差異は上下の両端にある。最富裕層の人たちには下層の人たちとは大きな違いがある。彼らに貴族やCEOの知人がいる割合は、世に認められた専門職の人たちと比べてもはるかに大きいからだ。同じ影響は最下層でも、最上層ほど際立ってはいないがはっきり見られ、最貧困層の人たちに、例えばショップ販売員の知人がいる割合は大きくなっている。

これらの事実は、最富裕層の社会的紐帯が他の層とは違う特有なものであることを示している。彼らのつながりは、経済的に有利なグループとだけではなくかかわりのある幅広い人々との間にあるのだが、とはいえ、彼らは自分と同じエリートの世界の知人と付き合う傾向が一貫

図4-3　学歴と社会関係

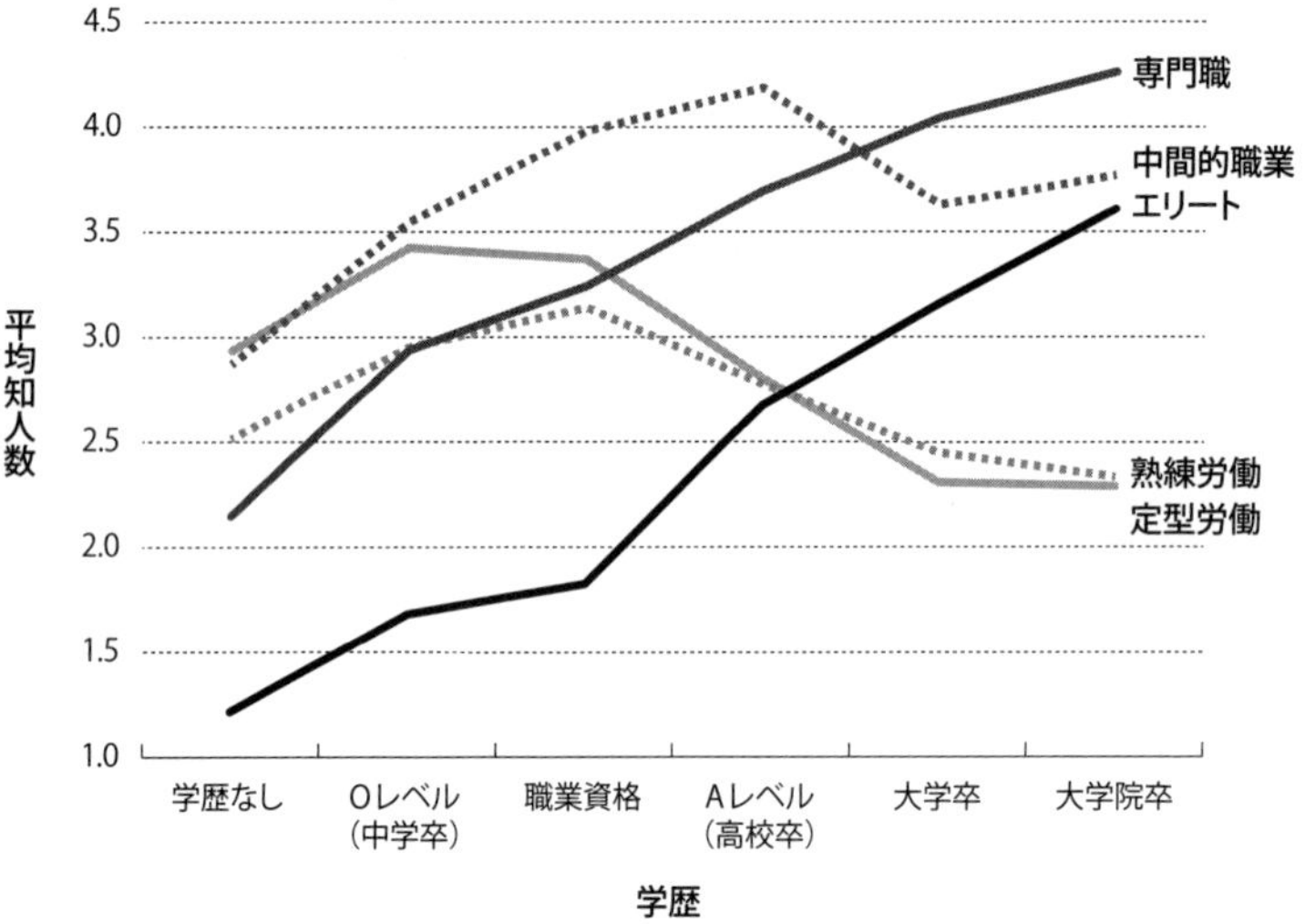

して非常に強いのだ。

ここまで、所得と社会的ネットワークについて検討してきたが、社会関係資本は所得とだけ関連しているわけではない。図4-3は、教育レベルと社会的ネットワークの関連を示すが、教育レベルが高いほど、エリートグループや専門職グループの知人がいる割合も大きくなり、その勾配も非常に急であることがわかる。大学院卒業者のエリートグループの知人の数は平均3人以上だが、「学歴なし」の場合は1人だ。中間的職業グループ、熟練労働グループ、定型労働グループに知人がいる割合を見ると、教育レベルの違いによる大きな相違は見られない。大きな例外は、どの職業グループにも知人が少ない「学歴なし」の人々で、彼らは著しく孤立している。

社会的ネットワークにはパターンがあるが、

閉ざされたものではない。人々の大半は、さまざまな階級の人と広範なつながりを持っている。しかし、社会階級の最上層と最下層では、明確な輪郭を発見できる。最富裕層や学歴が最も高い層の人々にはエリートの知人が多く、最貧困層や「学歴なし」の人々の交際範囲は同じ階層内にとどまり、他の階層の知人は少ない。

社会関係資本はなぜ重要なのか

本章を終えるにあたり、エリートや専門職に知人が多いことには大きな意味があることを示しておきたい。社会関係資本は人々の所得や学歴だけでなく、生い立ちや経歴など、その他さまざまな背景とも関連するため、経年的に蓄積する。[12] 親の職業と社会的ネットワークの関連を示した図4-4は、社会的紐帯が出身階級に大きく影響されることを示している。図4-4では親の職業を3つのカテゴリーに分類した。「専門職や経営職」の親を持ち最も特権的な家庭出身の人。「事務職、技術職や中間的職業」の親を持ち中流階級に分類される人。「定型労働、半定型労働」に就いている親を持ち下層階級と見なされる家庭出身の人である。

親が社会的地位の高い職業である場合、エリートグループの職業の知人の数は顕著に増える。親が「専門職や経営職」の人々には、エリートグループの8つの職業のうち異なる職業の知人が3人以上いるが、親が「定型労働、半定型労働」の場合は平均1・5人未満だ。また、親が

図4-4　出身家庭と社会関係

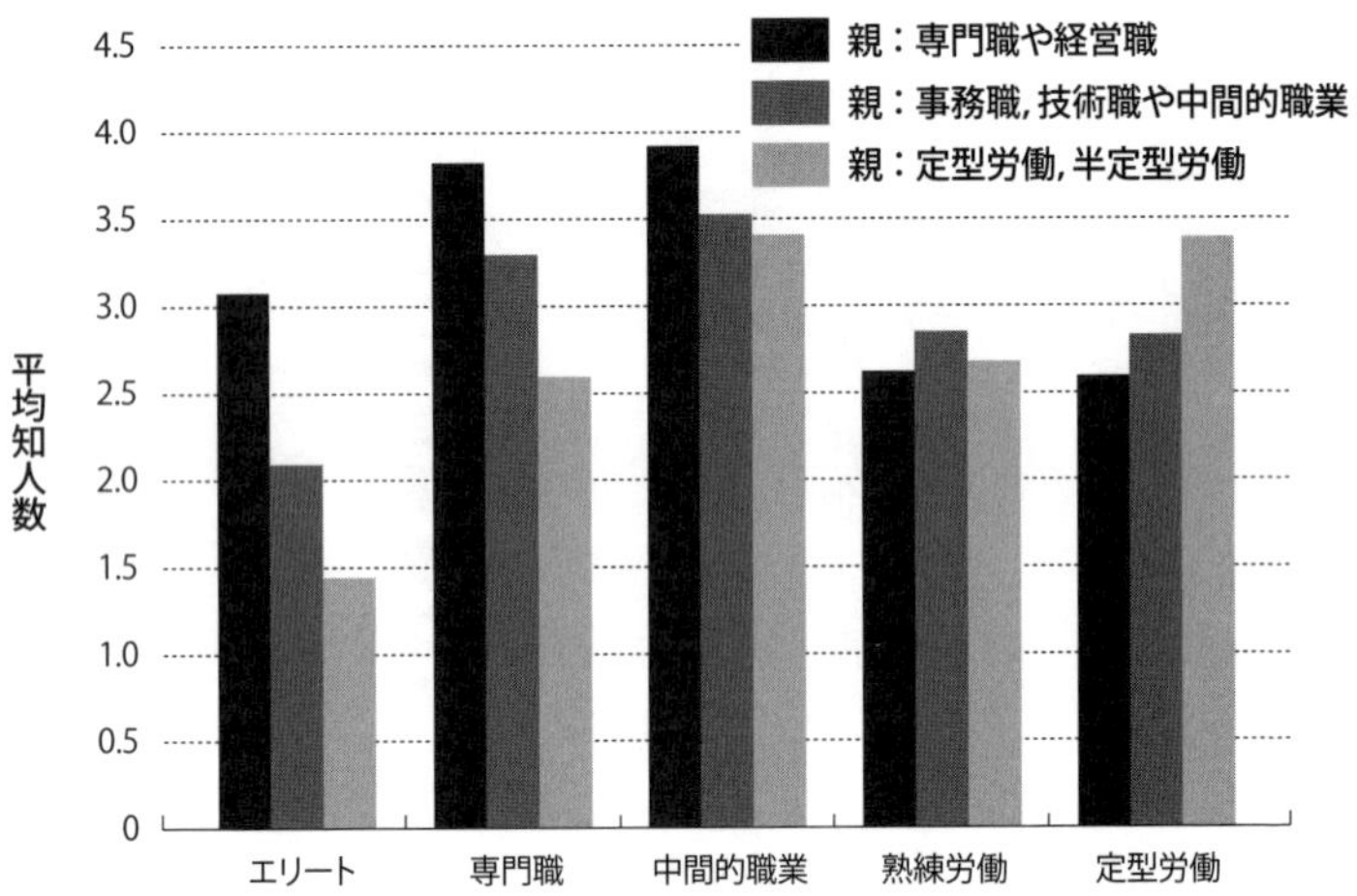

「専門職や経営職」の人は専門職や中間的職業グループにも知人が多く、社会的ネットワークは最上層だけに限られてはいない。一方、親が「定型労働」の家庭出身の場合、他の階層の人との交流は少ない。つまり、親が「専門職や経営職」の人々は、どの職業ランクにおいても多くの知人があり、エリートグループの職業では、他の職業の親を持つ人々との差が大きくなっている。

それとは対照的に、親が「定型労働、半定型労働」の人々は、社会的地位が低い方の職業に就いていることが多く、交友関係も、他の職業の親を持つ人々に比べて、社会的序列で低い方の職業の人々が多い。つまり、裕福な家庭に育った人はより幅広いエリート層とのネットワークを持っているのだ。もちろん、貴族やＣＥＯの知人が多いのは、親の職業と無関係の可能性もあろうが、裕福な家庭に生まれたからこそ、大学で学ぶことができて、よい仕事に恵まれ、趣味を持ち、そうした環境の中で、エリート層とのつながりを持てた可能性は高いのである。

図4-5はそうした事情を如実に示している。それぞれのグラフは、出身家庭の世帯主の職業別に、世帯収入と社会的ネットワークの関連を示している。例えば、右端が最も上にある折れ線は、専門職や上級経営職の家庭の出身者にCEOの知人がいる割合をパーセンテージで示している。ここからわかることは、現在の世帯所得の額にかかわりなく、裕福な家庭の出身であれば、親が中間的職業や底辺の職業カテゴリーの人々と比べて、CEOや貴族と知り合う可能性が高いということだ。また、現在の所得レベルにかかわりなく、労働者階級の出身者の方が、中流や上流階級の出身者に比べて、工場労働者と知り合う可能性は高い。このような傾向は、所得の高い人々では特に顕著である。世帯所得が20万ポンド以上で、専門職・上級経営職の家庭の出身者であれば、CEOの知人がいる割合は80%、工場労働者の知人がいる割合は8%だから、その比は10対1である。しかし、所得が同じ20万ポンド以上でも労働者階級の出身者ならば、CEOの知人がいる割合は75%、工場労働者の知人がいる割合は21%となり、4対1に下がる。

最後に、もうひとつの重要なテーマである年齢にも触れておく。経済資本は高年齢層に蓄積されるが、文化資本では、高尚な文化資本は中高年上中流層に蓄積し、新興文化資本は若年専門職層に多く蓄積していることは前述した。一方、図4-6が示すように、社会関係資本と年齢

図4-5　所得・出身家庭の階級と社会関係

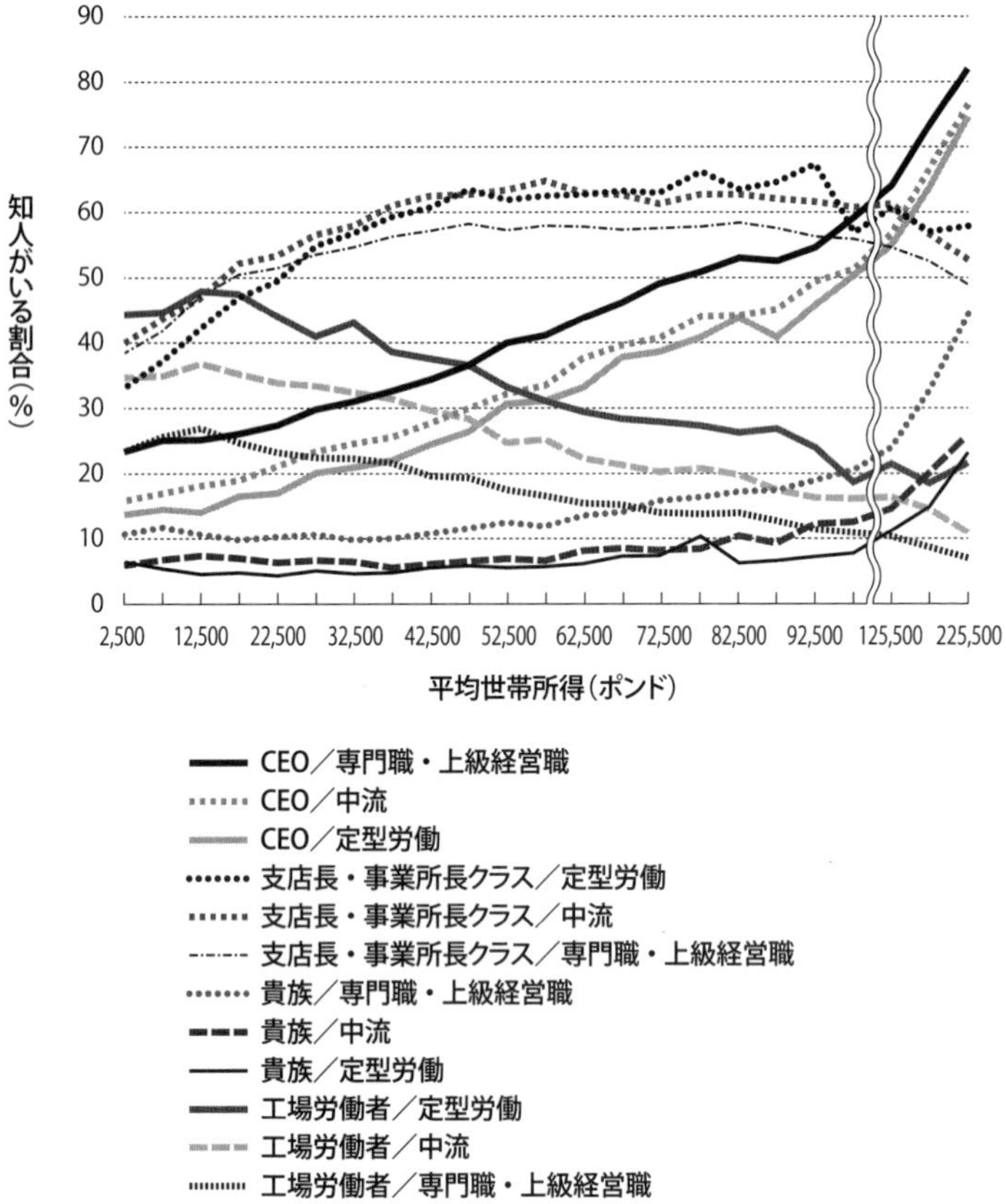

注：各線は，「知人の職業／本人の出身家庭」を表す．例えば，最上段の「CEO／専門職・上級経営職」の場合，専門職・上級経営職の家庭出身者の知人にCEOがいる割合を所得別に示している

図4-6　年齢と社会関係

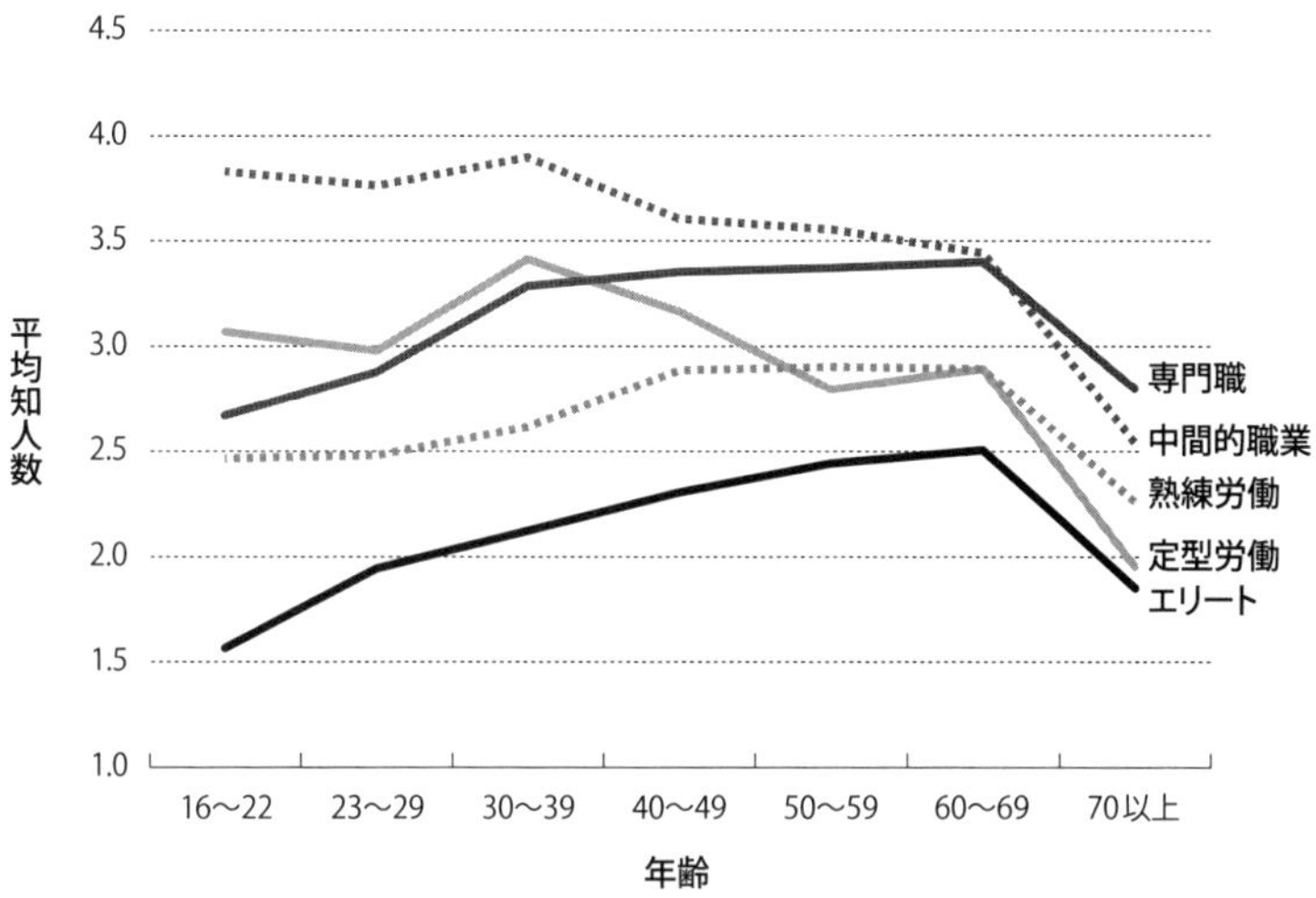

には顕著な関連が見られない。ただし、70歳を超えた高年齢層では知人の数が急激に減少する。おそらく、退職者同士の交際が中心となるからだと推察される。英国階級調査参加者は、年齢を重ねるにつれ、エリートや専門職の知人がいる割合が大きくなっていくことを示しているが、それはすでに見てきたように、英国階級調査に進んで参加した人には年齢の高いエリートや専門職が多く、同じような人々と交流しているためだと思われる。また、若年層と比較して中高年層には中間的職業の知人が少ないが、おそらく、中間的職業の人の多くが若年層であるからだろう。熟練労働、定型労働の人々との交流には年齢による差異は見られない。

以上、検討してきたとおり、社会関係資本は比較的、年齢の影響を受けない。これは、経済資本や文化資本との大きな違いである。

21世紀初頭のイギリスでは、他の国と同様に、人々の社会関係資本はそれぞれの社会階級と結びついている。しかしこれは、自分と同じような人々としか付き合っていないということではない。これを理解するには、ブルデューのいう「誤った承認」の概念と第1章で紹介した贈与の習慣が手がかりとなる。

贈り物は敬意のしるしとして気持ちのままに贈るものだと私たちが考えているのと同じように、私たちは自分の友人たちを彼らの人柄によって大切にしているのであって、「チャンスを与えてくれる」からではない。もし、私たちが優位な立場を得る手段としてしか友人を見ないとしたら、それほど友人とは思っていないということだろう。ブルデューの主張のポイントはまさにここにあり、当事者に直接的には認識されていないのであるが、それにもかかわらず、このような結びつきから利益は与えられるということである。さらに言えば、明白ではないかもしれないが、そのような交流からは体系的な不平等が生じている可能性があるのだ。例えば、男性の場合は、既婚者の方が独身者に比べて、幸福を感じ、身体的、精神的、社会的に良好な状態を享受できる場合が多い。しかし、女性の場合はそのような違いがはっきりしていない。女性は独身であろうが、男性と同居していようが、高い生活の質を実現しているという調査結果があるのだ。

人々の社会的紐帯が強力な資源として区別されているというのは、この文脈においてである。育った環境によって現在の交友関係は影響を受け、交友関係によって社会的な地位を維持したり向上させたりする機会は左右される。社会関係資本が影響を与えるのは、人生の成果に限らない。自分はどの階級に属しているか、どの程度の政治的力を持っているかといった、人々の自己評価にも大きな影響を与えている。例えば、貴族の知人がいる人は、自分はイギリスという国の決定に影響を与えられると信じている可能性が高いし、議員や政府関係者と接点がある可能性も高い[13]。また、エリートや専門職の人々と付き合いが多い人は、自分を「中流の上」と考えている場合が多い。

人々の自己評価と行動形態は、社会のあらゆる局面に影響を与える。もし貧困層や労働者階級からは程遠いと感じていたら、格差を縮めるための政策や社会流動性を促すような政策を支持する可能性は低いだろうし、政治に影響力などないと感じていれば（低所得者、特にエリートや専門職の人々と接点がない人々）、自分の利益になるように政策を変える努力をする可能性も低いだろう。

社会関係資本だけが、仕事を得ることができるか、どの階級に属しているかという意識や、政治への参加意識に影響を及ぼすわけではない。しかし、社会関係資本は、それらの重要な事象に大きな影響を及ぼしているのである。

本章のまとめとして、3つの点を確認しておく。第1は、社会的ネットワークは排他的ではないということだ。大半の人々には、自分とは異なるレベルの生活をしている知人がいる。英国階級調査でも全国サンプル調査でも、自分とはまったく違う職業の知人が一人もいないという回答はほとんどなかった。これは、社会的ネットワークは開かれたものであることを証明し、人々がなぜ閉鎖的な階級社会に生きていると思わないかを説明しており、留意すべき重要な点である。実際、私たちは閉鎖的な階級社会に生きているわけではない。

第2に、私たちは確かに開かれた社会に生きているが、現実に、以下のような強い傾向が見られるということだ。それは、専門職や経営職の知人がいる人々は、また別の専門職や経営職の知人がいる可能性が高く、肉体労働や定型労働の仕事をしている知人がいる人々は、これらの職種の人々をほかにも知っている可能性が高いということだ。これは、中流階級と労働者階級の交友範囲のパターンには、今でもさまざまな相違が残されていることを示唆している。

第3に、社会階層の両極、つまり最上層と最下層に極端な違いが表れていることだ。私たちの研究では、この事実を最も重視している。最富裕層の社会関係資本は、他の所得層のそれと大きく異なり、非常に恵まれた社会的なつながりを持っているため、互恵的関係を築ける可能性が高い人とさらに知り合う機会が多い。これは、社会構造の最上部に存在する閉鎖性、排他性の証拠であり、経済資本が社会的ネットワークや社会関係資本と密接に結びつき、社会的ヒエラルキーの最上層をそれ以外の層から引き離す状況を生み出している。一方、学歴のない人々は、自分とは別の職業グループの人々と知り合う機会は非常に少ない。そしてそれは、社会的ネットワークが社会階級の差別化と深く結びついていることを意味している。

第5章

新しい階級社会

——資本の相互作用

前章までに、経済資本、文化資本、社会関係資本は、その性格上必然的に蓄積され、その過程で不平等が生じていることを確認した。本章では、それぞれの資本が生み出した不平等の関連を読み解いていく。

まず、これらの資本の相互作用を理解する必要がある。それによって、この相互作用を通して強化される利益や不利益に特定の形式があるかどうかを確認することができる。これらの形式が重なり合って、利益や不利益の蓄積を生み出し、社会階級の形成に大きくつながる可能性があるのだ。これまで検討してきたとおり、3つの資本は異なる原理で形成されるため、そのつながりを解明するのは容易ではない。

近年、著しく巨大化した経済資本は、富裕層が最も大きな利益を得られるような仕組みで増大している。一方、文化資本と社会関係資本にも類似の原理が働いているかどうかを見きわめるのは難しい。情報技術革命の結果、人々は以前より多くの文化に容易にアクセスできるようになり、社会的ネットワークもその幅を目覚ましく広げているからだ。しかし、そのようなインターネット上の活動を通じて文化資本や社会関係資本のどちらかが大きくなると、その関係の性質に影響を与える可能性がある。ツイッターのフォロワーたちの情報やSpotifyからダウンロードした音楽が、毎日一緒にいる友人たちから得ていた情報や、わざわざコンサートに行って聴いた音楽に匹敵するほど、深いものだと言えるだろうか。

一方で、経済資本は感覚的なものではない。最初に支払う1000ポンドと、100回目に支払う1000ポンドの間に違いはなく、どちらの1000ポンドも、まったく同じ量のものを買える。しかし、文化資本や社会関係資本はそうはいかない。一番好きなレジャーと10番目に好きなレジャーでは、傾ける熱意は異なるはずだ。

経済資本はしたがって、どれだけたくさん持っているかという絶対量が問題になるのだが、一方で文化資本や社会関係資本に影響を与える主な力は相対的なものだ。つまり、文化的関心の違いや社会的紐帯の違いが人々を区分し、序列をつけるのだ。高尚な文化資本や新興文化資本に強い関心を持つ人々は、そうでない人々を軽蔑し、スノッブな態度を見せる。同様に、このような文化資本はほかの種類の優位性とも関連している。私たちは好循環と悪循環のある世界にいるが、どちらの循環だと思うかはその人の立ち位置によって異なるだろう。そこから階級が構築されていくのだ。

3つの資本がどのように関連するのかを考えてみると、2つのシナリオが提起できる。まず、3つの資本はそれぞれ完全に独立していると考える場合だ。例えば、裕福で多くの経済資本を持っているが、社会的な交流がほとんどなく、社会関係資本が限られている人もいるだろう。世捨て人の大富豪ハワード・ヒューズのような人物だ。このような場合、さまざまな優位性が互いに増強し合う状況が明白にわかるわけではないから、このシナリオで階級を定義するのは難しい。次に、3つの資本を同時に大量に所有していると考える場合である。裕福で、多くの文化資本と幅広い社会的ネットワークを持つような人の場合は、3つの資本を結びつけ、さらに人々を特有の階級に結びつけて、互いに増強し合っていくプロセスを確認することができるはずだ。

ブルデューの見解は後者に近く、3つの資本には「ホモロジー（相同性）」があるとする。つまり、同じ場所に集まる傾向があるが、しかし、常にそうなるわけではないと指摘している。例えばブルデューは、「インテリ」は多くの文化資本を持つが、必ずしも経済資本に恵まれているわけではないし（貧しい芸術家などが考えられる）、「実業家」は裕福だが、必ずしも「教養がある」わけではないと考えていた（大卒ではないが将来有望な会社役員など）。このような微妙な差異は、私たちの周囲を見回してみればわかることである。例えば、必ずしも「適切な」人脈を持たず、高度な文化資本も持たないが、富を築いた「たたき上げのビジネスマン」を考えてみる。あるいは、高等教育を受けてはいないが裕福なサッカー選手、幅広い文化的関心を持っているが安定した仕事に就いていない人、などである。これらの資本の間の差異が、私たちの好奇心をそそり、興味を惹くのである。

3つの資本は独立して存在しているわけではないことは、経済資本、文化資本、社会関係資本のありようを検討してきたこれまでの各章で確認してきた。人々の社会的ネットワークは所得と関連があり、文化資本は職業と関係している。そして所得は職業によって左右される。本章では3つの資本の間でどのような相互作用が起きているのかを、より系統立てて検討したい。それによって、21世紀の社会階級が明らかになるはずである。

社会階級の新しいモデル

私たちは英国階級調査と、それを補完する調査にもとづき、21世紀の新しい社会階級を提示した。その最初の分析はメディアに広く取り上げられ、学問の世界でも大きな議論を呼んだ。これまでの上流、中流、労働者という階級分類とは違う、階級についての新しい視点を提示するものだと思われたからだろう。分析内容は、興味があれば誰でも自由に利用できるため、ここで詳しく述べることはしないが、私たちが提示した階級図式の要点は非常に重要であり、幅広い意味を持っている。(1)

私たちは、まず、調査参加者や回答者の経済、文化、社会関係の各資本の蓄積量を測定した。そして、「潜在クラス分析」と呼ばれる手法を用いて、それぞれの資本の測定値をグループ分けし、その組み合わせによって表れる特徴的な社会階級を見つけ出した。各資本の測定には世帯所得、貯蓄、住宅資産などの経済資本の量と、高尚な文化資本と新興文化資本のスコア、社会的紐帯の数と状況に関する情報をデータとして使用した。

表5-1に、私たちが考案した7つの階級の名称を記し、それぞれの資本の量を表示した。それぞれの階級の特徴とその名称について詳しくは後述する。

7つの階級は、表示の順序でヒエラルキーを形成しているわけではない。「技術系中流階級」を「新富裕労働者」の上に置いたが、根拠はない。便宜上、経済資本の順位によって並べることにした。ここまででわかったように、他の資本と比較して、経済資本の分配が最も不平等だからだ。「確立した中流階級」の所得は「技術系中流階級」を上回り、「エリート」の次に裕福な階級であることに異論はなかろう。「技術系中流階級」は「新富裕労働者」よりも所得が多い。「新富裕労働者」の下の「伝統的労働者階級」と「新興サービス労働者」の経済資本はどちらも多くないが、この2つの階級間では、所得と住宅資産のバランスに大きな相違がある。そして、

表5-1　階級と諸資本

	エリート	確立した中流階級	技術系中流階級	新富裕労働者	伝統的労働者階級	新興サービス労働者	プレカリアート
世帯所得（ポンド）	89,000	47,000	37,000	29,000	13,000	21,000	8,000
世帯貯蓄（ポンド）	142,000	26,000	66,000	5,000	10,000	1,000	1,000
住宅資産（ポンド）	325,000	176,000	163,000	129,000	127,000	18,000	27,000
社会関係スコア[1]	50.1	45.3	53.5	37.8	41.5	38.3	29.9
社会関係数[2]	16.2	17.0	3.6	16.9	9.8	14.8	6.7
高尚な文化資本[3]	16.9	13.7	9.2	6.9	10.8	9.6	6.0
新興文化資本[4]	14.4	16.5	11.4	14.8	6.5	17.5	8.4

注 1：知人がいる職業のケンブリッジ・スコアをもとに算出．数値が高いほど，社会的交流のステータスが高い
2：34の職業のうち，知人のいる職業の数を示す
3：高尚な文化活動への参加頻度
4：新興文化活動への参加頻度
出所：英国階級調査データ

経済資本のヒエラルキーの最下層が「プレカリアート」である。

他の階級と顕著に違うのは、エリートとプレカリアートだ。エリートの所得は、経済資本のランクで2番目の確立した中流階級の約2倍だ。住宅資産と貯蓄も群を抜いており、美術館、ギャラリー、クラシックのコンサートに行くなどの「高尚な」文化資本のスコアも最も高い。加えて、エリートは社会的ネットワークに恵まれている。多くの場合、社会的地位が同等に高い者同士のネットワークだ。つまり、エリート階級では、ブルデューのいう「ホモロジー」の原則が働いていると思われる。

私たちが提示するイギリスのエリートは人口の約６％で、多くの評論家が特定する「１％」とはやや異なり、かなり大きな割合を含めている。ドーリングやピケティが指摘したように、超富裕層と呼ばれる人々が経済力で他を大きく引き離しているのは間違いないが、[2]もう少し人数の大きいグループも他の階級の人々より際立って有利な立場にあることを見失ってはならない。エリート階級については第９章で詳述するので、ここでは、エリートとそれ以外のすべての階級の間には最も大きな違いが存在するということを強調するにとどめておく。

一方、エリート階級とは正反対の、社会の底辺に位置するのが、人口の15％にあたるプレカリアートだ。私たちはこの用語を経済学者ガイ・スタンディングから借用した。彼は「プレカリアート」、すなわち「不安定な《プレケリアス》プロレタリアート」の現状を改善するためにさまざまな活動を行ってきた人物である。第10章で詳述するが、何十年にもわたって貧しく恵まれない人々という烙印を押すのに用いられてきた「アンダークラス」というラベルの代わりに、私たちは「プレカリアート」という言葉を意図的に選んだ。

プレカリアートの世帯所得は際立って低く、貯蓄はあってもごくわずかで、借家住まいが多い。社会的ネットワークの数も最も少なく、自分よりステータスの高い職業の人とはほとんど交流がない。文化資本もごく限られている。しかし、だからといって、プレカリアートが道徳的に堕落しているという根拠はまったくない。他の階級に比べると社会的ネットワークは限られてはいるが、それなりに幅広いネットワークを持っているかもしれないし、文化的な何らかのことにかかわっているかもしれないのだ。

エリートとプレカリアートでは特徴が顕著であるのに対し、その間に挟まれる5つの階級の違いは複雑である。「新富裕労働者」と「技術系中流階級」は社会関係資本や文化資本に比して経済資本が豊富である。「新富裕労働者」はそれなりに豊かに暮らしているが、文化的活動はそれほど活発ではない。「技術系中流階級」も比較的裕福だが、社会関係資本は驚くほど少ない。また、「新興サービス労働者」は文化資本と社会関係資本は豊かだが経済資本に乏しい。人口の約40％を占めるこの3つの階級では、それぞれ3つの資本を同量ずつ所有しているのではなく偏りがある。このことから、階級の境界線を完全に明確に引くのが難しい理由がわかるだろう。

中間層のうち、「確立した中流階級」と「伝統的労働者階級」はどちらも経済資本、社会関係資本、文化資本を偏りなく所有するが、確立した中流階級のそれはエリートよりかなり少なく、伝統的労働者階級はプレカリアートより多い。以上のパターンから、明白なまとまりである「専門職・経営管理部門」とか、あらゆる種類の定型労働に就く人を含む「労働者階級」などとして分類するのが難しい人たちの存在が浮かび上がる。つまり、社会構造の中間の部分の区別は複雑かつ曖昧で、一貫した「中流階級」や「労働者階級」というものを定義するのは不可能だということだ。

私たちが提示する7階級は大まかに3つに分類できる。裕福な少数のエリート、それよりかなり多数のプレカリアート、そしてその他の階級である。中間の5つの階級は、それぞれが各

表5-2　新しい7つの階級の特徴

階級の名称	人口比（%）	英国階級調査参加者の割合（%）	平均年齢	少数民族の割合（%）
エリート	6	22	57	4
確立した中流階級	25	43	46	13
技術系中流階級	6	10	52	9
新富裕労働者	15	6	44	11
伝統的労働者階級	14	2	66	9
新興サービス労働者	19	17	32	21
プレカリアート	15	<1	50	13

出所：英国階級調査データ

資本を複雑な組み合わせで所有しているため、ひとつの階級にまとめることはできない。

表5-2に各階級の特徴を示した。階級の名称と人口比、英国階級調査参加者の割合、平均年齢、少数民族《マイノリティ》の割合である。私たちの階級モデルには、「直感的に興味を掻き立てる」ところがあるようで、発表後すぐに多くのジャーナリストから「納得できる」という評価を得た。この階級モデルであれば、現在のイギリス社会の状況を解釈できるというのだ。

私たちの階級分析は、最上部と最下部がはっきり分かれているが、これは他の分類法とも一部一致している。階級とは、単独の格差の要素で決まるのではなく、他の要素とも交わっていることがわかる。表5-2は年齢と民族に注目し、検証したものである。[3] エリート階級に少数民族は少なく4%だが、確立した中流階級では13%を占める。また、「新興サービス労働者」にも多く、21%を占めている。「新興サービス労働者」とは高学歴の若年層で、経済資本はまだあまり蓄積していない。そこに、民族性と私たちの提示した新しい階級の分類にどのような関係があるのかを理解する手がかりがある。少数民族の人々は相当な文化資本を持っているが、それを白人のイギリス人のように経済資本に転換することができていないのだ。私たちの階級分類における少数民族の複雑なありようを見ると、民族集団を単純に従来の中流階級・労働者階級に分類することはできないことも理解されるはずだ。(4)

次に年齢だが、それぞれの階級の平均年齢の違いは示唆に富んでいる。年齢と社会階級との関連が顕著に表れているからだ。文化資本と社会関係資本は豊かだが経済資本に乏しい「新興サービス労働者」の平均年齢は32歳で、他の階級よりかなり若い。これは、若年層は高い能力があっても高収入の仕事から締め出されている可能性を示唆している。一方、「エリート」の平均年齢は57歳で、資本が経年的に蓄積されることがわかる。しかし、年齢を重ねるだけで誰もがエリートになれるわけではないことは、「伝統的労働者階級」の平均年齢が66歳であることが示している。7つの階級は単純な年齢による区分けではないが、それでも年齢と強く結びついているのだ。

世代間格差は諸外国でも見られる現象であり、社会学者ルイ・ショーベルが若年世代が年長世代に比べて大きな困難に直面していると指摘しているフランスが最も典型的である。(5) 一方、ラテンアメリカ諸国の多くでは、新自由主義経済で利益を得た若く裕福な「新興階級」が注目されている。しかし、イギリスの社会学者たちは一般に、年齢と階級を独立した問題だと切り離して考えてきた。階級のモチーフである、ヤッピー、ディンキー〔共働きの子どもを持たない夫婦。「ディンクス」〕、ヒップスター、チャヴが、特定の年齢層を想定して用いられているにもかかわらずである。例えば、「チャヴ」は若者であることが前提だ。また、少数民族にも大きな世代間格差があるのは明らかだが、若年世代は両親世代ほど、白人のイギリス人と比較して不利な経済状況にはない。(6)

このように階級と年齢を切り離して考えてきたために、世代間格差の問題は「社会流動性の減少」という問題に含められてしまった。年齢の問題を階級間の流動性という枠組みに求めようということだ。第6章で検討するが、社会流動性が減少しているという根拠は、あまりはっきりしていない。にもかかわらず、社会流動性の減少が人々の関心を集めているという事実は、それが若い世代の将来不安を喚起するものとなっていることを示している。

年齢は従来認識されていたよりも、いっそう強く階級構成と関連している。さまざまな資本が経年的に蓄積されることを考慮すれば、したがって人生の特定の段階にある人々が他の年齢層より恩恵を受けることを考えれば、これは不思議なことではない。年齢にもとづく階級の格差には説得力があるのだ。「エリート」に年長世代が多いのも驚くことではないし、20代の若者たちは所得、貯蓄、住宅関連資産のどれもほとんど持っていないから、「確立した中流階級」や「技術系中流階級」である可能性が低いのも当然のことだ。

例外は新興の文化資本だ。殊にポップカルチャーへの関心や大学での経験に根ざした文化活動は、若いうちに獲得できる資本である。多くの若年層、特に「新興サービス労働者」に当てはまる人は多くの文化資本を保有している。経済資本が経年的に蓄積していくのと違い、1人の人が所有できる文化資本の量には限りがある。文化的な活動を行うにせよ、ネットサーフィンを楽しむにせよ、1日の時間は限られているからだ。ここで重要なのは、文化資本と比較した場合の経済資本の量ということでは、若年層より年長世代が恵まれているということだ。だからこそ、「新興サービス労働者」は興味深い集団なのだ。彼らは年齢が低いことを特徴とするからである。

この認識から、年齢と階級の関係についての基本的な理解が得られるだろう。つまり、イギリス社会についての現在の私たちの議論を形成しているのは、従来のような中流階級と労働者階級の境界線という古びた問題などではなく、まったく別の問題だということだ。そして、これらの階級のアイデンティティは世代間で移り変わるという仮定に関連している。

ちょっと振り返ってみると、何が問題なのかが明らかになる。高学歴の若年世代は新興文化資本を熱心に支持している。その文化は、「高尚な」文化資本のように古典を志向していない。(7)一方、ブルデューの文化資本のモデルは「正典(canon)」の重要性を前提としている。シェークスピアやモーツァルト、大英博物館などに代表される、長い年月を超えて受け継がれ、文化的に卓越しているとされるような正統な文化である。しかし、こうした歴史の力を背景とする文化が優越性を失いつつあることは、多くの識者も認めていることだ。

例えば、現代を「ポストモダン」の時代だと捉える人々は、こんにちの文化は批判精神や「物知り」ということを意味していて、「崇高な伝統」に回帰することはないと主張している。その議論が的を射ているかどうかは別として、そうした議論があること自体が、変化の表れだとは言えよう。古い正統派の文化に挑戦し、自らを最先端と定義した「アバンギャルド」さえ、歴史的な裏づけのないトレンドに取って代わられている。今では、新しいこと、今ここで起きていることこそが卓越性の証《あか》しになっている。

これはまさに、「高尚な」文化資本と「新興の」文化資本を区別することに伴う緊張である。このような緊張は、私たちがこんにちの階級のヒエラルキーを作り直す必要があると考えた主要な論点であるところの、昔ながらのスノビズムと新しい種類のスノビズムとの違いを明確に示している。

民族性と階級、年齢と階級について見てきたが、私たちは第3の問題についても考えなければならない。専門知識が私たちの提示した7つの階級モデルの構成に直接関係しているという問題である。言い方を変えれば、スキルや認識、知識が階級と結びついているということだ。どのように結びついているのか？　分類にはじつに複雑な思慮や判断が必要で、「階級」を見分け、ふさわしい名前をつけるのは難しい作業であることはすでに強調した。第1章で説明したとおり、そもそも階級という考え自体が人々の強い興味を掻き立てる反面、感情を害するものだからだ。

したがって、注目してもらいたいのは、私たちが提示した階級のヒエラルキーでは、中間の領域を専門的技能や知識を物差しのひとつにして分類したことだ。「技術系中流階級」は、文化活動と距離があることと、いわゆる中流らしいライフスタイルにこだわりがない点が「確立した中流階級」と異なっている。このグループは社交範囲も文化的関心も限定的で、技術系の職業に就き科学に造詣が深いことが特徴である。

近年では歴者学者たちも、この「技術系中流階級」に関心を寄せていることから、この階級は、かつての知的な中流階級とは違う専門技能を身に付けた集団としてますます重要になっている。新しい兵器から学術研究の方法、もちろんＩＴに至るまで、科学的な能力に長《た》けた人々で、イギリス社会になくてはならない階層である[8]。

同じように、「新興サービス労働者」は、非常に豊富な「新興文化資本」を持っている。彼らは知識や文化に対して、一種の批判精神を持ち、内省的で自意識過剰な態度で臨んでいる。その点が、伝統的で規範を重視する古くからの中流階級と異なっている。このグループの人々は現代的な文化を支持していることが特徴だ。ソーシャルメディアを愛し、健康維持とスポーツをすることに熱心で、「映像文化」への志向も強い。このような種類の専門知識は、こんにちの階級の再構成に関係している特有の形式のスノビズムをもたらす。この点については、第11章で詳しく検討する。

経済資本、社会関係資本、文化資本の相互作用を検討してみると、階級とはこれら各種の資本が結晶化したものだと理解できる。ここまでの検討の結果、私たちの主張はシンプルである。今では中流階級と労働者階級の間に境界線を引くことはほとんど重視されていない。確かに、階級構造の中間層に境界線を引くことは可能だが、その境界線は私たちが固執するべき境界ではないように思う。特に、この中間層においては年齢と専門知識が区別と論点の主要な事柄になっており、それが複雑さと多様性をもたらしている。

しかしながら、社会構造の最上層と最下層には、さらに独特のエリートとプレカリアートという階級があり、この両極では好循環と悪循環が働いている。そのことがまさに、私たちがこの両極の格差に注目すべきだと考える理由でもある。エリートとプレカリアートには、細分化した中間の各層に比べて際立った違いがあるからだ。

現代の私たちは両極化した世界に生きており、特権的に富を蓄えた富裕なエリートは、それ以外の人々と明らかに違う存在になりつつある。本章では、3つの資本がどのように互いの蓄積を促し、市場主導型の資本主義の環境の中で、それらの資本はどのように強烈な力と交わるのかに注目して分析した。つまり、それが21世紀の社会階級の新しいあり方である。次章からは、社会生活、社会流動性、教育、地理などの主要な領域に表れている現象を紹介していきたい。

第3部

社会流動性

第6章

人生の山を登る
――社会流動性の探求

社会科学研究会議の初代議長を務めたマイケル・ヤングは、1958年に予言的な書物となった『メリトクラシーの法則』[1]を発表している〔「メリトクラシー」はヤングの造語で能力主義の意〕。消費者委員会やオープン大学〔通信制の公立大学。無試験で誰でも入学できる〕の設立など数多くの社会運動をリードし、社会起業家でもあったヤングは、グラマースクール〔日本の中高等学校にあたる〕の生徒たちに、大学に進学して専門職や経営職を目指す上昇志向が芽生えてきたことに注目し、そのような変化が将来の社会に及ぼす影響を予測したのである。表面的には、これは確かに社会の前進と言えた。それまでエリートの職業は、名門私立男子校からオックスフォードなどの名門大学に進学してエリート教育を受けた上流階級の男子に独占されていたからだ。ヤングはこう書いている。「才能のある者たちに能力にふさわしい階級に上るチャンスが与えられた。これからは低い階級は能力の低い者たちのものになる(2)」。

だからといって、ヤングは楽観的な予測を立てていたわけではない。能力主義の台頭により、知能指数（IQ）の高い者たちが形成する新しい上位の階級が出現し、能力のない者たちは試験制度によって「劣った」人間として容赦なく切り捨てられるとヤングは予想した。1975年までイギリス全土で実施されていた小学校の最終学年（11歳）で受ける「11プラス試験」で10～15％の学業優秀な生徒を選抜し、大学教育に向けて優良校に進ませるグラマースクールの制度を、ヤングは皮肉な目で見ていたのである。ふるい落とされた残りの生徒は二流の学校に進み、工場の生産現場か事務室の中で一生を送ることになる。当時、希望者全入のコンプリヘンシブ・スクール（総合制中等学校）制度を求める声が高まっていたが、ヤングもそれを熱心に主張した一人だった。

コンプリヘンシブ・スクール制度を求める運動は成功を収めたものの、長い目で見ると、ヤングの予想は当たっていた。「文明の担い手は鈍感な大衆ではない。創造力を持つ少数者だ。エリートを育てるたゆまぬ努力こそが、世界の多くの国の真の政策になっている(3)」。おそらく、私たちが本書で解明してきた資本と階級の著しい格差に、こうした能力主義のプロセスは関係している。本章では、山登りにたとえて、その点を明らかにしていく。

諸外国同様、イギリスでは経済資本の総計が急激に増加し、つまり総資本の山は高くなり、社会は激変した。そびえ立つ山々の谷底からの高さは30年前よりはるかに高くなった。そのため、健康と才能、意志、努力を併せ持った者でなければ、山登りに挑むことさえできない。このような苛烈な「登頂レース」のために、人間の「価値」は学校の試験だけで、機械的に狭い見方で判断されるようになったとヤングは指摘した。登山の過程での、例えば、野生生物の生態についての知識や環境に対する配慮、他の登山者への共感など、登山とは別の技術や能力は顧みられなくなってしまった。

そして、頂上を目指す能力主義の競争では、高い場所にベースキャンプを持つ登山者が圧倒的に有利だ。その上、経済資本や文化資本、社会関係資本を総動員して装備を充実させれば、その優位性はさらに大きくなる。つまり、競争によって平等であるはずの能力主義の教育制度は、かえって人生のチャンスを不公平なものにし、子どもたちに不平等な未来をもたらしているのだ。

現代イギリスの社会流動性

教育制度が拡大・改革されるにつれて、政界でもメディアでも、イギリスの社会流動性は著しく減少しているという見方が大勢を占めるようになった。ヤングは、能力主義は機会の平等に悪影響をもたらすと悲観的に予見していたから、現状を見ても驚かなかったであろう(4)。教育制度改革が社会流動性を損なっているとするこのような見方は、１９９７年のブレア政権に始まる新しい労働党《ニューレイバー》時代に指摘され始め、２０１０年の保守連立政権樹立以降はさらに強く主張されるようになった。２０１１年には、政府は「社会流動性の促進は社会政策の最大の目標」をスローガンに、部門横断的な戦略を発表している。ニック・クレッグ副首相はこの政策に関して熱烈な演説を繰り返し、イギリスの階級制度を長年にわたる社会の足枷と激しく非難した。２０１２年の社会流動性に関する会議でも、「もっとダイナミックな社会を築かなければならない」とした上で、「重要なのは、どこに生まれたかではなく、何になるかだ」と主張した。

　じつのところ、社会流動性が減少していると考える際には注意が必要である。どのように測定するかによって大きく変わってくるからだ。

　ジョン・ゴールドソープらが１９６８年から71年にかけて実施した、ナフィールド社会流動性研究は、社会流動性を解明する有力な研究だと評価されている。第1章で紹介した「ゴールドソープ階級図式」にもとづく職業に着目した7階級、特に労働者、中流、管理部門の各階級間の流動性に着目した大がかりな研究だった。

　ゴールドソープの主張によれば、イギリス社会では20世紀中葉に階級間で上層への移動が大幅に増加したということだ。専門職や経営職などの仕事が増え、すぐ下の階級に生まれた人々を吸い上げたからだ。しかし、旧来の分類である中流階級と労働者階級を比較した場合には、子どもたちの将来にほとんど変化は起こっていなかった。中流階級出身者が労働者階級出身者より有利であるという現実は変わっていなかったのである。ゴールドソープによれば、ごく最近の傾向では男性の上方への移動性が低下しているものの（女性は変化なし）、こんにちまでこのような状況は変わっていない。[5]

ゴールドソープの研究成果には強い説得力があるが、この研究は測定される移動階級間のパラメータを定義しているので、彼が採用する階級モデルによって変わってくるものである。第1章で詳述したとおり、職業に着目して階級を分類したゴールドソープ階級図式は、社会のヒエラルキーの最上部を明確に区別できていないと私たちは考えている。[6]丘陵と平地は区別できているかもしれないが、最高峰の広がりの中の区別はできていないのだ。ゴールドソープが分析に使用した「ビッグクラス」［階級研究において通常分析に用いられる5～8カテゴリーほどの階層分類を呼ぶ。このような大きな階層分類では、階級間格差の所在が見えにくくなるとも言われる］ではなく、別の分類モデルで流動性を測定していたら、まったく別の結果になったはずだ。

例えば、経済学者は所得で人々を分類し、その流動性を測定している。私たちの経済資本という考え方に近いアプローチだ。特に、ロンドン・スクール・オブ・エコノミクスの経済パフォーマンス研究センターのジョー・ブランデンとスティーブン・マチンらの主張は、社会流動性の研究に大きな影響を与えている。[7]

ブランデンらは1958年生まれと1970年生まれの人々について、本人と親の所得を比較したところ、所得の流動性には、2つの世代の間で有意な低下が認められた。すなわち、1958年より1970年生まれの人々の方が、親と比較した場合の所得の流動性が小さかったのである。その理由は高等教育の拡大にある。大卒者の所得は高く、家庭が裕福なほど大学に進学できる可能性は高い。そのため、高等教育の拡大はより裕福な層に有利に働き、流動性が低下したというのが、彼らの見立てである。

ブランデンらの研究結果は、ここ10年にわたる経済学者と社会学者との間の論争の火種となっている。それはまるで、流動性を測定する尺度は所得か職業かどちらか一方だけで、双方を考慮に入れることはできないとでも言うかのような論争であり、不幸な結果をもたらしている。

私たちは職業による階級分類よりも、経済資本というコンセプトを使いたいと考えているため経済学者のアプローチに魅力を感じている。その方が、職業という「大きな」階級分類に着目するよりも、緻密で正確な流動性の指針を示してくれると考えるからだ。(8) 特に、山頂に到達できる条件を考察するには適当だと思う。社会構造の最上層にある少数のエリート階級は、別の階級からの流入を許さないものなのか、それとも、新たに登頂者が出現することは可能なのだろうか。

この問いを考察するためには、職業だけでなく、経済資本や文化資本、社会関係資本につい

表6-1　英国階級調査の7つの階級と出身階級（%）

英国階級調査の階級	出身世帯の主たる稼ぎ手の職業階級			
	クラス1 上級経営職・伝統的専門職	クラス2 下級経営職・現代的専門職	クラス3～5 中間的職業・技術職	クラス6、7 定型労働・労働未経験者
エリート	51（55）	11（26）	28（13）	11（7）
確立した中流階級	39（35）	11（34）	31（20）	19（11）
新富裕労働者	18（16）	8（28）	33（31）	41（24）
技術系中流階級	42（37）	6（33）	15（18）	38（11）
伝統的労働者階級	16（23）	9（26）	27（30）	47（22）
新興サービス労働者	21（28）	9（33）	28（23）	43（17）
プレカリアート	4（13）	4（20）	27（28）	65（40）

注：「出身世帯の主たる稼ぎ手の職業階級」は国家統計社会経済分類による
出所：全国サンプル調査データ．比較のため（　）内に英国階級調査の数値を示した

て多面的に調査した英国階級調査が、それぞれの資本と流動性の関係についての重要な証拠を与えてくれるはずだ[9]。

表6-1に、第5章で定義した英国階級調査にもとづく7つの階級に属する人々の出身階級の割合を示した。14歳のときに主たる所得の担い手だった親の職業をその人の出身階級とした。数値は全国サンプル調査のデータを用い、参考のため英国階級調査の数値も示した。

全国サンプル調査の数値を用いて、階級の社会流動性を分析すると、出身階級が上位であるほど頂上、すなわち、エリート階級への距離が短いことがわかる。登山にたとえると、クラス1や2の出身者は山頂近くにベースキャンプを持つのに対して、クラス3～5は中腹あたり、そして、クラス6や7の出身者にはベースキャンプはなく、麓から出発しなければならないの

である。

詳しく数字を追うと、エリート階級の51％の出身階級はクラス1であり、親が肉体労働者や労働未経験者だった階級の出身者は11％にすぎない。一方、プレカリアートで、クラス1の出身者はわずかに4％であるのに対し、クラス6、7の出身者は65％を占めている。出身階級に着目して社会流動性を分析すると、クラス1の出身者がプレカリアートに占める割合は、エリートのそれの13分の1弱である。この数字は、イギリス社会では上向きだけではなく、下向きの社会流動性も大きくないことを示している。つまり、麓から出発して頂上に上り詰めることが難しいのと同様に、頂上や頂上付近から登山を始めたにもかかわらず谷底に転落してしまうケースは稀だということだ。

最も質素な家庭の出身者であるクラス6、7の人の、7つの階級の割合を見ると、はっきりと4つの領域に分かれていることがわかる。最も低いのはエリートで、その次に低いのは確立した中流階級（19％）だ。プレカリアートを除くそれ以外の4つの階級は大差がない（38～47％）が、プレカリアートでは比率が劇的に上がり、65％になる。このことから、より高い階級への社会流動性には、実質的な限界があることがわかる。

特に注目すべきは、絶対数の少ないエリート階級は、他の階級に比べて非常に排他的であるという事実だ。職業による階級分類ではあまり目立たなかった閉鎖性のパターンが、私たちが考案した階級分類を用いたことによって鮮明に示されたのである。

社会流動性の減少についての政治家たちの懸念は、「プロフェッション」と呼ばれる高度な専門職への参入が難しいという点に集中していた。イギリスでは長きにわたり、法律や医学、工学など社会的地位の高い職業領域は頑固なまでにエリート主義であり、名門私立男子校で教育を受けた者や、特権階級の出身者でなければ採用されないと考えられてきた。

労働党の政治家で元保健大臣のアラン・ミルバーンは、この問題を社会に提起した。彼自身が大きな階級の上昇を経験した人で、イングランド北東部ダラム・カウンティの公営団地に生まれ、大臣にまで出世した。その困難な道程の中で、社会流動性を促進するためには、プロフェッションへの公平なアクセスを確保することが肝要と痛感した。[10] 2009年に職業《プロフェッション》公正アクセス委員会に彼が提出した「願望を解き放つ（Unleashing Aspiration）」と題した辛辣な報告書は、「ミルバーン・レポート」として知られるようになった。その報告書で彼は、メディアや法律、医学などの職業は縁故者だけを採用する「クローズド・ショップ」にとどまっており、「幅広い人材に向けた門戸開放」が不十分であると主張した。[11] ミルバーンはその後も、この問題に政治的尽力を続け、社会流動性・児童貧困委員会の委員長として、数多くの影響力のある報告書を発表している。

ミルバーンの発表した報告書はどれも説得力があったが、論拠として集めた研究には、相互に本質的に立場の異なるものがあったり、古すぎて実態を表していない研究があったりするという欠点もあった。その点で英国階級調査は、価値のある新しい情報を提供できているはずだ。

図6－1に、英国階級調査のデータを用いて、社会的地位の高い職業のうち、親が上級経営職である最も恵まれた家庭の出身者である人の割合が高い職業と低い職業を示した。職種によって、社会流動性に違いがあることがわかる。

図6－1aに示した10種のエリートとされる職業では、親が上級経営職である家庭の出身者が50％を超えている。割合が高い順に、法廷弁護士と裁判官、開業医、ブローカー、弁護士、CEOと続き、開業医を除くすべてが法律と金融関連の職業である。これには特に留意しておかなければならない。

一方、図6－1bに示したエリートとされる10の職業では、親が上級経営職である家庭の出身者は比較的少ない。[12] その多くはIT関連の職業であり、新しい職業分野であるため幅広い人材に門戸が開かれていると考えられる。さらに、より広く流動性のパターンを分析した結果、出身階級に開放的な社会的地位の高い職種は、科学者、会計士、エンジニア、IT関連の上級職、学者の順であることがわかっている。

以上の調査結果は、法律、医学、ビジネス分野の伝統的で「紳士的」な職業は厳しく排他的なままであるのに比べて、研究者、IT関連の職業、ITおよびテレコム関係の専門職のような新興の職業は、より技術的ではあるが「開放的」だということを示している。これはどう説明できるだろうか。これまでの多くの研究によって、[13] 伝統的な職業に就くためには、恵まれた環境に育った人たちが親から受け継ぐ傾向の強い、文化資本、社会関係資本という不明瞭で獲

図6-1a　上級経営職の家庭出身者の占める割合が高い10の職業

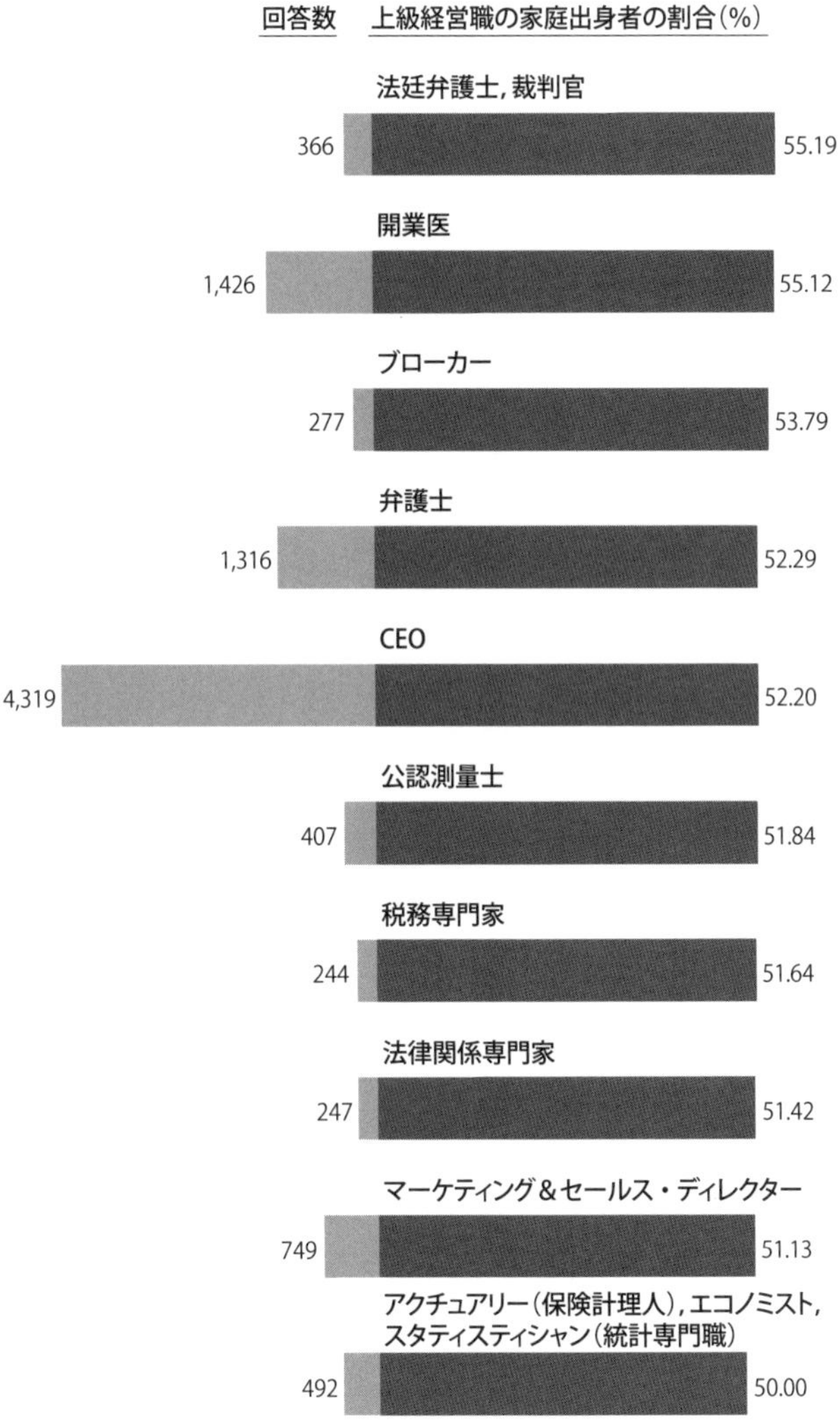

図6-1b　上級経営職の家庭出身者の占める割合が低い10の職業

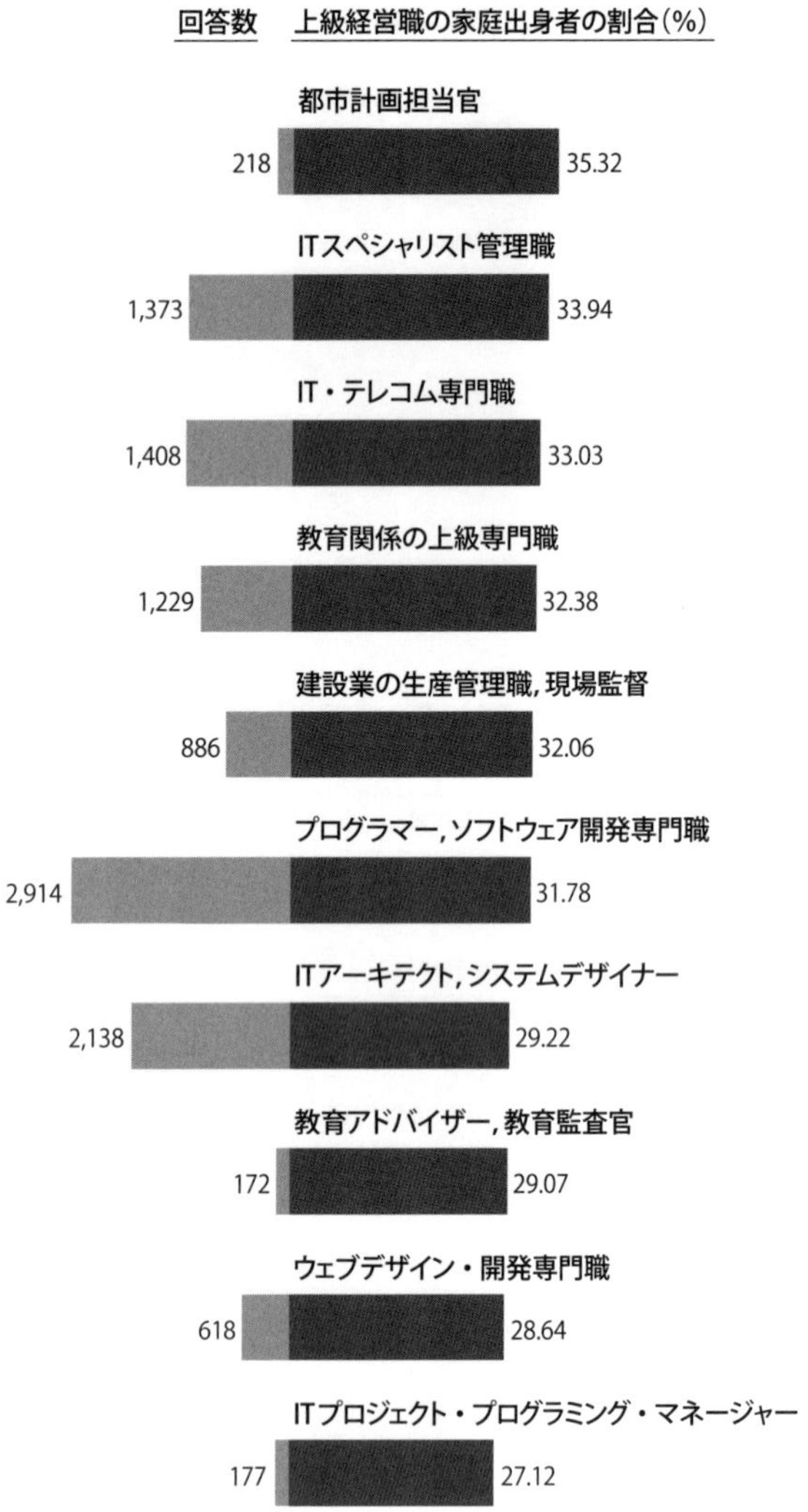

得しがたい資源が今でも重要だということがわかっている。

問題はそれだけではない。上層の階級の出身者を採用する傾向が強いエリートの職業の大半は、報酬が高い。そこには「蜜壺に群がる蜂」の効果が生じる。特定の職業と経済資本の結びつきが強いほど、そこに恵まれた家庭の出身者が引き寄せられる可能性が高い。

表6-2はそれを如実に示している。エリートに属する同じ職業の、出身階級による所得の違いがわかる。これらの職業の中でも、医師、法律家、法廷弁護士、裁判官や、CEOなどの経営職といった、最も恵まれた家庭の出身者を雇用する確率の高い職業が平均所得も高い。それに比べてIT専門職の所得レベルはずっと低い。

出身階級による平均所得の違いを見ると、上級経営職や伝統的専門職の出身者、つまりベースキャンプが最も高い所にある人たちは、どの職業においても平均以上の所得を得ている。とはいえ、平均との差にはばらつきがある。医療関係の場合、平均所得に出身階級の影響はあまり強くは見られない。最下層の階級から上昇してきた医師たちは特に苦労もなく、医療関係の職種の中で最高レベルの所得に達しているようだ。

対照的に、学界には下層階級の出身者がかなり多いが、大学教員の場合、特権的階級の出身者と最下層の出身者の平均所得の差は約1万3000ポンド［約176万円］まで広がっている。おそらく、下層階級の出身者は高い給料の名門大学で働いている人が少ないからだと思われる。

さらに詳細に見ていくと、法律家、法廷弁護士、裁判官や、CEOなどの経営職、金融仲介業

表6-2　職業群別平均所得（ポンド）と出身階級

職業群	出身家庭の職業階級				平均
	上級経営職・伝統的専門職	下級経営職・現代的専門職	中間的職業・技術職	定型労働・労働未経験者	
科学者	50,790	45,740	46,832	44,179	47,928
エンジニア	55,066	49,678	47,648	47,554	51,237
IT専門職	61,899	53,770	50,301	50,462	55,296
医師	80,226	78,925	68,840	74,915	78,221
医療専門職（医師を除く）	60,617	57,266	60,262	53,929	58,924
大学教員	68,264	61,534	57,553	55,000	62,640
教育関係専門職	60,324	57,012	56,207	56,989	57,901
法律家，法廷弁護士，裁判官	86,363	75,273	67,450	65,583	79,436
公務員（医療関連を除く）	57,946	50,131	52,810	49,341	53,163
会計士	63,848	57,237	52,009	52,990	59,118
CEO，取締役，社長	101,052	87,751	84,606	83,467	93,881
ビジネス幹部（CEO，取締役，社長を除く）	68,668	61,081	57,437	56,678	63,233
金融仲介業	84,797	68,843	60,942	60,767	74,130
ジャーナリスト	53,876	48,958	46,102	46,895	50,168

注：出身家庭の職業階級は国家統計社会経済分類による
出所：英国階級調査データ

でも、出身階級による所得の違いは大きい。高等教育の修了が雇用の必須条件であるはずの法律家でも、出身階級の所得への影響がなくなってはいない。能力主義による採用であっても、特権階級の出身者がエリートの職業に就いて享受するさまざまな優位性を根絶はしないのである。金融仲介業では特にその影響は大きく、特権階級出身者と最下層出身者の平均所得の差は約2万4000ポンド［324万円］で、特権階級出身者の所得が40％近く多い。

多くの職業で性別による給与格差が存在するのも大きな問題である。経営職では格差が50％に及ぶ場合もあるという。だが、「出身階級による給与の格差」も同様に重大な問題だ。エリートの職業の多くで、特権階級出身者が他の階級の出身者より高給を得ており、その差は25％にも達している。これまであまり注目されてこなかったが、憂慮すべき問題である。

ここに表れているのは、社会のヒエラルキーの頂点で、その優位性が相互強化されている実態である。特権階級出身者ほど報酬が高い職業に就きやすく、その上、同じ職種でも、特権階級出身者の方が高い報酬を得る可能性が高いのである。ピエール・ブルデューが主張したような相互に強化し合うプロセス、つまり、資本を持つ者たちがさまざまな手段で、それぞれの優位性を転換していく様子が見られるのである。

社会流動性と文化資本、社会関係資本

特権階級出身者はあらゆる種類の資本に恵まれている。図6-2に出身階級別に、エリートが所有する経済資本の平均値を示した。所得、貯蓄、住宅価格のいずれでも特権階級出身者が他を上回っている。住宅価格を見ると、平均の価格差は中間層の出身者とは3万4000ポンド［459万円］、最下層の出身者とは4万3000ポンド［約581万円］である。このような経済的優位性の蓄積により、相続資産を持つ人々は、下層階級出身のエリートたちを大きく引き離している。

文化資本、社会関係資本にも同じ傾向が見られる。図6-3に示すとおり、同じエリートでも、特権階級出身者は他の階級の出身者より、両資本を多く蓄積している。つまり、社会のヒエラルキーの頂上では、経済資本、社会関係資本、文化資本が交差し、相互に強化し合っているのだ。これらの資本をひとつも持たない人はエリートになれないわけではないが、非常に険しい道のりになると思われる(14)。それは、彼らが完全に排除されているからではなく、トップを目指す競争においてあらゆる面で最も有利なのは、好成績をおさめるために利用できる特別の力や影響力を持っている人たちだからだ。私たちが実施したインタビューがその実態の一端を物語っている。

図6-2　出身階級別のエリートの経済資本

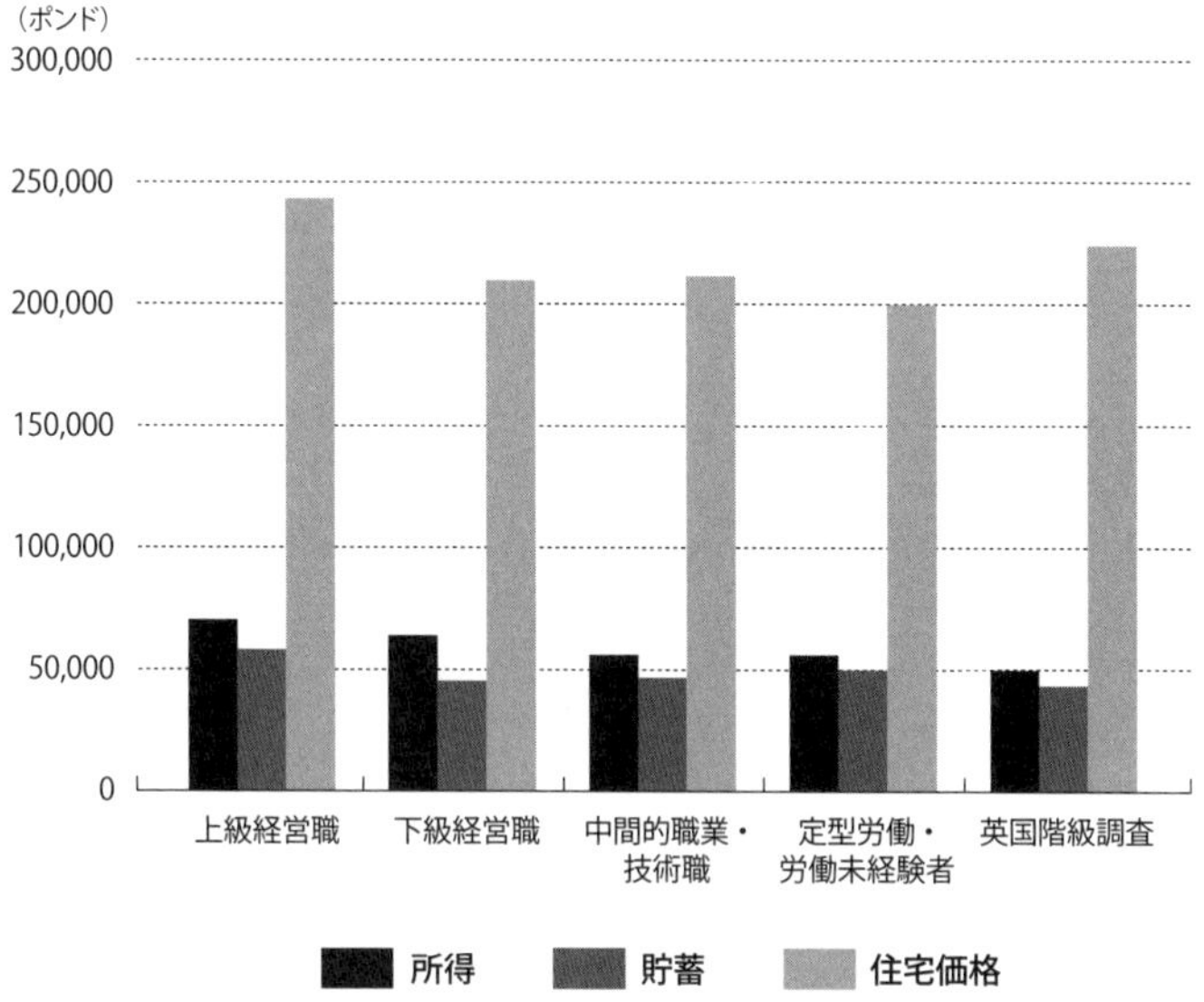

ロンドン南部に住む経営コンサルタントのルイーズは、社会の最下層から頂上に上り詰めた一人だ。彼女は公営住宅で育ち、シングルマザーだった母親はほとんど失業していた。Oレベル試験〔中等教育修了試験の普通レベル〕の成績に秀でたところは見られなかったが、美容業界で職を得てからは猛烈に働き、美容室のアシスタントから上級経営者に出世した。現在の年収は25万ポンド〔3375万円〕を超え、著名なコンサルタントであると同時に、複数の高級美容ブランドで役員を務めている。

ルイーズは出自を隠したことはないと強調した。正直に打ち明けてきたからこそ、周囲に認められたのだと思っている。けれども、この美容業界は特権階級に支配されており、さまざまな場面で複雑な思いをしてきたのも事実だ。

図6-3　出身階級別のエリートの文化資本と社会関係資本

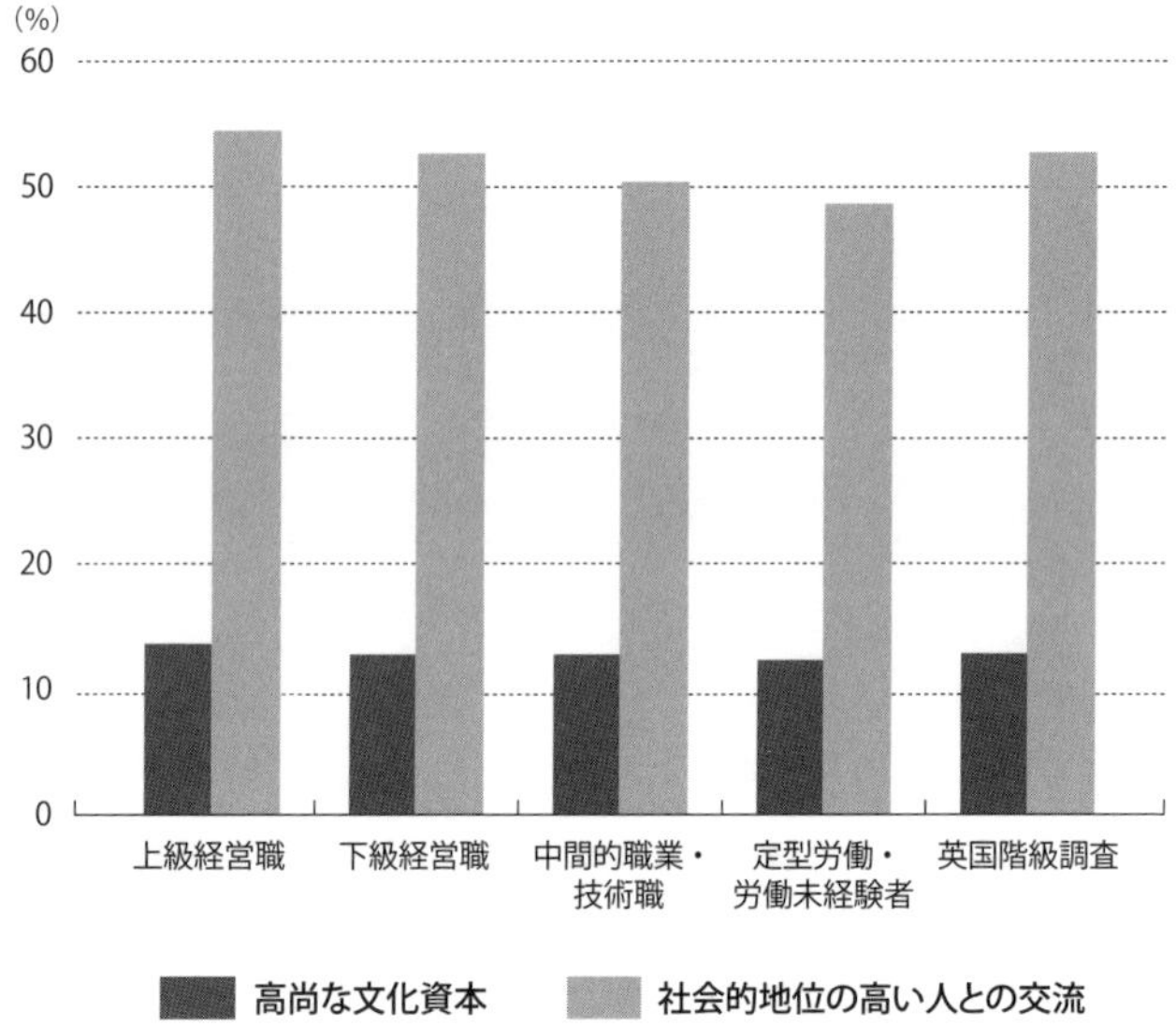

「14歳の頃にはろくに読み書きもできなかったし、ほかにもできないことはたくさんあったわ。今、私の周りにいる人たちは、みんな私がどんな子どもだったか知っているし、知っているから余計に尊敬してくれるところもあるんじゃないかしら」。

ルイーズの立身出世の物語は賞賛されることも多いが、彼女自身は周囲の人々との文化的な壁を感じることもある。仕事上の普段の人間関係で特にそれを感じる。芸術の話や休暇中のエピソード、学校教育についての議論など、職場での気楽なおしゃべりはビジネスの潤滑油になることも多く、上司との人間関係を築く上でも役に立つはずだと彼女は言う。けれども、そうした類いの話題になると、強い孤立感を覚える。共通点が何もないような気がするからだ。

「本心からは参加していないっていうか、敬遠しているの」。

実際、同僚たちが共通の文化的興味やライフスタイルについての「雑談」を、キャリアのための資源《リソース》や「有利な立場に立つため」に利用するというフェアでないやり方に、彼女は明らかに苛立っていた。

「私には仕事を得るためのゴルフなんか必要ないわ」と彼女は怒りをあらわにした。「私の実力を評価して、仕事をくれるかくれないか、そのどっちかでしょ！」。

ルイーズの経験は、エリートの職業では文化資本と社会関係資本が微妙な、しかし重要な役割を果たしていることを物語っている。別の人々へのインタビューでも同じような経験を聞くことができた。エリート階級へと大きく飛躍した人たちは、自分の趣味や社会的ネットワークが、ビジネスや仕事上の人間関係にマイナスだったと思っているわけではない。けれども、生まれながらに恵まれた環境にいる人たちの持っている優位性のうちのいくつかが、自分にはないと感じている。

このような欠落の感覚は、一見、何でもないことに直面して表れる。例えば、労働者階級の出身で、大学を出て化学製品の営業をしているアランの場合は、教養面の些細な点で、ステーキの「正しい」焼き加減（ウェルダンではなく、レア）をアドバイスされたときである。ジェレミーの場合は、中流階級出身のボーイフレンドの両親と食事をした際に「知的な会話」に参加しなくてはならず、パニックに陥ったときだという。

ときには、その欠落が明白で具体的な不利益になっていると実感されていた。ロビイストのジョージの場合は、名門私立男子校出身の同僚たちが有力なコネを利用してきたのを思い出すし、同じくロビイストのサマンサの場合は、出世が遅れたのは、経済的な余裕がなくて同僚たちのように無給のインターンとして働くことができなかったことが原因だと考えている。

つまり、元々エリート階級で育った人々は、あとからエリート階級に参入してきた人々よりも、3種類の資本すべてのレベルが高い傾向にある。これは、彼らが最上層のトップを目指す競争で優位な立場にあるということだ。図6‐2、6‐3が示すように、下層階級の出身者は、同じ仕事をしているとしても特権階級出身者より、収入は少なく、価値のある財産も少なく、影響力のある知人も少なく、高尚な文化資本も少ない、不利な立場にある。さらに、インタビューからわかるように、このような欠落は感情面にも影響を及ぼし、社会階級を上昇した人々に、エリート階級にとどまるには基盤が脆弱で不十分だという気持ちを抱かせる。以下では、社会流動性の意味を理解し、人々が自分の野心を追求する方法を方向づけるには、このような心理的な側面が非常に重要であることを示したいと思う。

階級を上昇するための心構え

前述のとおり、経済資本の総量はここ数十年で未曽有の水準に達した。その分配には偏りがあり、エリート階級の人々の経済資本は突出している。また、文化資本と社会関係資本も同様に不平等に分配されている。

私たちはこの状況を凍てついた山岳風景にたとえた。登頂を目指す者は、必要な装備として専門的知識や技能を身に付けなければならない。一方、現在のイギリスでは、山頂の標高は以前にも増して高くなっているため、今いる場所より上を目指してはいるが、それほど激しい競争を望まない多くの人々は、取り残されてしまうのだろうか？　山頂に到達するには強い意志が求められ、費用も嵩《かさ》む。そのため、多くの人は気楽な日帰りのトレッキングを選んでいる可能性がある。氷に覆われた険しい山頂は、強力に組織された登山隊の支援を受けることができ、山頂近くの「ベースキャンプ」から出発することができる上層階級の出身者に譲っておけばよい。

イギリスには成り上がりの苦労を風刺する文化がある。トーマス・ハーディの *Jude the Obscure*〔邦訳『日陰者ジュード』中公文庫ほか〕やH・G・ウェルズの *Kipps*〔『キップス―素朴な魂の物語』邦訳なし〕などの小説、モンティ・パイソンの寸劇「フォー・ヨークシャーメン」もそうだ。これらの作品では、職場の上層部に全面的に認めてもらおうと努力を続ける（最終的には失敗する）アウトサイダーを描いているが、嗜好やエチケットの面での「しくじり」がいかに社会的な地位の上昇にとって障害となるかを強調している。最高峰に慣れているエリート登山者たちは、実際にそんなふうに、麓から危険な坂道を必死で登ってくる日帰り登山者たちを見下しているかもしれない。

多くの研究結果は、地道な努力で親よりもかなり高い地位に到達した人々の多くは、それだけで満足していることを明らかにしてきた。ジョン・ゴールドソープの1970年代初頭の研究でも、上の階級に移動した人々の多くは、自分の人生に大きな満足を感じていたという[15]。しかし、ゴールドソープの研究は、ここで私たちが行っているような最上部のエリート層への上昇に限っているわけではなく、幅広い専門職と経営職レベルへの上昇に集中していた。さらに、1950年代や60年代のように、中流階級と労働者階級の境界が給与と賃金〔中流は月給で、労働者は週給や時間給など〕という報酬の受け取り方で明確に区別されていた時代には、この境界を越えた者はそれだけで満足していたかもしれない。実際に私たちの調査でも、階級を上昇した経験を持つ高齢者の一部は、明らかに満足感を得ていた。彼らは戦後の「ベビーブーマー」世代で、かなりスムーズに出世に成功した人が多いので、階級が自分の人生や他人の人生に影響することはないと考えている。例えば、引退した元銀行家のジャイルズは、階級のアイデンティティなどということは、懸命に働かない努力の足りない者、出世のできなかった者の「便利な言い訳」だと考えている。

けれども、現在のように社会構造の中層の境界が曖昧で複雑になると、人々は自分が上昇しているのかどうか確信が持てないため、同じ職業の中で頂点に立っている人々を手がかりにする可能性が高いだろう。そんな場合に劣等感が生まれやすいことは想像に難くない。インタビューでも、多くの人がそのような感覚を明かした。社会の階段を上った人々は誰でもさまざまな外的な困難に直面している。しかし、彼らが話した困難は例外なく、他人が下した評価や決めた障害と同じくらい多くの内的な自信の喪失についてだった。多くの人々が、自分のことをなんとなく「力不足」だ、「にせもの」のように感じる、もうすぐ「転落」が始まるなど、疑心暗鬼に陥っている話をした。

スコットランド西部出身のジェニファーは、グラスゴーの公営住宅で育った。小説家として成功したにもかかわらず、52歳の今になっても、文壇に居心地の悪さを感じている。特権階級出身の作家のような教養のある態度がとれないと感じてきたからだ。「作家の世界のネットワーク作りのこととなると、あまり自信がない」と彼女は話した。「何をやっても、ぎこちなくて不器用な人間に思えるの。食事や休日や、何の話をしていても」。

ジェニファーが自分の今のステータスに不安を感じるのは、文壇の知人らが彼女にスノッブな態度をとるからではない。彼女自身が自分のいる作家の世界で頂点に立っている人々と自分を比較し、くよくよ悩んでいるだけなのだ。

社会階級の階段を上ることに成功したインタビュー回答者に共通していたのは、「2つの世界にはさまった感じ」（フィオーナ）、「自分にふさわしい居場所がわからない」（ジェニファー）、「どっちつかずで立ち往生している」（ジェレミー）などといった感覚だ。

看護師として成功し中流階級出身のエンジニアと結婚したサラも、イングランド北部の「荒《すさ》んだ」公営団地で育った自分を不釣り合いに感じている。出身階級の「下層」の臭いがするものからはっきりと距離を置いているが、それでも過去の刻印のために自分を中流階級だと思うことができない。サラは過去の「恥」から「逃れたい」といつも願っているが、同時に、絶えずそれに直面させられると語った。例えば、年老いた自分の両親の世話をするときや、生まれ故郷のそばに住んでいるために昔に戻りたくないと不安を感じるときや、恐ろしいほどの階級の違いを見せつけられ人生最悪の日だった辛い結婚式の記憶が蘇ってくるときだという。

インタビューの回答者に、2つの世界の板ばさみになっている感覚を持つ人は多かった。社会階級を大幅に上昇した人や短期間に駆け上った人は特にその感覚が顕著で、子ども時代に親が階級を駆け上る経験をした場合は特にである。「文化的ホームレス」の感覚を味わった人も多く[16]、矛盾する2つのアイデンティティと折り合いをつけるために精神的に疲弊した話をしてくれた。このような感覚は移民に特に顕著で、たとえ上層の階級に上り詰めていても、イギリス社会に完全には帰属していないという複雑な思いがあると語った回答者も多い[17]。ここでは民族性、移民、階級の間の相互作用が強烈な緊張を生んでいる。

ロンドン生まれのグラフィックデザイナーであるギータの両親は、ウガンダ出身のインド系移民で、貧困地区で新聞販売店を営んできた。ギータは大卒で仕事も成功したが、生まれ育った労働者階級の家庭の民族的価値観と中層の職業階級のアイデンティティの狭間で、バランスをとるのに心身が疲れ果てたと言った。それを最も強く感じたのは20代後半に、親の勧めで結婚した夫との離婚を決意したときだった。離婚の理由は、女性の権利解放の考えに非常に惹かれていたからだが、この考えには大学のときに出会い、中流階級の白人女性の同僚たちから受けたアドバイスによって実感を持ったのだった。

しかし、離婚は両親や地元のインド人コミュニティとの決定的な断絶を意味し、ギータにさまざまな複雑な感情を経験させることになった。そして、女性解放と経済的自立のしるしであると離婚を誇らしく思うのと同時に、強い恥の意識の根源ともなり、その感覚から逃れられないと彼女は思っている。「家族はインド人コミュニティとのつながりが強くて、嫌でも引き戻されてしまう。誰もが芋づる式につながっている社会ですから」。

このような社会生活における苦悩は自意識との深刻な対立をもたらした。ギータは家族への義理と階級を上昇するチャンスとの間を揺れ動いている。

どこにも居場所がないといつも思っているけど、もしかして私だけがそう思っているのかな？　どうしてかって言うと、私はインド文化に染まりきってはいないけれど、かといって、イギリス人の友人たちの生活にも馴染めない。みんなは私よりずっと自由ですから。だから、いつもさまよっている感じがします。違う文化を行ったり来たりしながら。でも、どこに行っても、いつも一人きりだって気がしている。

ギータの例を紹介したのは、上層への階級移動を経験したイギリス人の誰もが不幸であるとか、心理的な苦しみを背負っているなどと主張したいからではない。そうした断定は私たちの研究の範疇を超えている。むしろ、インタビューに答えてくれた人の多くは、このような複雑な感情を立派にやりくりし、それに「成功」していると言える。これらの例が示すのは、上層への社会階級の移動に伴う深い感情面の動きの痕跡である。それを巧みに制御できるかどうかにかかわらず、そのような複雑な感情にうまく折り合いをつけようとすることは、精神的に非常に骨の折れる作業に違いない。

また、上昇志向はあっても、その野心は限定的であることが浮かび上がった。イギリス社会の上層に達することは、自分の出身階級やその文化を裏切ることになると感じている人が多いのである。いずれにせよ、上層に階級を移動した回答者たちの多くが労働者階級のアイデンティティを強く保持しているという事実は、階級への義理といった感情的な力が、過去との密接なつながりの中で、さまざまな問題を複雑にもつれさせていることの証左であろう。政治は社会流動性拡大の必要を声高に訴えているが、必ずしも誰もが上層への階級移動を望んでいるわけではないのである。

機会平等は、全体の平等があって初めて実現できる——社会科学の分野で有名な格言である。社会が不平等であるほど、社会の両極の間の移動が実現する可能性は小さいという意味だ。私たちの主張も同じである。だが、私たちはさらに一歩進んで、能力主義を推し進めるプロセスも、このような力学と密接に関連していると指摘しておきたい。

本章では、能力主義の未来について、マイケル・ヤングの論理をたどりつつ、その悲観的な評価を裏づける事実を指摘してきた。ヤングの主張は、一見、意外に思うものかもしれない。能力主義が実現すれば、硬直した階級の区分もなくなり、家族や知人の「コネを利用して」就職することはできなくなり、排他的な人間関係の集まり《オールドボーイズクラブ》が機能することはもうできなくなる、そう私たちは予想した。能力主義が、社会階級の流動性をもっと高め、才能と努力が報われて、誰でも最高峰の頂上に到達できるような社会秩序を作り出すと、私たちは期待していたのだ。

しかし、現実の社会は競争の厳しい不平等な社会であり、そこでは階級の区分がますます鮮明になり、出身階級が人生のチャンスを大きく左右している。それは上層への階級移動の見通しに大きな影響を与え、心理的にも影響を与えている。社会的ヒエラルキーの頂上を目指す競争は、最も恵まれた家庭の出身者たちに有利であるようになっている。たまたま、縁故主義やあからさまな差別が原因になっている場合もあるだろう。だが、ほとんどの場合、資本が蓄積して優位性の頂上が急上昇するにつれて、元々高い場所から登り始める人たちは低い場所の斜面はまったく登る必要がなく、頂上に近い氷に覆われた道を通り抜けることに集中できるという事実を反映している。この標高で勝者となるために、恵まれた家庭の出身者たちは社会関係資本や文化資本など利用できるすべての優位性を活用することができる。これらの資本は単独でも、また組み合わせでも効力を発揮するのだ。

私たちは、今のイギリスには社会流動性がまったくないと主張しているのではない。それは強調しておきたい。社会流動性が減少していると主張しているわけでもない。これはすべて社会流動性の測定の仕方に左右される。また、社会的ヒエラルキーの中層では、階層を移動できる可能性は大いにある。しかし、それにもかかわらず、もっと高い階級や伝統的に地位の高い職業に移動することは非常に困難になっている。さらに、たとえ特権的な地位まで上昇できたとしても、経済資本、文化資本、社会関係資本を最高レベルまで蓄積できないことが多い。英国階級調査でも、エリート階級に到達した人々は、元々エリートの世界で育った人々に比べて、収入や有力なコネクションも少ない上に、伝統的にステータスの高い文化活動にもかかわっていなかった。階級を上昇した人々が文化活動に加わる場合は、オペラ鑑賞やスキーを楽しむ集まりなど、伝統的なエリートの社交場ではないだろう。これが、最上層に到達するために必要な文化的な教養や社会的ネットワークが欠けていると感じながら出世した、下層階級出身の人々にいつまでも染み込んでいる、自分に何か足りないという感覚を説明するのかもしれない。実際に成功を手にした人でさえ、そう感じている場合が多い。

このように優位性の頂上がますます上昇していることは、人々の心理に大きな影響を与えている。本章で紹介したインタビューの回答者一人ひとりのアイデンティティは、何らかの形で過去の重荷を背負っている。自分がどこまで到達したか、どれほど多くを成し遂げたかを思い出すためのものとして楽々と背負っている人もいるが、大多数の人々にとって、この成功の意識はときに、階級の移動には明白な感情面での葛藤があるという事実によって、弱められていた。その一方で、自分はどの階級に属しているのかと問われると、彼らは目指す場所と同じくらい、自分の育った階級にも複雑な共感を示した。多くの回答者が、２つの世界にはさまれ、アイデンティティの元にある矛盾を絶えずやりくりしている感じだと語った。

以上のように、現代のイギリスで下層から最上層に駆け上った人々は、確かに経済資本と社会的地位を手にしてはいるが、心理的には非常に大きな代償を払っている。その事実には留意しておくべきだ。

第7章

大学間の格差
――高等教育と能力主義

前述のとおり、マイケル・ヤングはＩＱで子どもたちの進路を振り分ける学校制度を強く批判したが、将来のキャリアに影響を与える大学の重要性にはほとんど触れていない。ヤングが『メリトクラシーの法則』を世に問うた１９５８年には、大学進学率は５％にすぎなかった。だが、周知のとおり、それ以降、高等教育の普及率は大幅に上昇している。本章では、大学教育が社会流動性に果たす役割、特に、社会構造の最上層において果たす役割を詳しく検討する。

結論を先に述べれば、大学進学はエリートの仲間入りを果たすために非常に重要だが、唯一の手段ではないし、また、成功を保証するゴールデン・チケットでもない。より重要なのは進学する大学のランクである。大学の「タイプ」によって卒業生の就職先には大きな違いがあり、特定の大学の卒業生には目覚ましい成果がある。大学の序列づけは競争によって熾烈になり、社会の上層にたどり着くには、エリート大学に入学することが極めて重要なのである。[1]

イギリスの大学の卒業生の人生を長期的に追跡した研究はほとんど存在しない。そのため、英国階級調査で判明した事実には大きな意味がある。大学進学には階級、性別、民族による格差があり、無償の公立中等学校《ステート・スクール》と名門私立男子校を含む私立中等学校《インディペンデント・スクール》では、大学進学状況に大きな違いがあることがわかっている。特に難関「エリート」校ではその格差は顕著だ。

また、オックスフォード、ケンブリッジなどの超名門大学卒業生が、イギリス社会の特権的な職業に占める割合は驚くほど高い。エリート裁判官や閣僚、企業のCEOはもちろん、BBCの幹部職員の大半も両大学の卒業生が占めている。2010~2015年のイギリス議会では、首相、野党党首、影の大臣、外務大臣、大蔵首席政務次官らが、オックスフォード大学の同じ「哲学・政治学・経済学」(PPE)の学位取得者だった。

政治家やジャーナリストなど著名人の経歴は知られているが、名門大学卒であることが、富や成功、影響力の差にどう関係しているかについてはほとんどわからない。英国階級調査の結果を詳しく検討すれば、各大学の卒業生の社会的、経済的地位が判明するはずだ。

大学進学率の伸長は機会平等に寄与しない

諸外国同様、イギリスでも大学進学率は爆発的に伸びてきた。20世紀初頭には大学進学者は限られており、1901年の大学進学率は1％に満たなかった。特権階級ですら少数派だった。イーヴリン・ウォーの *Brideshead Revisited*〔邦訳『回想のブライズヘッド』（上・下）岩波文庫、2009年〕は、快楽主義の貴族の青年のオックスフォード大学での怠惰な生活を描いた小説だが、それが20世紀初頭の大学生活の正確な描写かどうかはともかくとして、当時はエリート層にとってさえも大学進学は珍しいことだった。1930年の上流階級の若者で、大学に通っていたのは3分の1にすぎなかった。

ましてや、もっと貧しい生い立ちの人々にとって、大学進学は事実上考えられないものだった。トーマス・ハーディの1895年の小説 *Jude the Obscure*〔邦訳『日陰者ジュード』（上・下）中公文庫、2007年〕では、神聖な大学への入学を熱望する主人公の野心的な石工の青年が、ビブリオル・カレッジの学長から受け取った手紙に、当時の様子が垣間見える。

前略、お手紙は興味深く拝読しました。あなたご自身が労働者であると言っておられることから判断して、あえて申し上げるならば、ご自身の世界にとどまり今の職を続けられる方が、他の道を選ぶよりも成功のチャンスははるかに大きいだろうと存じます。この段、ご忠告申し上げます。

実際、1835年にはオックスフォード大学在籍の「庶民」の学生は1人だけだった。1860年には1人もおらず、「下層階級」の高等教育への進学率は、1870年も1890年もゼロと推定されていた。

しかし、1962年には大学進学率は約4％に達する。翌年のロビンズ報告書は大学と大学生の数を大幅に増やすことを提言している。古い階級の障壁を打破するには、高等教育の拡大が不可欠と考えた政治家は多かった。労働党内閣の財務大臣だったゴードン・ブラウンは、2000年にこう発言している。

持って生まれた能力ではなく、生まれながらの特権が物を言う古いイギリスとは訣別しようではありませんか。古い障壁を打ち砕き、大学を開放し、誰もが前進できるようにしましょう。

高等教育拡充の施策が次々に実行され、図7-1に示したとおり、学生数は急激に増加した。現在は、若者の半数近くが30歳までに高等教育を受けており、特にスコットランドでは進学率

図7-1　イギリスの高等教育機関入学者数の推移（1860～2010年）

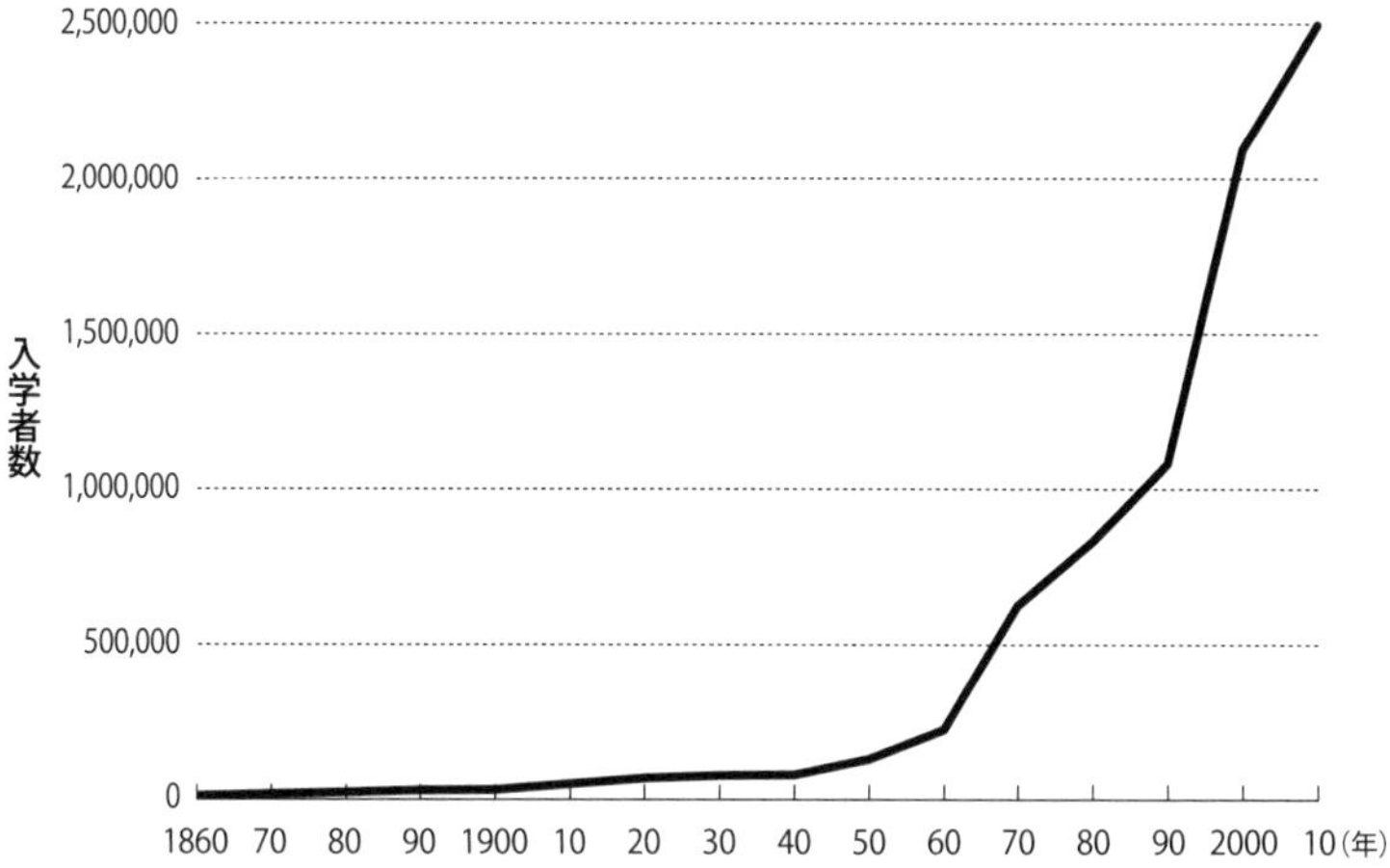

が高い。大学進学は珍しいことではなくなり、人口の大部分が進学を予定しているも同然になっている。授業料や生活費のローンなど、学位取得までにかかるコストは年々増加しているにもかかわらず、進学率への影響はほとんど認められない。

しかし、残念なことに、大学進学率の伸長は階級格差を解消していない。もちろん、19世紀とは様変わりし、下層階級出身者にも大学進学の道は開かれ、大学を卒業して社会階級を大幅に上昇させた人も多い。例えば、作家のメルヴィン・ブラッグはオックスフォードで学び、ＢＢＣの討論番組でキャスターを務め、リーズ大学総長に上り詰めた。また、元司法長官で一代貴族に叙せられたバロネス・パトリシア・スコットランドはドミニカ移民で、ロンドン大学で法律を学び、弁護士から政界へ進出した。歴史学者のデーヴィッド・スターキーや、『ハリー・ポッター』シリーズに出演した女優のジュリー・ウォルターズも労働者階級の出身だ。彼らが成功を収め、下層階級から這い上がることができたのも、高等教育の普及と無縁ではなかろう。

下層階級出身の大学進学者は1950年代以降、急激に増え続けているが、上層階級出身者の大学進学率も同様に増えているので、時間が経過しても下層階級出身者の進学の割合は相対的にはほとんど変化していない。こんにち、最上層のグループではほとんどの若者が大学に進学するので、国内の裕福な地域では大学進学率は80%を超えている。もちろん、下層階級の進学率がそれに追いつく可能性はある。しかし、さらに高い学歴、大学院の修士課程や博士課程に着目すると、格差は広がることが予想される。不平等は解消されるどころか、拡大しているのだ。

つまり、大学への進学も社会階級と強い関係があるのは確かだが、大学に行くことがゴールではない。その後の人生が重要となる。大学を卒業すれば、誰もが安定と成功を手に入れることができるのか。特に下層階級の人々の状況を「劇的に改善」するのだろうか。あるいは、特定の大学に行くことは、裕福で権力を持つ人たちが自分たちの特権を守るための手段になっているのだろうか。

大学に入ればエリートになれるか

大学を卒業したことが、その後の人生にどのような影響を与えるのかを詳細に検討する前に、エリートの大卒率を検討しておきたい。

図7-2に、私たちが提案した7つの各階級の大卒率を示した。エリート階級の全員が大卒者であるわけではないことに留意されたい。私たちが実施した全国サンプル調査の数値では、エリート階級の大卒率は全体の5割強、25歳から50歳では3分の2近くになるので、若年世代では学歴がより重視されているということになる。エリート階級のかなりの割合は高等教育を受けていない。大卒ではない著名人は多いし、特にビジネス界では珍しいことではない。

　例えば、エレクトロニクス企業の経営者でありサッカー界の大物、テレビタレントとしても著名な実業家アラン・シュガーや、バーミンガム・シティFCの元マネージング・ディレクターのバロネス・カレン・ブラディ、ヴァージン・グループの会長のリチャード・ブランソン、テレビ番組「ドラゴンズ・デン」の出演者デボラ・ミーデンは大学に行っていない。また、エンターテインメント界やスポーツ界では、大卒であることが有利になるようには思えない。

一方、政界では国会議員の大卒率は上昇している。第二次世界大戦以降の首相で大卒でないのは、チャーチル、キャラハン、メイジャーの3人だけで、エディンバラ大学（学位とPh・

図7-2　社会階級別の大卒者の割合

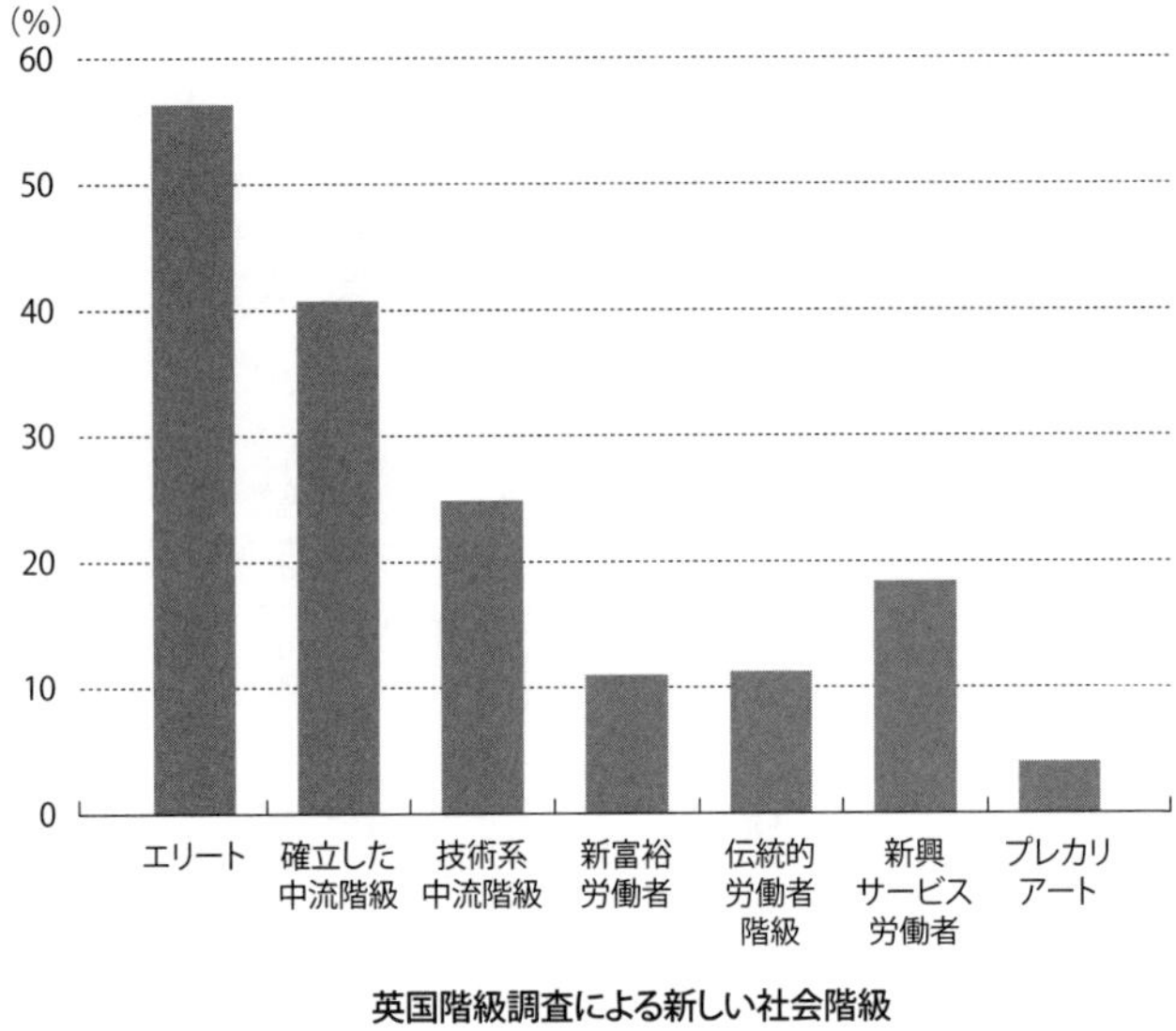

出所：全国サンプル調査データ

Dともに）出身のゴードン・ブラウン以外はすべてオックスフォード大学の卒業生だ。

２０１０年のキャメロン保守連立政権発足時の閣僚23人のうち、非大卒者は２人だけで、オックスフォード９人、ケンブリッジ６人と名門大学出身者が多数を占めている[2]。これは保守党だけの傾向ではない。２００８年のゴードン・ブラウン労働党第一次内閣では閣僚22人のうち21人が大卒で、オックスフォード７人（うち６人がＰＰＥの学位取得）、３人がケンブリッジだった。

このように、エリート階級のすべてが大卒ではないが、一番大卒者が多い階級である。けれども、たとえそれが「名門」大学であったとしても、大卒というだけで成功が保証されているわけではない。

図7-3に大卒者と非大卒者の社会階級を示した。非大卒者にエリート階級は3%しかいないが、大卒者でも15%にすぎない。大卒者の社会階級で割合が最も大きいのは確立した中流階級で、大卒者の半数近くを占める。一方、プレカリアートの大卒は非常に少なく、大半は高等教育を受けていない。非大卒のエリートと同じ割合になっている。

英国階級調査が示す高等教育と社会流動性の関係は、ある意味では、予想どおりのありふれた結果だと言える。大学進学時の社会階級の違いが、大卒者と非大卒者の将来の社会階級の違いに反映していることがわかる。高等教育は拡大されたが、大学進学の機会が以前より平等になったわけではない。その一方で、大卒のステータスとエリート階級への流動性の関係は以前にも増して密接なものになっている。

イギリス政界のエリートたちを見てわかるように、単に大卒であるだけで高い地位に就けるわけではない。どの大学を出たかも重要なのである。著名人の学歴を知ることは容易だが、イギリスの一般大衆の大集団について、出身校を含む学歴が人々のその後の人生にどのような影響を与えたか、詳細に検討することは難しい。政府統計や国勢調査などの既存の調査には必要なデータがないからだ。大学によっては卒業生の進路の追跡調査を実施している可能性があるが、卒業後10年、20年といった長期にわたる追跡調査があるとは思えない。しかし、英国階級調査を詳細に検討すれば、出身校とその後のキャリアやさまざまな資本の蓄積との関係を調べ

図7-3　大学卒と非大学卒の社会階級の比較

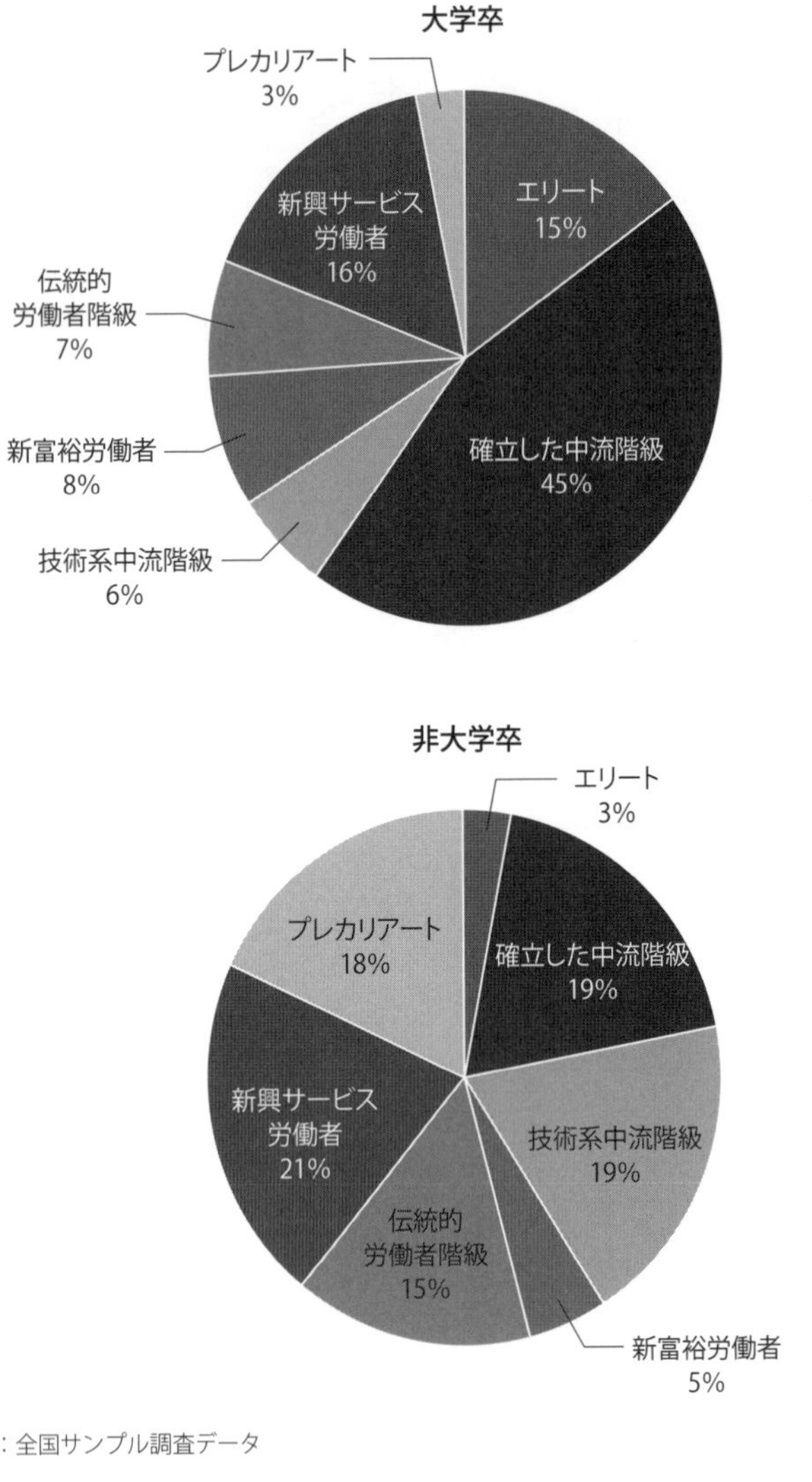

出所：全国サンプル調査データ

ることができるはずだ。以下では、大学別の調査結果からわかった、いくつかの驚くほどはっきりとした特徴を示す。

どの大学に行くか

イギリス人は多様性からヒエラルキーを形成することに長《た》けていると評されてきた。教育制度にもそれが表れている。現在、イギリスには150の大学があり、歴史や設立の目的、特徴により大学群を形成している。数百年の歴史と伝統のあるオックスフォードとケンブリッジの両名門校はカレッジ制度を採用し、その研究活動は高い評価を得ている。バーミンガム大学、マンチェスター大学、シェフィールド大学など、ビクトリア朝［1837〜1901年］からエドワード朝［1901〜1910年］にかけての時代に主要な工業都市に設立された諸大学は「赤レンガ」大学群（ほかに、リーズ大学、リバプール大学）と呼ばれている。各大学の主要な校舎が赤レンガ造りであることがこの呼称の由来である。いずれも設立主体は自治体で、名門大学同様、研究活動では高い評価を得ている。その特徴は都会的で産業と密接なつながりを持つことにある。

サセックス大学、ウォーリック大学、ヨーク大学などの「板ガラス《プレートグラス》」大学群（ほかに、エセックス大学、ランカスター大学）も、校舎の建築様式に名前の由来を持つ。いずれも1960年代の設立で、その多くは都市郊外に広いキャンパスを構えている。

「新」大学群、あるいは「ポスト１９９２」大学群と呼ばれる大学は、１９９２年に、ポリテクニック〔公立の高等専門学校。実学を中心に教育課程が編成されている〕から一斉に昇格した大学である。地域密着、応用科目と技術科目の重視が特徴で、他の大学群の大学に比べ入りやすい。

以上のように、イギリスの大学はその目的と性質によって区分されている。そしてその区分は大学間の明確な格差を示している。イギリスでは公式・非公式を含め大学のランクづけが盛んで、研究活動の質は「研究卓越性《リサーチ・エクセレンス》フレームワーク」と呼ばれる評価制度で、教育の質は「全国学生調査《ナショナル・スチューデント・サーベイ》」による学生の「満足度」で評価されている。新聞各紙はこれらの研究と教育の公的な評価と独自の調査を組み合わせて、大学番付を発表する。番付には各紙で微妙な違いはあるものの順位は概ね一致しており、設立時期や属する大学群と、大学番付には明らかな関連が認められる。

各紙の番付表は統計データなどにより客観的に作成された印象を与えるが、実際は、何を「良い」と評価するか、極めて主観的な基準にもとづいている。まったく別の尺度、例えば、下層階級出身の学生数を評価基準とすれば、番付はがらりと違ってくるはずだ。

大学のランクづけに情熱を燃やすのはイギリスに限ったことではないが、イギリス特有の現象も見られる。新聞に大学番付が登場したのは、学生数が急増した１９９０年代だった。教育社会学の国際的な研究によれば、教育を受ける学生が多くなると、教育の質が重視されるようになるという。例えば、こんにちのイギリスでは学位を取得するだけでは評価されず、優等の評価で学位を取得することが重視されている。少し前までは、優等学位（honours degree）さえ取れればなんとかなるという「スポーツマンズ・サード」の考えが依然として残っていた。大学生活のほとんどを、図書館ではなくグラウンドやバーで過ごしたような、つまりろくに勉強しなかった学生が、優等学位の中でも最低の三等を取得することである[3]［優等学位とは、専門的で高度な水準の学士学位で、修了試験の結果、所定の成績を収めた者に授与される。①First Class Honours（first）、②Second Class Honours, Upper Division（2.1）、③Second Class Honours, Lower Division（2.2）、④Third Class Honours（third）の4段階。なお、優等学位に達していない者には普通学位（ordinary degree）が授与される］。だが、今では「2・1」、つまり「上級二等」の優等学位を取得していることが、大学卒にふさわしい職業に就けるかどうかの境目だと言われている。

だが、大卒者間の競争に勝ち抜くためにもっと重要なのは、評価の高い特定の大学を卒業することだ。企業の採用担当者は特定の大学の学生だけを採用の対象としている。また、名門伝統校を卒業していなければ、大学院進学は非常に難しいことがわかっている。

こうした大学の格差は、現代的な新しい意味が生じているとはいえ、目新しいことではない。ステータスの違いも細分化している。オックスフォード出身のクレメント・アトリー元首相が発した、イギリスではよく知られた言葉はそれを象徴している。「そうだと思った。ケンブリッジだね。君の話は数字ばかりで、歴史観がない」――。

オックスフォードやケンブリッジのような名門大学の各カレッジ間にもランクがあり、一等学位の割合が最も高いのは（つまり、イギリスで最も優秀な学生たちがいるのは）どのカレッジか、その番付が作られている。２０１３年にはオックスフォード大学のカレッジのひとつ、レディー・マーガレット・ホールは非公式に「オックスフォードで最低のカレッジ」と発表された[4]。

ただし、このような大学の格づけは、時代とともにその性格を変えている。かつては、大学を一列に並べるのではなく大学群を格づけするのが一般的だった。大学群は前述のとおりで、大学教育制度に果たすそれぞれの役割が認識されていた。オックスフォードとケンブリッジは人文科学と純粋科学、科学技術は「赤レンガ」大学群や、サウサンプトン大学やサリー大学などの「技術系」大学、現代的な社会科学は「板ガラス」大学群という役割分担が成立していたのである。しかし、今では大学群による分類は意味を失っている。大学ランキングが一般化してしまったからだ。

現在、エリート大学群というものが存在するとすれば、「ラッセル・グループ」がそれにあたる。学術研究促進のため１９９４年に研究レベルの高い24大学が結成した圧力団体で、ラッセルで最初の会合が開催されたことから、こう呼ばれる。24大学にはさまざまな大学群の大学が混在している。例えば、１９６３年設立のヨーク大学のベテラン研究者の体験は興味深い。国会議事堂でのあるパーティで、オックスフォード大学出身の元閣僚に自己紹介すると、「ヨーク大学？　そんな大学あるの？」と聞き返されたというのだ。現在はヨーク大学は伝統校のひとつと見なされており、オックスフォード大学と同様、ラッセル・グループの一員でもある。ラッセル・グループは、これに賛同する立場と批判する立場の両方から、エリート大学の集団として認められており、政治家の演説や政策発表で言及される回数もますます多くなっている。

学生自身が大学の格差を実感していることは、そのちょっとした会話に耳を傾ければ知ることができる。重要なのは、学生が大学のランクだけではなく、それに付随するその他の格差も意識しているということだ。それがよくわかるのは「大学ペア」プロジェクトという研究で、イングランド西部のブリストルにあるブリストル大学と西イングランド大学（ＵＷＥ）の学生生活を比較している。ブリストル大学はラッセル・グループの加盟大学で、ＵＷＥはポリテクニックから昇格した大学である。その際の学生の発言を引用する。

一般論だけど、２つの大学の学生は出身階級が違うんだよ。労働者階級にはブリストル大よりＵＷＥに行く人が多いだろうね。そんなふうに思われているんですよ。外を歩いていても、学生のグループがいたら、話し方とか服装とかで、なんとなくわかるんです。あの人はブリストル大だとか、ＵＷＥだとかね。(5)

この引用からは、学生たちが大学の格差を、ブルデューが「ハビトゥス」と呼んだ言動や服装の違いなどによって区別される社会階級と結びつけて考えていることがわかる。ブリストル大の学生は「中流」階級出身で「気取っている」と思われている。だが、それはあくまで2つの大学を比較してのことであり、ブリストル大学は「オックスブリッジに行けなかった学生」が入る大学で、大学の序列ではトップグループより下だと見なされている。

もうひとつの引用として、イングランド中部のシェフィールドの学生が歌っている、ライバル意識むき出しの戯れ歌を紹介しよう。学生が自分の大学のステータスに敏感なことがよくわかる。シェフィールドには、「赤レンガ」大学群のシェフィールド大学と、ポリテクニックから昇格したシェフィールド・ハラム大学がある。

シェフィールド・ハラム大の学生がシェフィールド大の学生に：
「シェフィールド大に入るよりは、ポリの方がまし！」
シェフィールド大の学生がお返しに：
「失業者になるよりは、シェフィールド・ハラムの方がまし！」

元は職業専門学校だったシェフィールド・ハラム大学の学生はステータスが低いことをわきまえてはいるが、格上のシェフィールド大学の学生とは異なり、誇りを持っている。一方、シェフィールド大学の学生は、嫌な人間と思われることを承知の上で、就職ではハラム大学よりはるかに有利であることをわかっていて皮肉を言っている。さまざまな大学の卒業生の間の文化資本の違いについては、このあと検討するが、この学生の「冗談」には「クール」対「オタク」の対立がいくらか表れている。だが、その心の中にあるのは、卒業後の進路の違いに関する認識だ。

学歴と社会階級に大きな関連があることはすでにわかっているが、英国階級調査の結果を詳しく検討すれば、出身大学の違いと社会階級の関係がより明らかになる。

図7-4では、英国階級調査の結果にもとづき、5都市で、同じ都市にある2つの大学の35歳から50歳までの卒業生の社会階級を比較している。5都市とは、ブリストル、ケンブリッジ、マンチェスター、オックスフォード、シェフィールドで、いずれも、ラッセル・グループの大学と、元ポリテクニックの大学など新興大学の卒業生を比較している。

10大学のいずれも75~80%の卒業生がエリートか確立した中流階級に属しているが、どの都市でもラッセル・グループの大学の卒業生の方が、エリートの割合が高い。違いが最も顕著なのはケンブリッジで、ケンブリッジ大学の卒業生の半分以上がエリートであるのに対し、アングリア・ラスキン大学の卒業生では8分の1にすぎない。差が最も小さいのは、戯れ歌を紹介したシェフィールドで、両大学の拮抗が学生たちのライバル心を刺激していると推察できる。

ブリストルの両大学の卒業生の社会階級の割合は、先述の両校の学生の階級の違いについて

図7-4　卒業生（35〜50歳）の社会階級——同じ都市にある2大学の比較

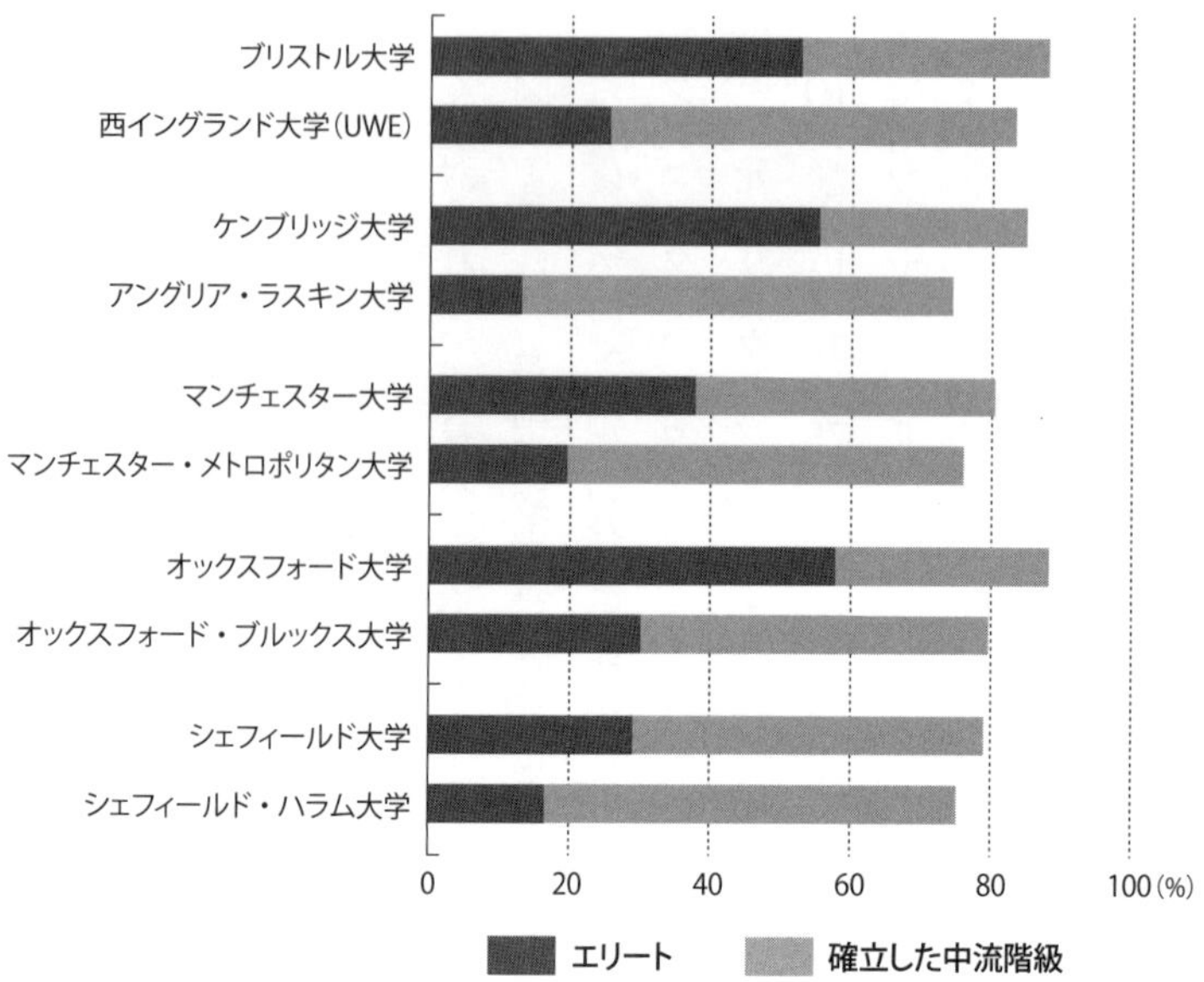

の観察を裏づけていると言えるだろう。「大学ペア」プロジェクトによると、上層階級出身でUWEに通っている学生には「ブリストルの大学に行っている」と表現する学生が多いことがわかっている。ブリストル大学の学生と誤解されることを期待してのことだ。

図7‐4は、ラッセル・グループの5大学の間の格差も如実に示している。卒業生の中のエリートの割合が最も高いのはオックスフォード、僅差でケンブリッジが追い、ブリストル、マンチェスター、シェフィールドと続く。ラッセル・グループの大学と新興の大学に明確な格差があるのと同様、ラッセル・グループの大学間にも大きな格差がある。見落としてはならないのは、オックスフォードの

新興大学オックスフォード・ブルックス大学の卒業生の方が、シェフィールドの伝統校シェフィールド大学の卒業生よりエリートの割合が高いことである。

社会的なステータスが高い人ほど英国階級調査への参加率が高い点には、改めて留意する必要がある。ラッセル・グループの大学の卒業生の英国階級調査参加率は、新興大学のそれより高く、分析対象の数も多かった。第1章でも指摘したことだが、このような偏りが持つ意味は大きい。オックスフォード大学とケンブリッジ大学の卒業生の参加率は、その他の大学の卒業生の2倍を超えており、英国階級調査、つまり、階級への関心が高いのは、社会の上層にいる人々だという私たちの主張を裏づけている。(6)

表7-1は、英国階級調査にもとづいて卒業生がエリートのグループに分類された割合の上位50校を示した。いわば、私たちの研究による大学番付だ。この表からは多くのことがわかるが、中には驚くべきこともある。

まず、一般に評価の高い大学は予想どおり上位にランクされている。オックスフォード大学、ケンブリッジ大学、ロンドン大学はこの番付でも上位を占めた。表の注に示したとおり、例えば、2位にランクされたロンドン・シティ大学の卒業生の英国階級調査参加率は低く、実態を正しく反映していない可能性が高い。社会的地位が高いほど参加率が高いので、全体の参加率が低い場合、エリートの割合が割り増しされる危険がさらに大きくなるためだ。また、イギリスにはカレッジ制の大学が多いが、オックスフォード大学やケンブリッジ大学のそれとロンド

表7-1　卒業生[1]（25〜65歳）のエリート率

順位	大学	エリートの割合（%）
1	ロンドン大学[2]	47
2	ロンドン・シティ大学[3]	47
3	オックスフォード大学	44
4	ロンドン・スクール・オブ・エコノミクス	41
5	ケンブリッジ大学	40
6	ロンドン大学 キングズ・カレッジ	39
7	ロンドン大学 インペリアル・カレッジ	39
8	ロンドン・サウスバンク大学	38
9	ブリストル大学	36
10	ロンドン大学 ユニバーシティ・カレッジ	35
11	ロンドン大学 クイーン・メアリー	31
12	エクセター大学	31
13	イギリス国外の大学など	31
14	ウェストミンスター大学	31
15	アストン大学	31
16	サリー大学	30
17	大学以外の教育機関	29
18	ダラム大学	29
19	マンチェスター大学	29
20	レディング大学	28
21	サセックス大学	28
22	ヘリオット・ワット大学	28
23	サウサンプトン大学	28
24	バーミンガム大学	27
25	ノッティンガム大学	27
26	エディンバラ大学	27
27	セント・アンドルーズ大学	27
28	キングストン大学	26
29	ウェールズ大学	26
30	ロンドン大学　ロイヤル・ホロウェイ	26
31	ニューカッスル大学	26
32	ロンドン・メトロポリタン大学	26
33	リバプール大学	25
34	オックスフォード・ブルックス大学	25
35	ブルネル大学	25
36	アバディーン大学	25
37	ウォーリック大学	25
38	グリニッジ大学	24
39	エセックス大学	24
40	ラフバラー大学	24
41	リーズ大学	24
42	ブライトン大学	23
43	イースト・アングリア大学	23
44	バース大学	23
45	ダンディー大学	23
46	オープン大学	22
47	ケント大学	22
48	レスター大学	22
49	コベントリー大学	22
50	ミドルセックス大学	22

注1：200人以上の卒業生が英国階級調査に参加した大学
2：ロンドン大学を構成するカレッジのいずれかの卒業生
3：他の上位大学と比較し参加者数が少ないため，結果に偏りが生じた可能性があるン大学では、カレッジ制度の意味合いが異なる。例えば、1位のロンドン大学、4位のロンドン・スクール・オブ・エコノミクス、6位のロンドン大学キングズ・カレッジ、7位のロンドン大学インペリアル・カレッジ、10位のロンドン大学ユニバーシティ・カレッジはいずれもロンドン大学である［2位のロンドン・シティ大学は、本原書出版後にロンドン大学グループに加盟している］。大学の研究者たちはオックスフォード、ケンブリッジ、ロンドンの3大学のことを、「黄金の三角」と呼ぶことがあるが、この3大学とそのカレッジがトップ10の7校を占めている。これらの大学は、研究費などもかなりの割合を取得している。

エリートと名門エリート大学の卒業生の関連は意外なことではないが、これほどの規模の調査は初めてである。驚くべきは、「黄金の三角」がラッセル・グループの他の大学をはるかに凌駕していることだ。オックスフォード大学の卒業生のエリートの割合は、エディンバラ大学、セント・アンドルーズ大学、ウォーリック大学、エセックス大学などの他の上位に入っている著名大学の卒業生の2倍に近い。上位10校は卒業生のエリートの割合が35％以上で、「黄金の三角」とそれ以外の大学の間に明確な境界線があることを示唆している。(7)

次に、英国階級調査に回答した国外の大学の卒業生の約3分の1はエリートになっている。北米の大学の卒業生が多いが、目立って回答者の多い大学はない。調査からは、国外の大学の卒業生がイギリス生まれで留学した人なのか、大学卒業後に仕事のためにイギリスに移住した外国人なのかは不明だが、イギリスには海外留学を好まない国民性があるため、多くは仕事のために国外からイギリスに移り住んだ人々だと推測できる。この推測が正しければ、その多くがエリートであることに驚きはないだろう。調査に参加した国外大学の卒業生の半数以上は、グローバル・エリートが多く居住するロンドンに住んでいる。

第3に特徴的なのは、上位にランクされた大学の多くがロンドンにキャンパスを置いていることだ。上位50校のうち15校がロンドンの大学で、元ポリテクニックの大学も含まれている。ロンドン・サウスバンク大学とウェストミンスター大学はいずれもポリテクニックから昇格した大学だが、卒業生のエリート率は高い。ロンドン・メトロポリタン大学は少数民族《マイノリティ》や経済的に恵まれない学生を多く受け入れているのが特徴で、新聞の大学番付では下位にランクされることが多い。しかし、私たちの番付では32位にランクされ、ロンドン以外の都市にある、格上と評価されている多くの大学（その3分の1はラッセル・グループ）よりも上位にある。これは、イングランド南東部以外の地域にある大学に比べて、ロンドンにある大学が優位にあることをはっきり示す結果になっている。(8)

名門大学への進学で、階級の優位性が継承される状況は明らかである。大学により学生の出身階級に相違があることはすでに指摘した。名門大学には上層階級出身の学生が多く、一般に、名門大学卒業の学歴は社会の中での優位性をもたらす。エリート階級を構成しているのは一流大学の卒業生に偏っている。つまり、上層階級出身者は名門大学に進学しやすく、名門大学の卒業生はエリート階級となりやすいと言える。

表7-2　出身社会階級と学歴別のエリートの割合（30～49歳）

		上級経営職・伝統的専門職の家庭出身者（%）		半定型労働，定型労働の家庭出身者（%）	
		中等教育		中等教育	
		私立	公立	私立	公立
出身大学	オックスフォード大学	63.9	49.4	35.7	39.3
	その他の「黄金の三角」の大学	53.9	37.0	29.4	31.7
	その他のラッセル・グループの大学	48.7	29.0	35.0	15.7
	その他の大学	40.7	23.0	17.5	11.5
	非大卒	39.2	9.4	9.1	7.2

もちろん例外もある。エリートの半数は大卒ではないし、ロンドンにある名門とは認められていない大学も多くのエリートを輩出している。先に触れたように、ロンドンには権力と優位性が集中しているので、それが広く大学にも波及していると推測される。しかし、総論としては、出身校のランクと社会階級には密接な関係があることは疑いえない。最高ランクの名門大学と言われる少数の大学の卒業生にはエリートになっている人が集中しているのだ。大学進学率の急激かつ大幅な拡大はこの構図を壊すことができていないばかりか、かえって強化してしまったと言える。

表7-2に、エリート階級の人々の出身大学と大学の前の中等教育の違いを、出身階級別に示した。エリート大学とエリート階級との強い関連性を示すデータである。英国階級調査の回答者のうち、上級経営職や伝統的専門職の親を持ち、私立学校を経て「黄金の三角」の大学を卒業した人の過半数はエリートになっている。そして、

オックスフォード大学卒という「王道」を歩んだ人のじつに3分の2近くがエリートになっている[9]。その対極、つまり、労働者階級の出身で志望者全入のコンプリヘンシブ・スクール（総合制中等学校）を卒業し、高等教育を受けていない人で、エリートに上り詰めた人は7％強にすぎない。

表7-2はまた、出身階級や中等教育の種類に関係なく、オックスフォード大学を頂点とする「黄金の三角」の大学出身者はエリートになる可能性が大きいことも示している。その確率は、それ以外のラッセル・グループの大学を出た場合に比べて、はるかに大きい。それとは別に、上層階級の出身で私立学校で学ぶことが社会階級の再生産に特に効果的であることも、この表は示している。少なくとも、英国階級調査参加者に限れば、上層階級出身で私立学校の教育を受けたが大学の学位を持たない人々がエリートになる割合は、労働者階級出身でコンプリヘンシブ・スクールで教育を受けたオックスフォード大学卒業者のそれと同じくらい高いからである。このような上層階級の家庭に生まれた名門私立学校の出身者については、大学の場合と同様に、最も名門の私立学校と他の中等学校を区別して、検討するべきなのかもしれない。

大学と3つの資本

出身校がその後の人生の社会階級に影響を与えるということは、出身校は3つの資本の蓄積の可能性に影響を及ぼしているということである。

私たちの議論は、例えばロンドン大学キングズ・カレッジの卒業生は、ミドルセックス大学の卒業生よりエリートになるべき価値があるというような、明白な学歴の効力を主張するものではない。出身校によって異なる各種の資本の蓄積の構図を示すことで、こんにちの社会階級を区分する根底的な要素を解明しようとするものだ。

図7-5に大学別の卒業生の平均貯蓄額、平均住宅価格、平均世帯所得を示した。出身大学と卒業生の経済資本に深い関連があることは明白だ。卒業生の平均所得では、「黄金の三角」の3大学、ロンドン大学のカレッジ、ブリストル大学がトップ10を占めている。[10] トップはオックスフォード大学の卒業生で平均世帯所得は7万5900ポンド［約1025万円］である。ケンブリッジ大学の卒業生は6万8000ポンド［918万円］と若干低い。ほとんどの卒業生は大学在学中に将来のパートナーと出会うため、所得はそれぞれの大学の有利（不利）を反映して倍増することになる。自分と同じレベルの学歴の人をパートナーに選ぶ人が増えており、そのため階級の格差が強まっているという指摘もある。

卒業生の貯蓄額にも出身校による差が見られる。名門大学の卒業生は世帯年収に匹敵する貯蓄があるが、下位の大学の卒業生の貯蓄額は少ない傾向がある。ほとんどの下位大学出身者の貯蓄が2万5000ポンドから4万5000ポンド［約338万から608万円］であるのに対し、オックスブリッジ出身者の平均貯蓄額は6万ポンド［810万円］を超えている。[11]

学別の経済資本

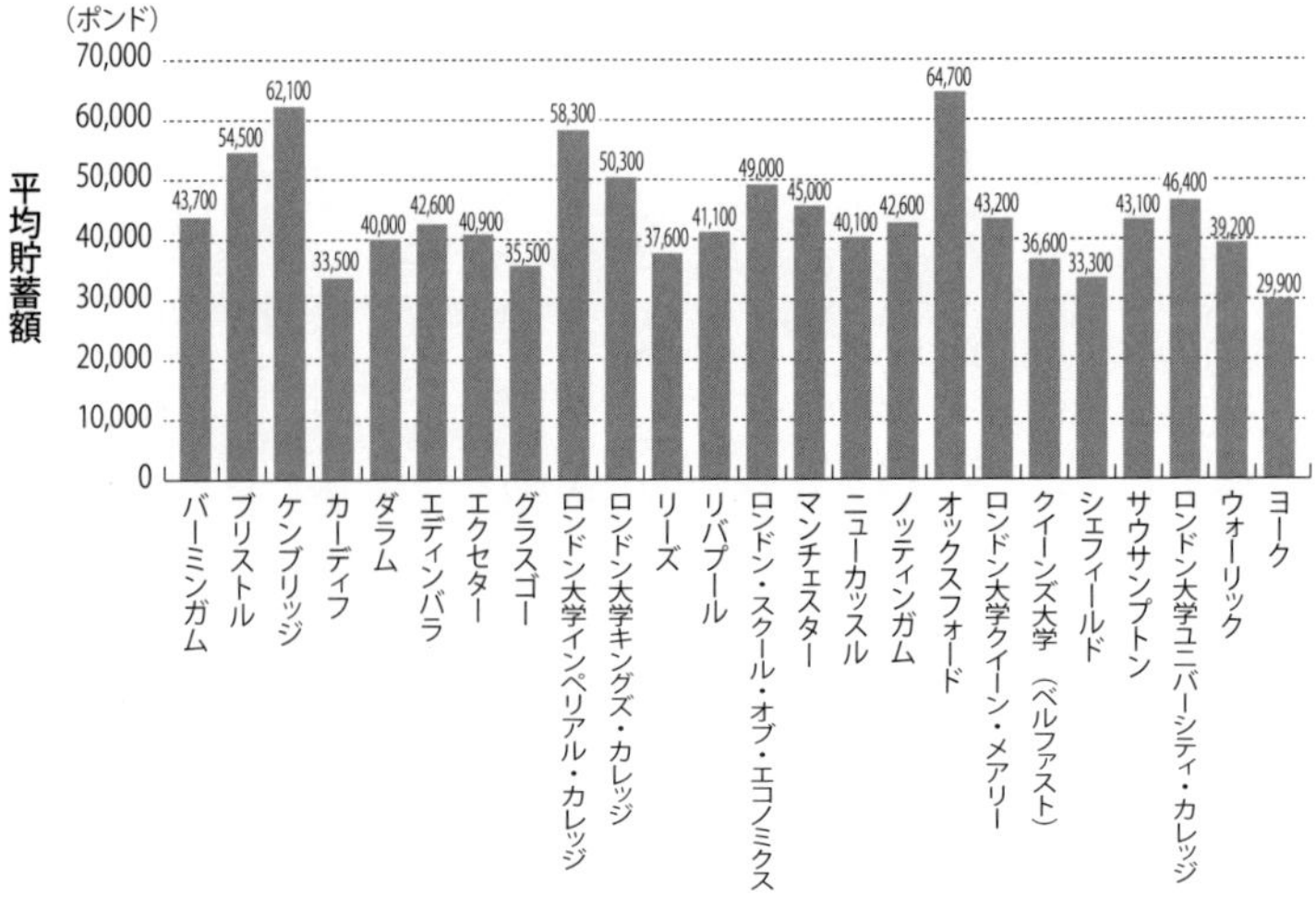

（ポンド）
平均貯蓄額
70,000
60,000
50,000
40,000
30,000
20,000
10,000
0
43,700
54,500
62,100
33,500
40,000
42,600
40,900
35,500
58,300
50,300
37,600
41,100
49,000
45,000
40,100
42,600
64,700
43,200
36,600
33,300
43,100
46,400
39,200
29,900
バーミンガム
ブリストル
ケンブリッジ
カーディフ
ダラム
エディンバラ
エクセター
グラスゴー
ロンドン大学インペリアル・カレッジ
ロンドン大学キングズ・カレッジ
リーズ
リバプール
ロンドン・スクール・オブ・エコノミクス
マンチェスター
ニューカッスル
ノッティンガム
オックスフォード
ロンドン大学クイーン・メアリー
クイーンズ大学（ベルファスト）
シェフィールド
サウサンプトン
ロンドン大学ユニバーシティ・カレッジ
ウォーリック
ヨーク

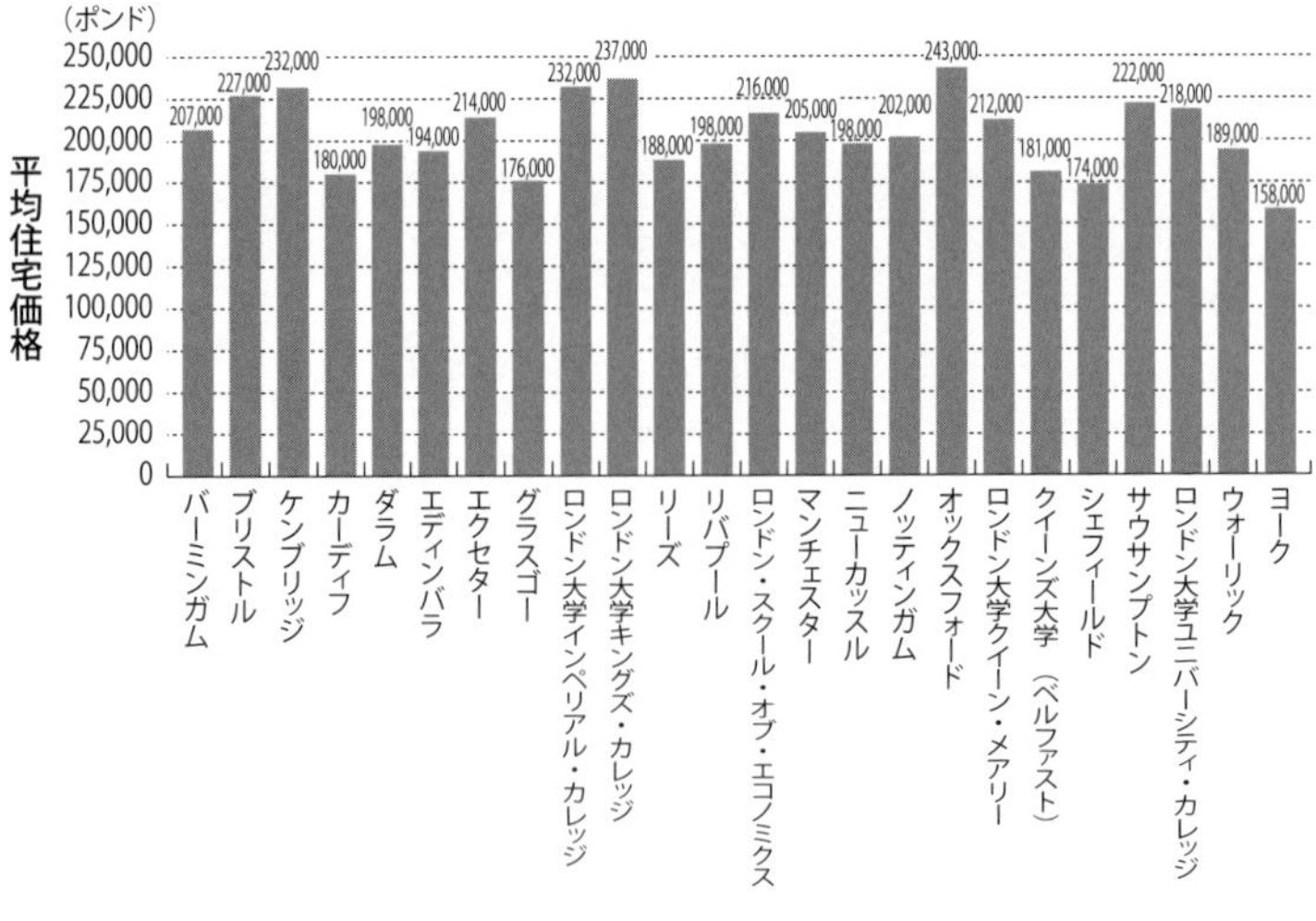

（ポンド）
平均住宅価格
250,000
225,000
200,000
175,000
150,000
125,000
100,000
75,000
50,000
25,000
0
207,000
227,000
232,000
180,000
198,000
194,000
214,000
176,000
232,000
237,000
188,000
198,000
216,000
205,000
198,000
202,000
243,000
212,000
181,000
174,000
222,000
218,000
189,000
158,000
バーミンガム
ブリストル
ケンブリッジ
カーディフ
ダラム
エディンバラ
エクセター
グラスゴー
ロンドン大学インペリアル・カレッジ
ロンドン大学キングズ・カレッジ
リーズ
リバプール
ロンドン・スクール・オブ・エコノミクス
マンチェスター
ニューカッスル
ノッティンガム
オックスフォード
ロンドン大学クイーン・メアリー
クイーンズ大学（ベルファスト）
シェフィールド
サウサンプトン
ロンドン大学ユニバーシティ・カレッジ
ウォーリック
ヨーク

図7-5　出身大

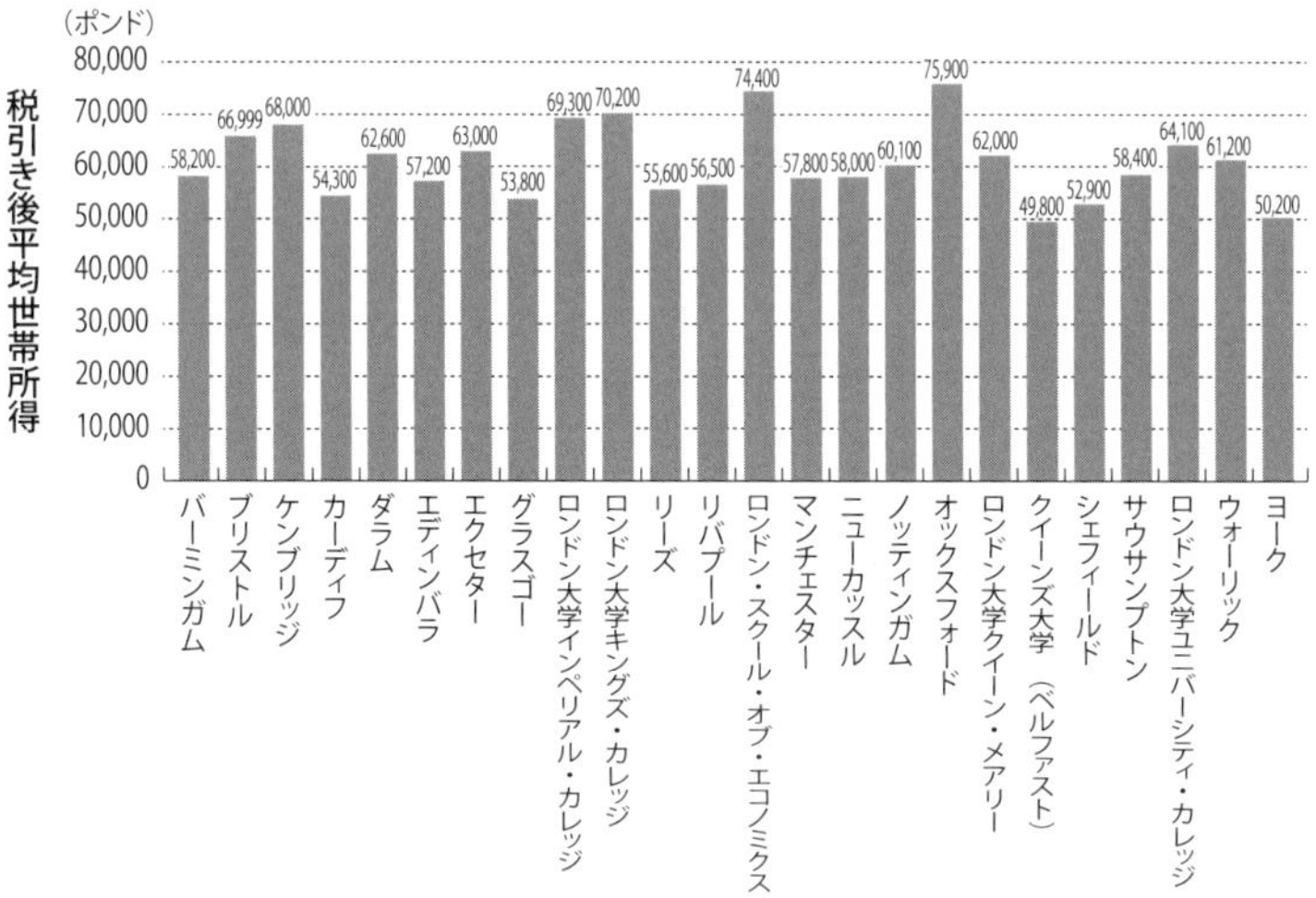

第3章で文化資本には「高尚な」文化資本と「新興の」文化資本があることを指摘したが、その2種類の文化資本についても、出身校による違いを見て取ることができる。[12] エリート大学の出身者は高尚な文化資本のスコアが高い。「黄金の三角」の3大学の出身者が特に高く、それ以外では、ゴールドスミスやロンドン芸術大学など美術や演劇を専門とする大学の卒業生が高得点だった。このグループにはロンドンならではの特色がある。ザ・プロムス［ロンドンで毎年夏に開催されるクラシック音楽のコンサート・シリーズ］にシェークスピア、文学フェスティバル、ギャラリーなど、英国の支配層《エスタブリッシュメント・ブリティッシュ》、あるいはイングランドの支配層《エスタブリッシュメント・イングリッシュ》の文化の大学版である。もちろん例外はあるが、高尚な文化資本は一般に大学の学術面のステータスと関連している。一方、高尚な文化資本のスコアが低い

のは、「ポスト1992」の新興大学の卒業生だ。

新興文化資本のスコアにも出身大学によりはっきりした特徴がある。卒業生の高尚な文化資本のスコアが低くても、「クール」な文化資本（新興文化資本）のスコアは高い場合が多い。主要な大学都市の「ポスト1992」の大学は、都会的、ポップが特徴の新興文化資本を担う存在となっている。例えば、リーズ・メトロポリタン大学［現リーズ・ベケット大学］、マンチェスター・メトロポリタン大学、それにニューカッスルとノッティンガムの両都市、ボーンマス、ブリストル、プリマス、サウサンプトンなどの沿岸都市にある大学が多い。新しい文化の軸となっているこれらの大学の所在地は、いずれもイングランドの地方都市である。

表7-3に、卒業生の経済資本と文化資本の2つの基準で大学を分類した。この表から大卒者の経済的資質と文化的資質は単純な関係にはないことがわかるだろう。また、大学によってもたらす資源には大きな違いがあることを、各種の資本の力の影響を分析する私たちのアプローチ法が明らかにできることを示している。

各大学の卒業生の文化資本と経済資本にはなんらかの関係があるが、表の左上から右下への斜線上に並ぶ欄にすべての大学がぴったり配置できるわけではない。もちろん、名門中の名門大学は左上の欄に収まっている。これらの名門大学の卒業生は経済資本の蓄積も高尚な文化資本のそれも大きい。彼らの多くはエリート階級なのだから当然のことだ。一方、対角の右下の欄にあるのは、主にイングランドの各地方都市に設立された新興の大学で、どちらの蓄積も少ない。

最も数が多いのは、経済資本、文化資本とも中位の大学である。これらの大学の卒業生の多くは、おそらく確立した中流階級であると思われる。興味深いのは、ゴールドスミスとアストン大学だ。ロンドンにあり芸術を重視するゴールドスミスの卒業生は、高尚な文化資本のスコアは高いが経済資本は少ない。一方、ウェスト・ミッドランズ地方の工業地域にあり、科学、工学、ビジネスが専門のアストン大学の出身者は、経済資本は高いが文化資本のスコアは低い。また、高い新興文化資本と経済資本を併せ持つ卒業生がいる大学はない。

ほかの、この表の中でより大学数の多い組み合わせである経済資本と高尚な文化資本の強みを併せ持つ大学では、卒業生の中のエリートが非常に多いことは注目に値する。新興文化資本は高尚な文化資本ほどの力は持たないように思われるが、それでも、なんらかの優位性を提供している。

21世紀のイギリスでは、前世紀には想像もつかなかったほど大学の持つ意味は非常に大きくなった。大学はもはや限られた少数の人々だけのものではない。実際、大学進学は特別なことではなく、多くの若者はそれを期待されている。さらなる改善の余地は残るとしても、大学は今や男子より多くの女子学生を受け入れているし、少数民族《マイノリティ》やさまざまな階級出身の学生を受け入れている。そして、本章で詳しく見てきたとおり、多くの学生にとって高等教育は階級移動を実現する手段となっている。エリート階級や確立した中流階級の多くを大卒者が占めてい

業生の各種資本

文化資本〈中〉		文化資本〈低〉
ブリストル大学 シティ大学（ロンドン） エクセター大学 ヘリオットワット大学（エディンバラ） インペリアル・カレッジ（UL） ロンドン・サウスバンク大学 マンチェスター大学 クイーン・メアリー（UL）		アストン大学
アバディーン大学 バーミンガム大学 ブライトン大学 ブルネル大学 カーディフ大学 コベントリー大学 デモンフォート大学 ダンディー大学 イースト・アングリア大学 エディンバラ・ネイピア大学 エセックス大学 グラスゴー大学 グリニッジ大学 ハル大学 キール大学 ケント大学 キングストン大学	ランカスター大学 リーズ大学 レスター大学 リバプール大学 オックスフォード・ブルックス大学 クイーンズ大学（ベルファスト） レディング大学 サルフォード大学 シェフィールド大学 サウサンプトン大学 サリー大学 サセックス大学 スワンジー大学 ウォーリック大学 西イングランド大学 ウェストミンスター大学 ヨーク大学	ブラッドフォード大学 イースト・ロンドン大学 ハートフォードシャー大学 ポーツマス大学 ロバート・ゴードン大学（アバディーン） ストラスクライド大学 サンダーランド大学
アベリストウィス大学 アングリア・ラスキン大学 バンゴール大学 バーミンガム・シティ大学 カンタベリー・クライスト・チャーチ大学 マンチェスター・メトロポリタン大学 ノーサンプトン大学 プリマス大学 サウス・ウェールズ大学 スターリング大学		セントラル・ランカシャー大学 グロスターシャー大学 ハダースフィールド大学 リーズ・メトロポリタン大学 リバプール・ジョン・ムーアズ大学 スタフォードシャー大学 ティーサイド大学 ウルスター大学 西スコットランド大学 ウルバーハンプトン大学

表7-3　大学[1]卒

	高尚な文化資本〈高〉	新興文化資本〈高〉
経済資本〈高〉	ケンブリッジ大学 ダラム大学 キングズ・カレッジ（UL[2]） ロンドン大学 ロンドン・スクール・オブ・エコノミクス オックスフォード大学 イギリス国外の大学 ユニバーシティ・カレッジ（UL）	
〈中〉	ロンドン芸術大学 エディンバラ大学 ロンドン・メトロポリタン大学 ラフバラー大学 ミドルセックス大学 オープン大学 ロイヤル・ホロウェイ（UL） セント・アンドルーズ大学 ウェールズ大学	バース大学 ニューカッスル大学 ノッティンガム大学 ノッティンガム・トレント大学
〈低〉	ゴールドスミス（UL）	ボーンマス大学 ダービー大学 リンカーン大学 ノーザンブリア大学（ニューカッスル） シェフィールド・ハラム大学 サウサンプトン・ソレント大学

注1：200人以上の卒業生が英国階級調査に参加した大学
　2：ULはロンドン大学を構成するカレッジ

るからだ。もちろん、エリートの全員が大卒者であるわけではないし、大卒者の大半がエリートになっているわけでもない。しかし、恵まれない階級の人たちに大卒者がほとんどいないことも確かである。

高等教育を拡充し大学進学を容易にするだけでは、社会のヒエラルキーを変えられないことは事実である。かつては大学進学自体がステータスであり、尊敬されるに値する資格を得た証しだった。だが、大学が増え、大学間の格差が広がった現在は、そうではない。

このような大学の格差は、エリート階級の構成と密接に関連しながら進行してきた。能力主義による学生の選抜が広がり大学進学者の数は増えたが、それによって機会の平等が確保されたわけでも階級間の格差が解消されたわけでもない。むしろ、その反対だ。競争の激しい教育市場では、エリート大学へのアクセスが容易である者が豪華な賞品を手にする。単に伝統ある名門大学が優位に立ち続けるということだけではない。イングランド南東部、特にロンドンにある大学も、ランク以上の恩恵を卒業生にもたらしているように思われる。そこで次章では、階級の地理的側面に着目したい。

第8章

階級と地域格差

階級と地理は無縁ではない。資本の多くは特定の場所で、あるいは特定の場所相互を横断して取引され、集められ、蓄積され、継承される。

私たちは特定の場所と特定の階級のステレオタイプを関連づけがちだが、その決めつけは時代錯誤であり、実際にはこんにちの都市の複雑に入り組んだ社会経済を表現できてはいない。

例えば、1990年代のテレビ番組で、人気コメディアンのハリー・エンフィールドが創り出した「ジョージ・ホワイトブレッド」というキャラクターが典型である。ジョージは、無作法で人種差別的な、無遠慮な物言いの、自分が常に正しいと信じて疑わない傲慢なヨークシャーの男だ。このステレオタイプがヨークシャーの男の現実の姿ではないことは、言うまでもない。ジョージはこんなふうに言い返す。「『垢抜けてる』？　『都会的で、垢抜けてる』だと？　この俺様になにしゃべってんだよ。俺はリーズに行ったことがあるんだぞ」。

ロンドンに比べリーズはちっぽけな田舎町である。視聴者もそれをよく知っている。だが、この台詞には別の複雑なニュアンスがある。単に、田舎町を「都会的で、垢抜けている」と思い込んでいるジョージを笑いものにするジョークだと受け止めてしまうと、重大な事実を見落としてしまう。

リーズは斜陽産業の繊維工業都市から、豊かな金融都市に生まれ変わっている。流行の最先端を行く高級百貨店「ハーヴェイ・ニコルズ」のある数少ない都市のひとつでもある(1)。このように階級や人や場所の間の連想の相互作用は、人々の想像力に強力に作用し、ときに矛盾を引き起こすのだ。

近年、階級で場所を分類することは、以前にも増して複雑な意味を持つようになった。高学歴の人々が集中し情報が溢れる大都市、特にロンドンを基準に、他の場所の足りない部分が定義されるようになっている。ロンドンの魅力はハイテク高層ビルの林立に象徴され、美化された魔法の都市になっている。そのオーラは都心だけではなく北部のハックニー区やロンドン西郊外にまで及んでいるが、かつて、作家で映画監督でもあるイアン・シンクレアはハックニー

区を暗く不穏な地帯として描き、SF作家のJ・G・バラードはロンドン西郊外を地獄と描写していたのだ。(2)

ロンドンに人々の関心が集中しているのは、首都圏以外の地域の魅力が失われつつあることの表れでもある。(3) 炭鉱の町として栄えていたイングランド北東部のイージントンは、ウェブ上の「絶対に住みたくない町ランキング50」で「最低の町《クラップ・タウン》」のひとつだというレッテルを貼られているが、これは、階級の政治学がもたらした、冷笑的で侮辱的な地方への視線の一例である。

イージントンはイギリスで一番白人が多い町だよ。別に恥ずかしいことじゃないけどさ、ちょっと考えてみればわかるよね。肌の色の違う人たちとか、「変なアクセント」〔349頁の訳注参照〕で話す人たちとか、炭鉱で働いたことがなくて胸をやられた経験がない人たちがこの町にやって来たら、腐り切った町の連中に食われちゃうかもしれないよ。いや、それで済んだらしめたものだ。「サッチャーが炭鉱《やま》を閉めやがってから、イージントンは昔のイージントンじゃなくなった」とか、「この辺では誰も仕事を見つけられない」とか、同じ話を延々と聞く覚悟がいるね。

こうなると「ユーモア」と、地域的な階級の違いに対する嫌悪を区別するのは難しい。このような生活の根幹を奪われたことによる窮乏は、単に嘆かわしいだけではない。ここに見られる社会的衰退の姿は、イギリスの産業の崩壊の結果が特定の地域に集中して表れたというだけではなく、イージントンの例のようにコミュニティ全体の弱体化の結果でもある。これらのコミュニティは新しい世界的な経済秩序に適応できていないか、適応する意欲がないように見える。イギリスの各地域については、圧倒的に優位なロンドンの世界観を通して道徳的に解釈されるのだ。

ジャーナリストのオーウェン・ジョーンズは話題の近著 *Chavs*〔邦訳『チャヴ』海と月社、2017年〕で、偏見について述べている。労働者階級は大衆の想像において一般に蔑《さげす》みの対象になってきたが、今では、その居住地域までもが蔑みの対象になっているというのだ。(4) 全国の何百万もの人々の活動や嗜好、居住地域などについての統計的な情報が手軽に入手できるようになったことが、こうした峻別に拍車をかけている。また、マッピング技術を利用する人も増えている。地域情報は、自分の住宅の資産価値や保険の掛け金ばかりでなく、医療や教育の意味合いなどに直接影響するからである。

こうした状況は、アカデミズムからではなく企業活動から始まった。例えば、個人情報や企業情報を収集する欧州最大の信用調査企業のエクスペリアンは、このような地域情報の集積・分析で利益を上げ、「郵便番号社会学」とでも表現すべき現象を作り出している。(5) スーパーマーケットでポイントカードを使ったり、オンラインの不動産紹介サービスやローンの残高を照会したりすれば、誰もがこの国の社会階級の形成やマッピング、その理解のプロセスに直接的に協力していることになる。そうした過程によって、社会の地理的分類が急速に進んでいるのだ。

第3章で見た新興文化資本の力学とは、さまざまなジャンルの文化を楽しむことのできるスキルと知的能力だったが、それと同様に、空間に言及することも、教育レベルの高い中流階級が自らの新興文化資本を誇示する機会になっている。場所や所在地は、美的、社会的、文化的な洗練を表すものとなっているのだ。

第3章で紹介したITコンサルタントのベネディクトは、自身の経歴を語る際、イングランド西部にあるデボンの「平凡な」家庭に育った話から始め、こう続けた。「魅せられたっていうか、本当にカッコ悪いんだけど、きっとロンドンは何かを与えてくれるに違いないって衝動に駆られたんだ」。公有地や空き家を不法占拠しているボヘミアンの集団と過激な政治活動との間を行き来することは、「ロンドンらしいって思ってたんだ。僕も当時はパンクを気取ってたから」。特定の立場から身を引き、それについて客観的な判断を下すこのような能力は、ブルデューによれば文化資本である。この「選択的帰属」は、自らの意思で別の場所へ出て行ったり、また戻ったりできるという、中流階級の場所との関係性を表している。(6)

したがって、現代のイギリス特有の地理は、私たちが提案した新しい階級分類に沿って理解しなければならない。階級のさまざまな側面のうち、経済資本だけでなく、社会関係資本と文化資本も地理的な格差を暗示しているからだ。各階級はそれ自体、特定の場所に特有の方法で固定化している。例えば、社会的ヒエラルキーの頂点に立ち、富を持つエリートはロンドンに住む、というように。

かつて社会学者が重視していた中流階級と労働者階級の境界は、象徴的な意味でも経済的な意味でも、地理的な南北の境界線と重なり合っていた。教育レベルの高い中流階級が多く居住する南部の大都市には巨大なサービス、金融、貿易産業の中心があり、対照的に北部の工業地帯やウェールズ、スコットランドでは、労働組合が強く労働者階級の伝統が生きていた。

もちろん、実際にはもっと複雑ではあった。ロンドンやイングランド南東部にも労働者階級が多く居住する地区はあったし、有力な中流階級やエリートは北部にもいた。だが、それとは関係なく、この南北問題（north-south divide）は、さまざまな大きな基準を通じて、2つの階級が自身と互いの存在や違いを認識する力となっていた。

しかし、すでに述べたように根本的な階級の境界は社会のヒエラルキーの最上位にあるため、この地域分断の力は今や崩壊している。それに代わって登場したのが2つの新しい力だ。ひとつは、高度に分離されたエリートだけが住む都心の中心地区の持つ力で、エリートをきっちり分離するプロセスは、イギリスのあらゆる主要都市で確認されている。そして都市への新たな投資が、このことをよりはっきりと表している。もうひとつは、ロンドン都心の優位性である。今や卓越しており、南北問題の力を圧倒している。

このような2つの力の出現により、都市部と地方の分断はかつてより大きくなった。都市にはあらゆるものが集積している。ロンドンはその筆頭だが、他の都市にも及んでいる。一方、田園地域は安らぎ（休息と保養）という言葉で特徴づけられ、このような飽くなき前進を続ける都市の駆動ベルトに比べて、落ち着きや静けさを提供している。

ロンドンの優位性

疑いを差し挟む人はいないだろうが、まずは、ロンドンの経済的パワーを確認するところから始めよう。図8-1に、イギリスの各都市のGVA（粗付加価値）を示した。首都ロンドンの圧倒的優位は一目瞭然だ。GVAとは、地域や産業、経済セクターが産出する製品やサービスの価値の尺度である。

ロンドンの国家経済への貢献度は、第2位のグレーター・マンチェスターの7倍に近く、ロンドンのGVAは、図8-1に示した他の17都市の合計に匹敵する。これほどの集中は諸外国ではめったに見られないし、歴史的にも稀有なことである。

それだけではない。近年の金融危機により、ロンドンとその他の地域との格差は以前に増して大きくなっている。図8-2に、17都市の2007~2011年のGVAの増減を、ロンドンを100として示した。17都市すべてがGVAを減少させている。

北アイルランドやウェールズ、スコットランドで民族主義が生まれようとしている一因は、このロンドン一極集中への反発にあると推測できる。経済学者のエバン・デイビスは、イング

図8-1　2011年の都市の1人当たりGVA

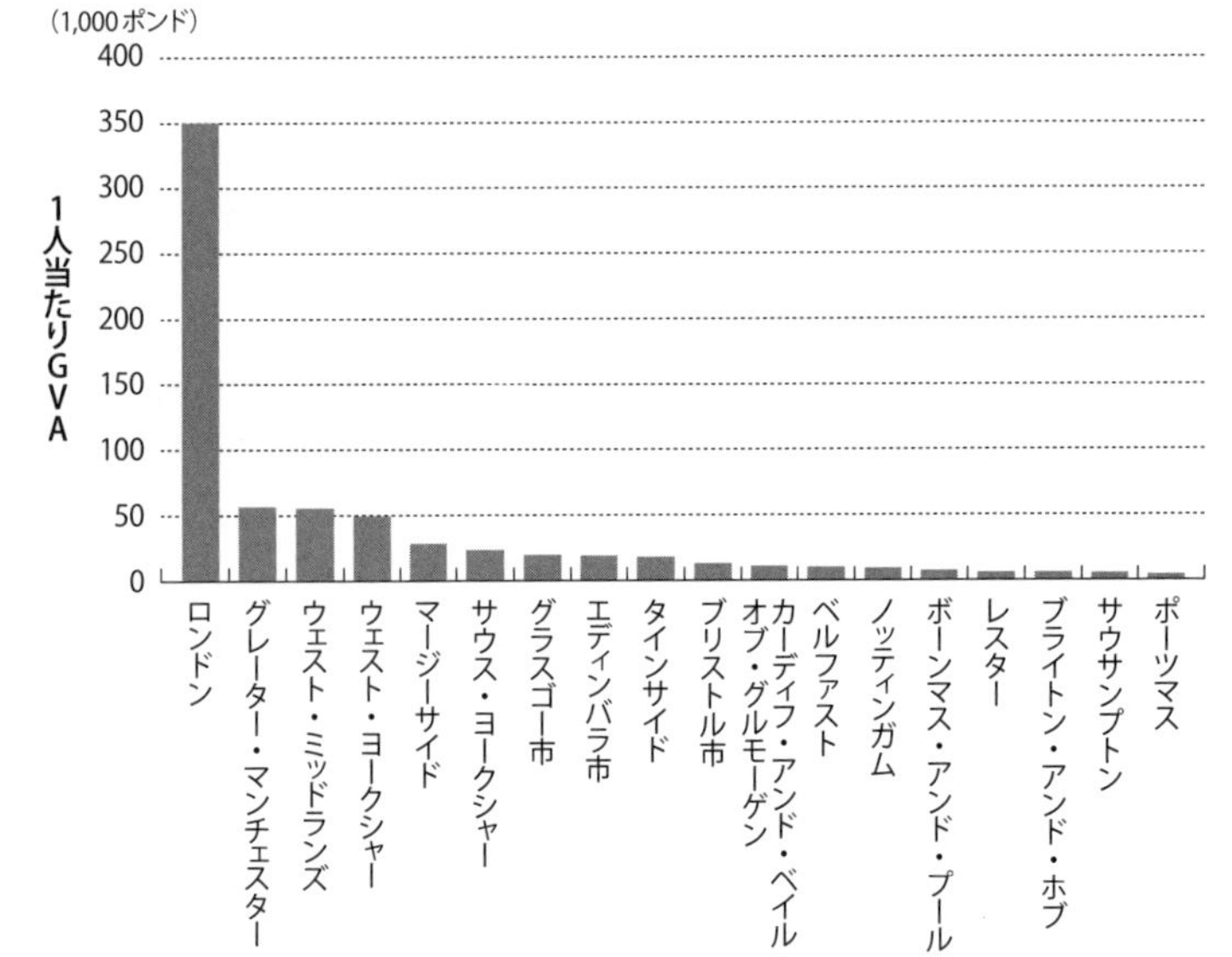

出所：欧州連合統計局「地域統計分類による3地域の基準価格にもとづいた粗付加価値（Gross Value Added at Basic Prices by NUTS 3 regions）」

ランド内部でも、より大きな利益のために北部各都市は細かな文化の違いを克服して、ロンドンに対抗できる巨大都市の形成を目指すべきと主張している。この主張は、「ノーザン・パワーハウス」政策の必要性についての議論をもたらすことになった。しかし、例えば、各都市間を高速鉄道で結ぶなどの施策によって、リバプール、マンチェスター、リーズ、シェフィールドを直結させて大都市圏を形成したとしても、その経済価値はロンドンの半分にしかならず、とても対抗勢力とはなりえない。[7]「エコノミスト」誌が「経済的にも社会的、政治的にも、北部は別の国になりつつある」と指摘したのも不

図8-2　ロンドンと比較したイギリス17都市のGVAの変化（2007～2011年）

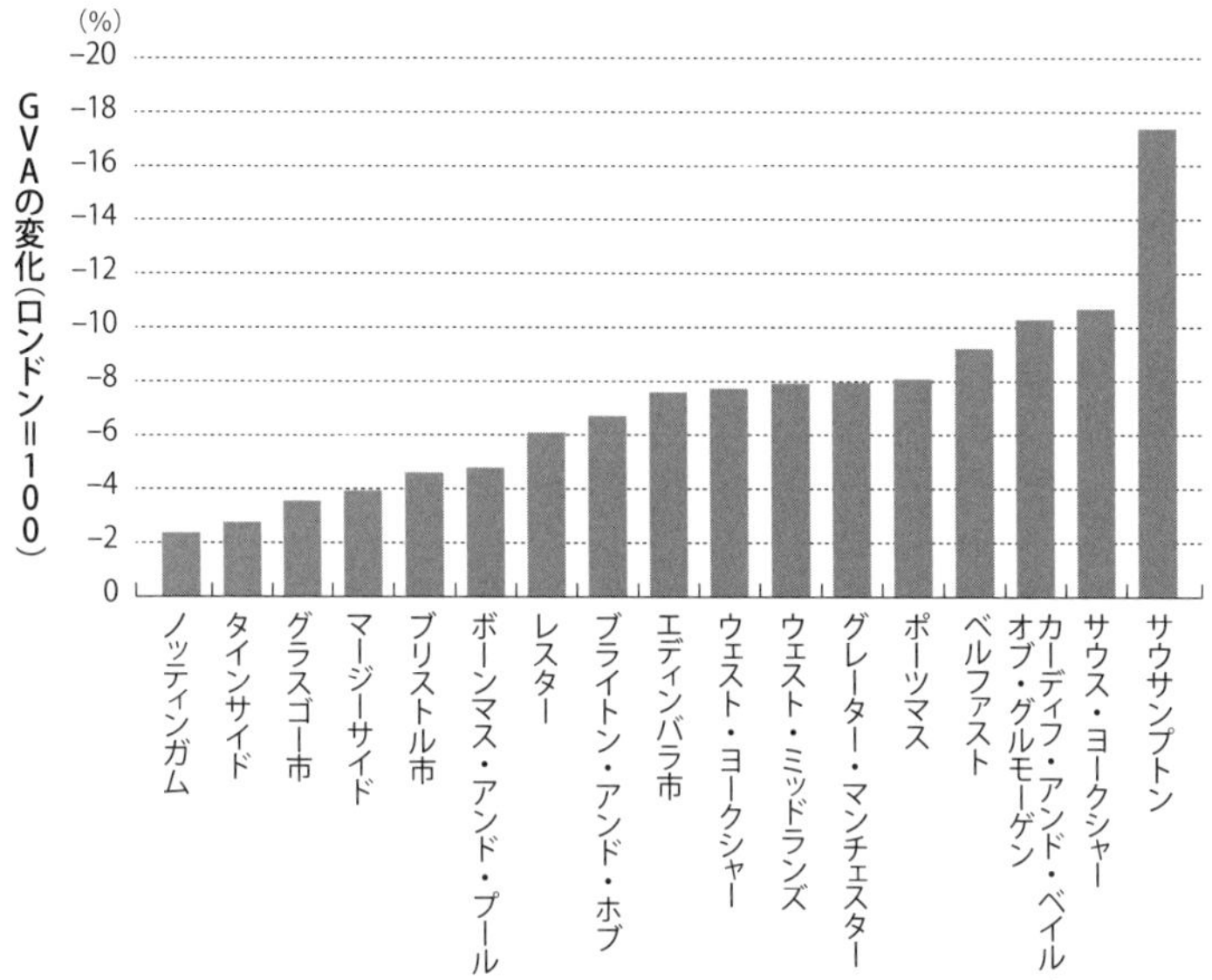

出所：欧州連合統計局「地域統計分類による3地域の基準価格にもとづいた粗付加価値（Gross Value Added at Basic Prices by NUTS 3 regions）」

思議なことではない。[8]

ただし、この状況を南北問題と見なすのは誤りだろう。各都市を多方面から詳細に分析すると、イギリスの各地方都市は経済力では首都ロンドンに後れをとっているが、都市内部の格差という観点ではロンドンにかなり似たような状況になっている。図8-3に主要14都市における所得格差の状況を示した。数値が大きいほど、その都市の平均所得と比較して所得のばらつきが大きいということである。これを見ると、ロンドンではさまざまな労働者の所得が他の都市に比べて不平等だということがわかるが、それでも他の都市との差はそれほど大きくはない。どの都市

図8-3　イギリス主要14都市の所得格差（2007～2008年）

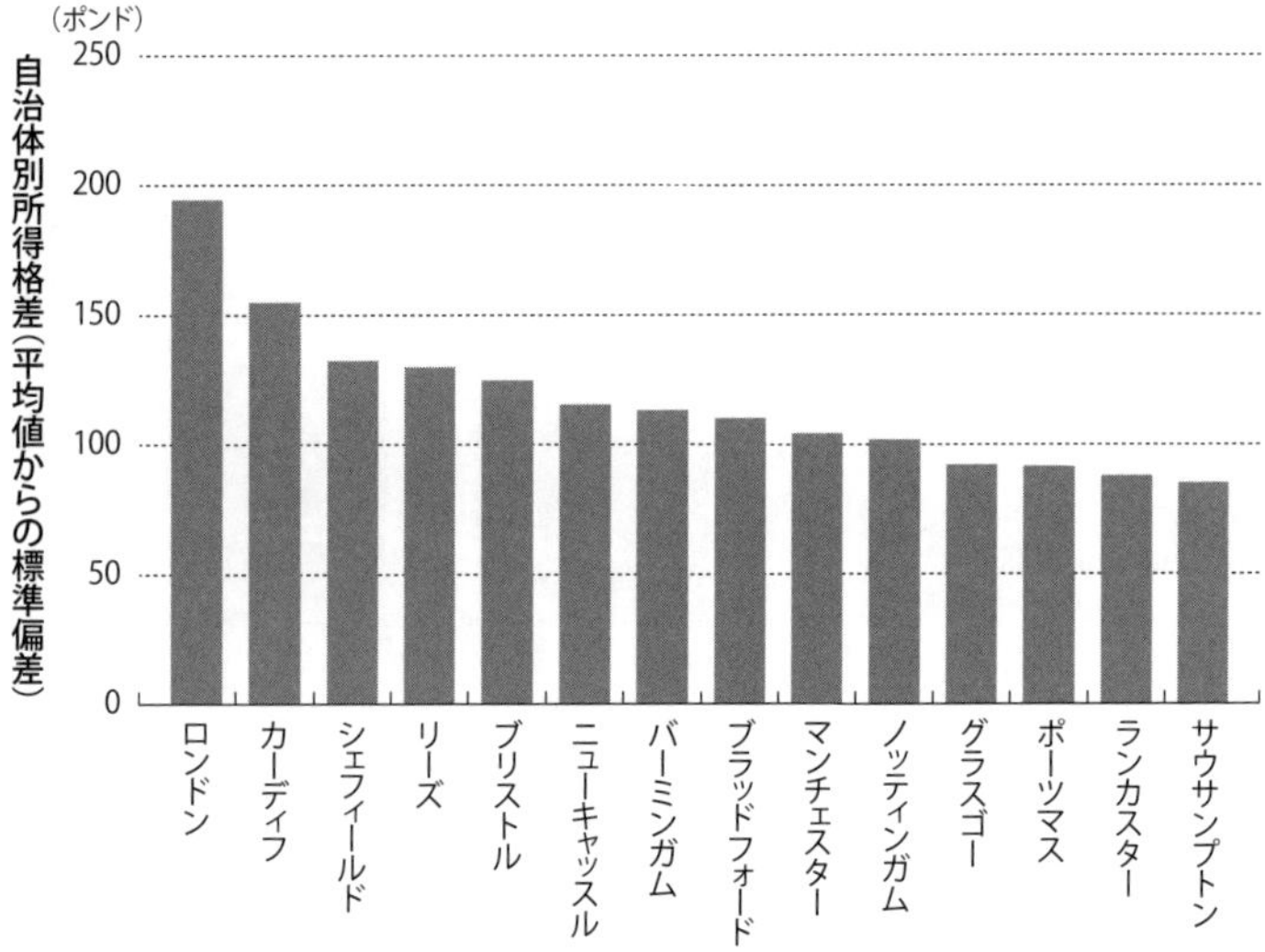

出所：イギリス国家統計局およびスコットランド全国統計による推計

でも、居住者の経済資産に格差があることを示しているのだ。では次に、この各都市内における差異を検討してみよう。

英国階級調査のデータを用いて、図8-4に、ロンドンの中心地区（シティ）にあるイングランド銀行から放射状に広がる地点の平均世帯所得を示した[9]。この方法により、イギリス経済における金融の心臓部からの距離と世帯所得の関係を追跡することができる。ここから、ロンドン市内でも居住地と所得が密接に関係しているのが見て取れる。

平均所得が最も高い地域は市の中心部（シティ自体、およびテムズ川両岸あたりにある、数少ない非常に裕福な地区）である。この地域には、かなり早い時期に工業地区から高級住宅街に再開発されたことでよく知られているセント・キャサリン・ドックも含まれ、かつては倉庫群だったマリーナ周辺には高級住宅が並んでいる。(10) また、開発によって高級化したバービカン地区も含まれている。

中心部を離れると平均所得は一度大きく下がる。キングズ・クロス、バウ、エレファント&キャッスル周辺である。それからさらに離れて中心から半径8キロには高級住宅地が環状に広がり平均所得は上昇する。富裕層の居住地として歴史的に由緒のあるチェルシー、ホランド・パークに加え、高級住宅地化してから長い伝統のあるノッティング・ヒルやブリクストンなどもある。(11)

半径18キロの地帯で、わずか10キロの違いだが平均所得は1万ポンド以上減少する。一帯はロンドン周辺のエンフィールド、サウソール、ダゲンハム、クロイドンなどの労働者階級の自治区である。クロイドンは2013年に「クラップ（糞、くず）」の町、「チャヴ（不良、ヤンキー）」の町という2つのレッテルを貼られ、それに対して住民たちが激しく反発している。

労働者階級の居住区を過ぎると美しい田園地帯に入り、世帯所得は再び上昇する。中流階級や上層中流階級が住むウィンザー、セブノークス、ジェラーズ・クロスなどで、この一帯には株式仲介を仕事にする人々が多く居住していると言われている。それでも、これらの恵まれた地域の所得水準はロンドン中心部の高級住宅地のそれよりは低い。

エリートには、やはり地理的傾向が見られる。図8-5に、イギリスの主要都市におけるエ

イングランド銀行を中心に2kmの環状で区分した平均世帯所得

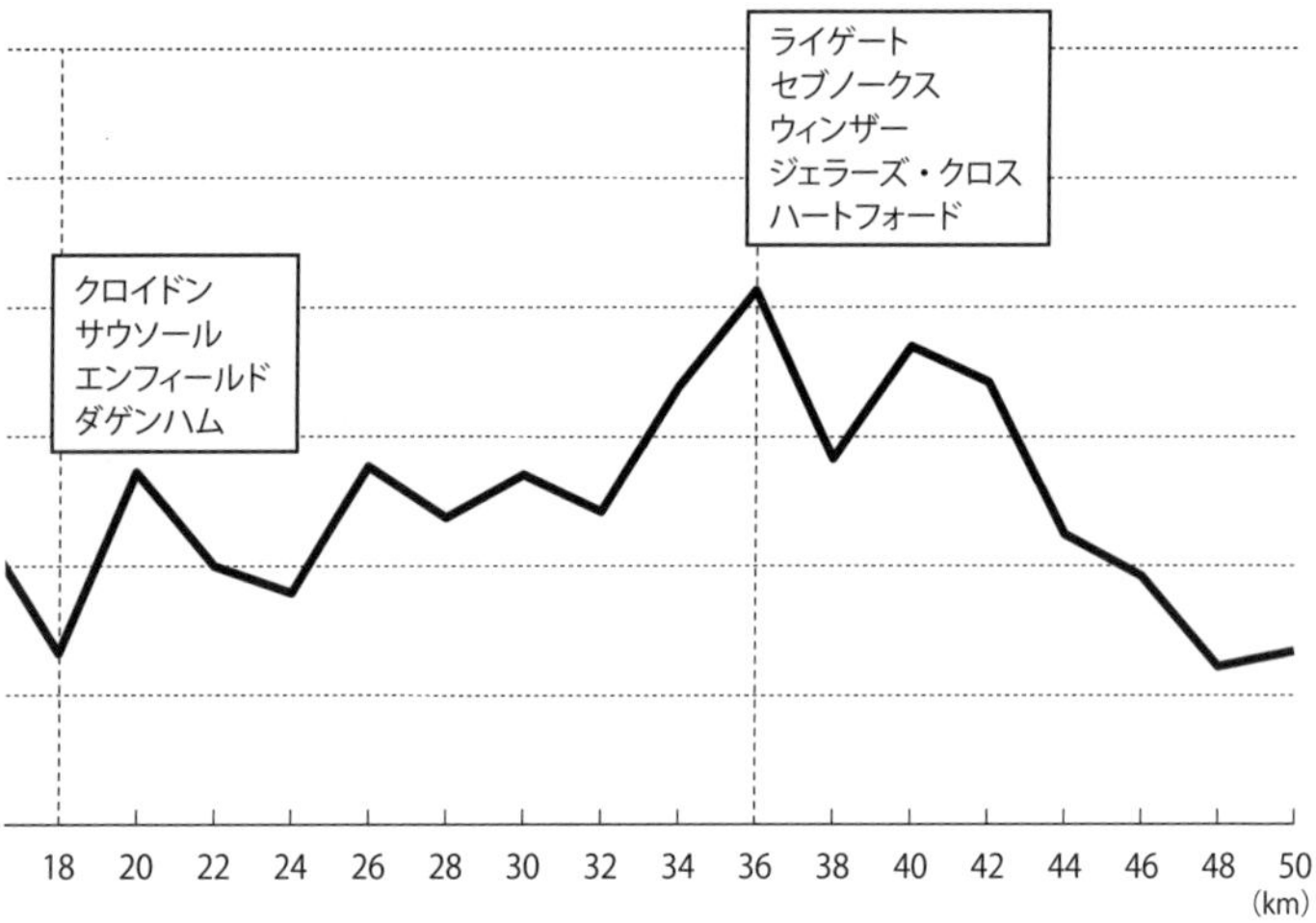

リート階級の地理的集中を示した。各都市の最中心部4分の1の地域の居住者に占めるエリートの割合を調べたものである。中心部へのエリートの集中が最も顕著な都市は、ロンドンではなくグレーター・マンチェスターだった。イングランド北西部のマンチェスター市を中心とするこの都市カウンティは、最も中心の既成市街地全体の4分の1の中に都市エリートの82%が居住している。実際には、エリートが他の社会階級の人々から隔絶している度合いでは、ロンドンが突出しているわけではないのである。

さらに全体を見渡すと、経済的、社会関係的な分断は南北のきっぱりした分裂と一致していないことがわかる。分裂は国の南北にあるのではなく、各地方、各都市の中で二分されているのだ。イギリスのあらゆる都市空間はますます分類化されつつあり、そのため、中心部はエ

図8-4 ロンドン・シティの

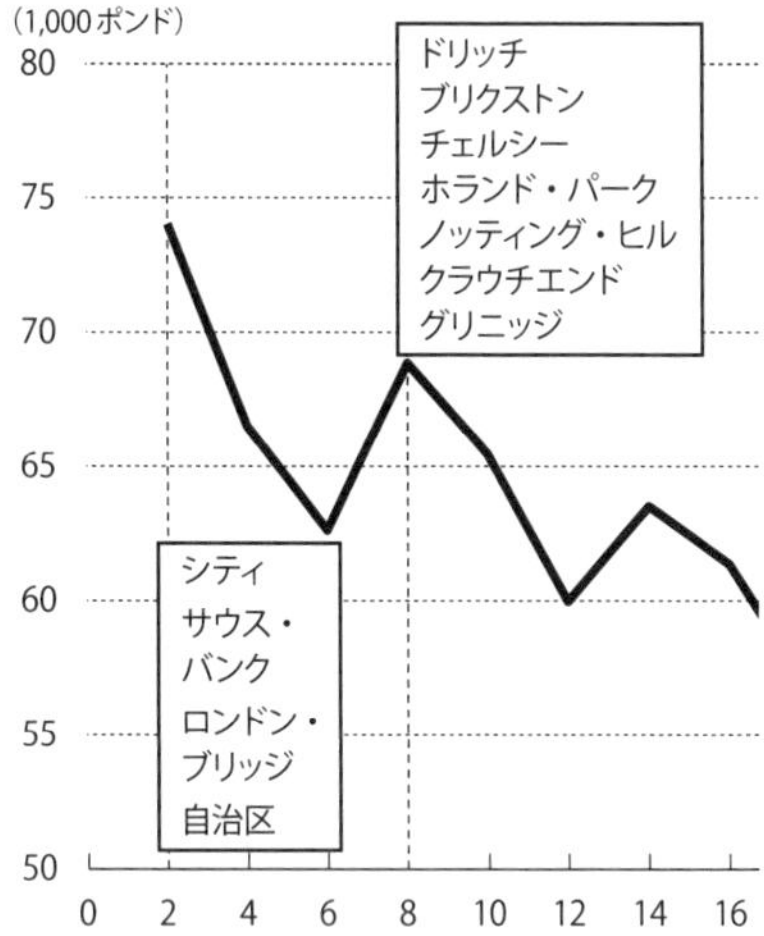

出所：英国階級調査データ

リート層の存在と強く結びついているのである。

なお、ベルファストの例外的に低い数字は興味深い。これは、民族－国境の線引きによって都市が分割され、都市の中にカトリックとプロテスタントの中流階級地域が別々に出現したということで説明できる。つまり、最も富裕なグループは都市空間全体に比較的分散していると言える(12)。

どのような都市を構想し、建設するかを考えるとき、階級と格差を無視することはできない。より大きな経済資本を持つ人々は場所についての選択の幅が広がることから、階級と空間は相互関係を持っていると言える。あまり裕福ではない人たちには住宅購入の際の選択は限られているが、裕福な彼らは自由に選ぶことができるのだ。

エリート階級はまた、最上級の「ジェントリフィケーション（都市の再編による高級化）」によって、都市を物質的にも社会的にも新しい空間に劇的に作り変え、移住することもできる(13)。

このようなエリート層の人々の居住地を詳細に調査すれば、さまざまなことがわかるはずだ。彼らが抱く「選択的帰属」のさまざまな理由や、ある特定の場所に結びつける感情的、経済的、

図8-5　イギリス主要10都市の中心部（全体の4分の1）居住者に占めるエリート層の割合

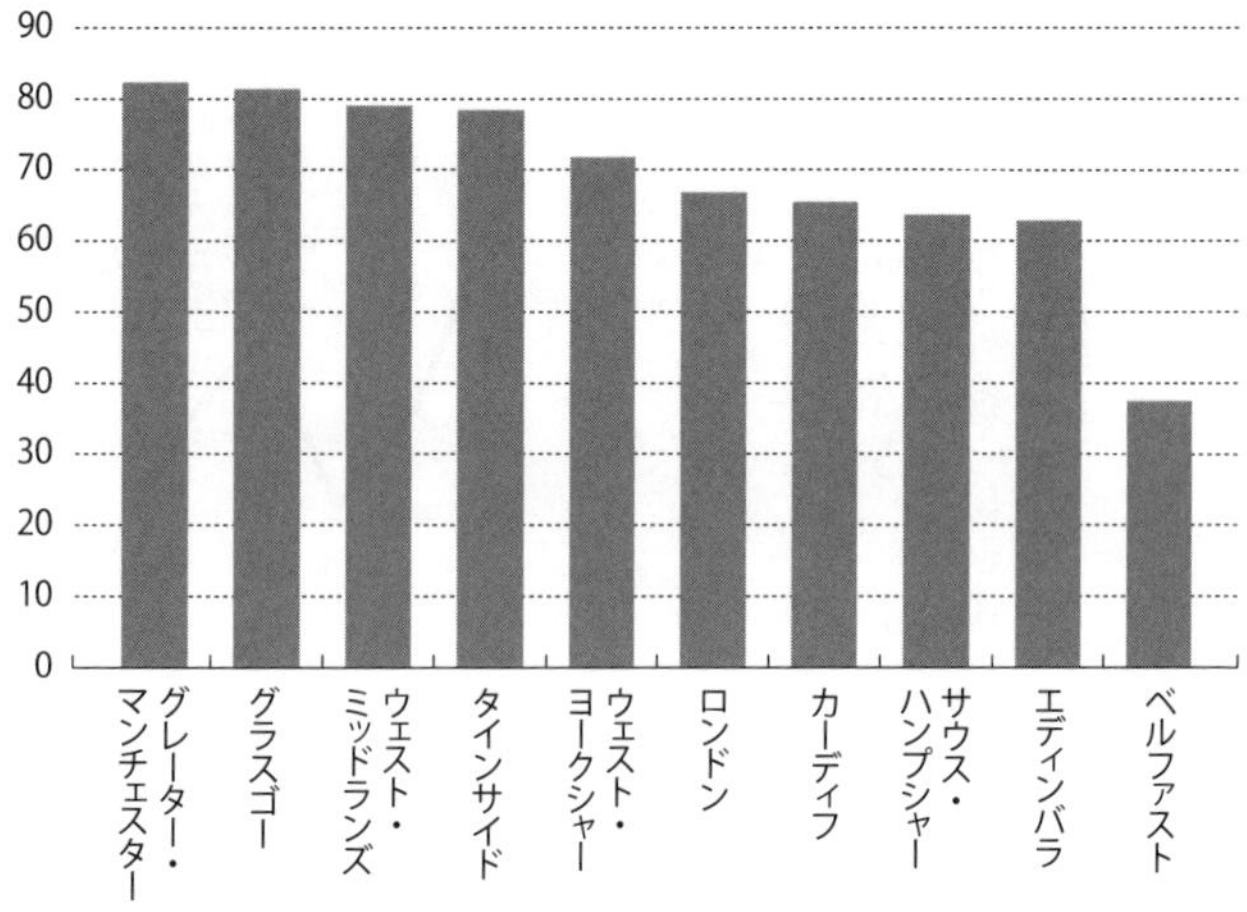

出所：英国階級調査データ

その他の理由が見えるからだ[14]。

英国階級調査のイギリス各都市のデータによると、マンチェスターは都市中心部へのエリートの集中が最も大きく、階級と地理の関係を示す典型例である。

マンチェスターのエリート層は都市中心部内の南側の高級住宅地に集中している。第1に、この都市では南北問題がはっきりしている。高級な郊外の住宅地の大半は市南部にあり、支線道路や鉄道網で、オックスフォード・ロード沿いの大学や総合病院につながっている。さらに中心部から離れると、これらの支線道路は南のチェシャー州と接し、19世紀のビクトリア朝時代からエリート層が居住する郊外のオルトリンガムやブラムホールに続いている。

ディズベリー、チードル、チョールトン＝カム＝ハーディといったインナー・サバーブ（中心部に近い郊外の住宅地）も、近年人気が上昇している。ディズベリーとチードルは元々何世代も続く中流階級が住む地域で、何十年もの間高い地位を築いてきたが、チョールトンは1960年代にはアイルランドからの移民を抱える圧倒的に労働者階級が多い地域だった。近年、大規模なジェントリフィケーションにより、伝統的な社会の枠組みにとらわれないコーヒーショップや高級レストランが増え、変貌を遂げている。(15)

治安の悪いモスサイドを避けて、すぐ東の、多文化的なレブンシュルムの周辺が新たなジェントリフィケーションの中心になっているのも興味深い現象だ。この一帯は、ビクトリア朝時代のこぢんまりしたテラスハウス［日本で言う「長屋」］や、それよりは大きめのエドワード朝時代のセミ・デタッチドハウス［一棟の建物を中央で二分し、区分している壁を2軒が共有するイギリス特有の住居の形。それぞれの家に玄関と庭がつく］が並び、伝統的な労働者階級の居住区と考えられていたが、近年、チョールトンなどのできあがった地域には手が届かない、家族持ちの若い専門職の人たちが多数移り住み、地域の階級構造が変化しつつある。

第2に、特に興味深いのは、エリートの集中が際立っている区域が、都市の中心の一角である「ノーザン・クォーター」街に特化していることである。「ノーザン・クォーター」は文化的地区に代わるものとして市議会で議論されており、トレンドのバーや古着のショップが集中して増え続けている。この一帯は市中心部に位置しながら、1980年代までは荒れ果てた倉庫街で、住む人のほとんどいない見捨てられた地区だった。しかし現在では、工業用ビルを改修したイングランド北西部のロフトに住むというライフスタイルを好んで求める、若い裕福な独身者たちを魅了し、この一帯はクリエイティブな業界で働く人たちの拠点となっている(16)。

マンチェスター中心部の再生は、過去20年にわたって都市の中心部がエリート層の居住区として見直されたことを抜きには理解できず、こうしたプロセスは多かれ少なかれ、イギリスの各地で起こっている。

新しいエリートには卓越した地理感覚があり、都市の価値を発見し特徴づけしている。それはロンドンばかりでなく、すべての都市において言えることだ。その立場はまさに都心階級である。かつて、労働者と中流階級、製造業とサービス業の間の根本的な対比の定義に使われていた南北間の大々的な地域区分は、今や、エリートたちのこの大都市改造によって重要性を失っている。

階級――政治的、社会・文化的背景

イギリスの社会階級の地理的特徴は複雑すぎて、単純な南北二分法で片づけられない。それは、すでに検討した各地域内や都市内部の格差のパターンからも明らかである。にもかかわらず、政治的にも国民一般にも、依然として「南北問題」が強力な言説となっている。「南の甘ちゃん《ソフティー》と手ごわい北《タフ》」という対比も残っている。2014年の「サンデー・タイムズ」紙は、

「南部の甘ちゃんにとって、人生はそれほど悪くない」との見出しで、慢性精神疾患は南部より北部に多いとする調査結果を伝える記事を掲載している。[17]この記事は、調査結果のリストの上位にある町、例えばイングランド北部のミドルズブラやブラックプールなどの社会経済的な背景を踏まえずに報じられた。これらの町は、例えばハローやイースト・バークシャーなど、このリストの下位にある地域よりはるかに貧困率が高い。手ごわい北という一般的な言説と異なるこれらの結果は、経済的な理由ではなく都市に固有の問題に重点が置かれていた。

南北断絶論の起源は、産業革命よりかなり前に遡る。以来、北部を悪魔に支配された工場地帯、南部を長閑《のどか》な田園地帯とする先入観が生まれた。[18]経済地理学者のロン・マーティンは、20世紀に入るとこうしたステレオタイプに階級的な意味が芽生え、さらには政治的要素も加わったと指摘している。

典型的な北部の労働者階級の家庭は、公営住宅に住み、家長は半熟練か非熟練の肉体労働者で、断固とした労働組合員であり、熱心な労働党支持者というイメージがある。一方、典型的な南部の中流階級の家庭は、家長が肉体労働者であっても事務職であっても、持ち家に住んでいることが多い。労働組合に加入しない傾向が強く、保守党に投票している可能性が高い。[19]

言うまでもなくこの北部に対する見方は、北部と一括りにされている中にも、本質的に異なり、したがって正反対の人たちが存在することに関係している。例えば、タイク（ヨークシャー方言を話す人）、スカウザー（リバプール方言を話す人）、ジョーディー（ニューカッスル方言を話す人）、マンク（マンチェスター方言を話す人）といったアイデンティティの違いである。[20] 例えばリバプールとマンチェスターは、物理的にはチャット・モス湿地帯を横断する舗装路でわずか50キロ足らず隔たるだけだが、文化的にははるかに大きな違いがある。このような地域ごとに異なるアイデンティティは、著しく特色のある文化的アイデンティティを育て、シェフィールドの労働組合員や社会主義者たちの文化、マンチェスターの国際的《コスモポリタン》できちんとした気風、リバプールの海運と貿易の商業の文化、など多岐にわたる労働者階級の文化を際立たせている。

しかし、1960年代以降、このような特徴ある北部の各都市は、ロンドンとイングランド南東部の勢力に従属するようになった。経済地理学者のドリーン・マッシーが1980年代中頃に書いた著書の中で「今では、地位が高く所得の高い研究、技術、開発職の大半が、イングランドの南部と東部に集中している」[21] と指摘している。長い歴史を誇る北部各都市の独特の文化は徐々に剝ぎ取られ、ロン・マーティンが「19世紀の都市国家」と呼んでいるように、北部は置き去りにされた都市域の集合となっている。[22]

このような地域のイメージを、現代に即して捉えることは依然として重要である。私たちがインタビューをした元銀行のIT担当役員のジョンと彼の上司が、ジョンの出身地域のアイデンティティを職場での道具としてどのようにうまく活用しているか、彼の話を聞いてみよう。

ジョン　僕の仕事がうまくいったのは、本格的なヨークシャー人を意識的に演じてきたってことも関係してると思いますよ。うーん、階級的な要素もあるかもしれないですね。ヨークシャーの人間は礼儀知らずだって思われているでしょ。まあ、僕が恵まれた生まれじゃないってことは、みんな疑っていないだろうけど。

――それは、どちらかというと、地域のアイデンティティの方が重要だということですか？

ジョン　地域のアイデンティティが、場合によっては、役に立ったってことかな。僕が耳の痛い質問をしても、「あいつは無礼な質問ばかりするけど、ヨークシャーの人間だから、仕方ない」ですまされる。銀行で重役会議に出席するとき、僕を連れて行きたがる上司がいました。僕には理由がわかっていましたよ。「君は普通で分別のある人だから」って、よく言われましたけど、違いますよ。自分では聞きにくい厄介な質問を、僕にさせたかったんです。それで、会議室を出てから、「やれやれ、ジョンはじつに不愉快なやつだな」って、みんなで言っていたでしょうね。

ドリーン・マッシーの著作から約30年が過ぎたが、英国階級調査の結果からも、ステレオタイプな地方観が根強いことはよくわかる。しかし、北部の各都市間には微妙な相違が生じ始めている。図8-6のa~eには、統計マッピング技術を使って新しい階級モデルのトップにあるエリートの地理的分布を示した。局所空間統計量(LISA)[23]と呼ばれるこの技術を使うと、各区域が4種類に分類される。

ひとつは各種の資本が高い地区に囲まれた各種の資本が高い地区(高-高)、2つめは反対に資本が低い地区に囲まれた資本の低い地区(低-低)、3つめは中心から遠い地方で資本の低い地区に囲まれた資本の高い地区(高-低)で、最後がその反対の地区(低-高)である。

図8-6aが示すのは、ロンドン市内とその周辺、さらにはイングランド南東部により広くエリート層が集中していることである。一方、イングランド北部の大部分にはエリートの空白区域が多く、特に、ランカシャーやヨークシャーでは、予想よりもエリート層が少なかった。とはいえ、先に述べたように、イングランド北部にもエリートの集中が見られる場所はある。チェシャーとリブル・バレー、それにヨークシャー地域の「黄金の三角」と言われるヨーク、リーズ、ハロゲートを結ぶ区域だ。このようにエリートの偏った分布は、経済的な分断だけではなく、社会関係的、文化的分断も表していることに留意するべきである。

図8-6のb~eを見れば、それは明らかだ。これらの図には、同じ統計の技法を用いて、社会関係資本、文化資本が集中する区域を示した。まず図8-6bは、社会関係資本が集中して

いる区域だ。各区域に、英国階級調査の参加者の社会関係資本の平均値を落とした。この図は、「何を知っているかではなく、誰を知っているか」という一般的な概念を効果的に定量化する手法である。それが真実だとすれば、イギリスにおける社会関係資本と経済資本のかかわりを驚くほど正確に描き出している。最もステータスの高い社会関係は、ロンドンと南東部に集中し、ステータスの低い社会関係はウェールズとイングランド北部に見いだされる。

一方、英国階級調査参加者の知人の広がりに目を向けると、図8-6bとはまったく違った地図ができあがる（図8-6c）。ロンドンから離れた地域に居住する人々の方が圧倒的に広範なネットワークを持っているのだ。ロンドンに住んでいれば、地位の高い人々と知り合ったり、つながりを持ったりしやすくなるかもしれないが、ネットワークの範囲は狭くなる。ここで特徴的なのは、このパターンが都市と地方の格差により広く反映されていることである。一般的に、都市に住む人々は地方の人より多くの地位の高い知人を持つが知人の数自体は少なく、地方に住む人々ははるかに広い範囲の知人に恵まれている。

最後に、文化資本を見てみよう。高尚な文化資本（バレエやオペラを観に行くなどの活動を含む）に関しては、ここでも南東部への偏りが見られる（図8-6d）。劇場などの高尚な文化の施設がロンドンに集中していることを考えれば、当然のことだと言える。

一方、新興文化資本の分布は、高尚な文化資本とは異なり、より分散した地図を描いている（図8-6e）。ロンドンへの集中の度合いは薄れ、多くの都市が新興文化資本の宝庫であり育成

ト階級の地理的分布

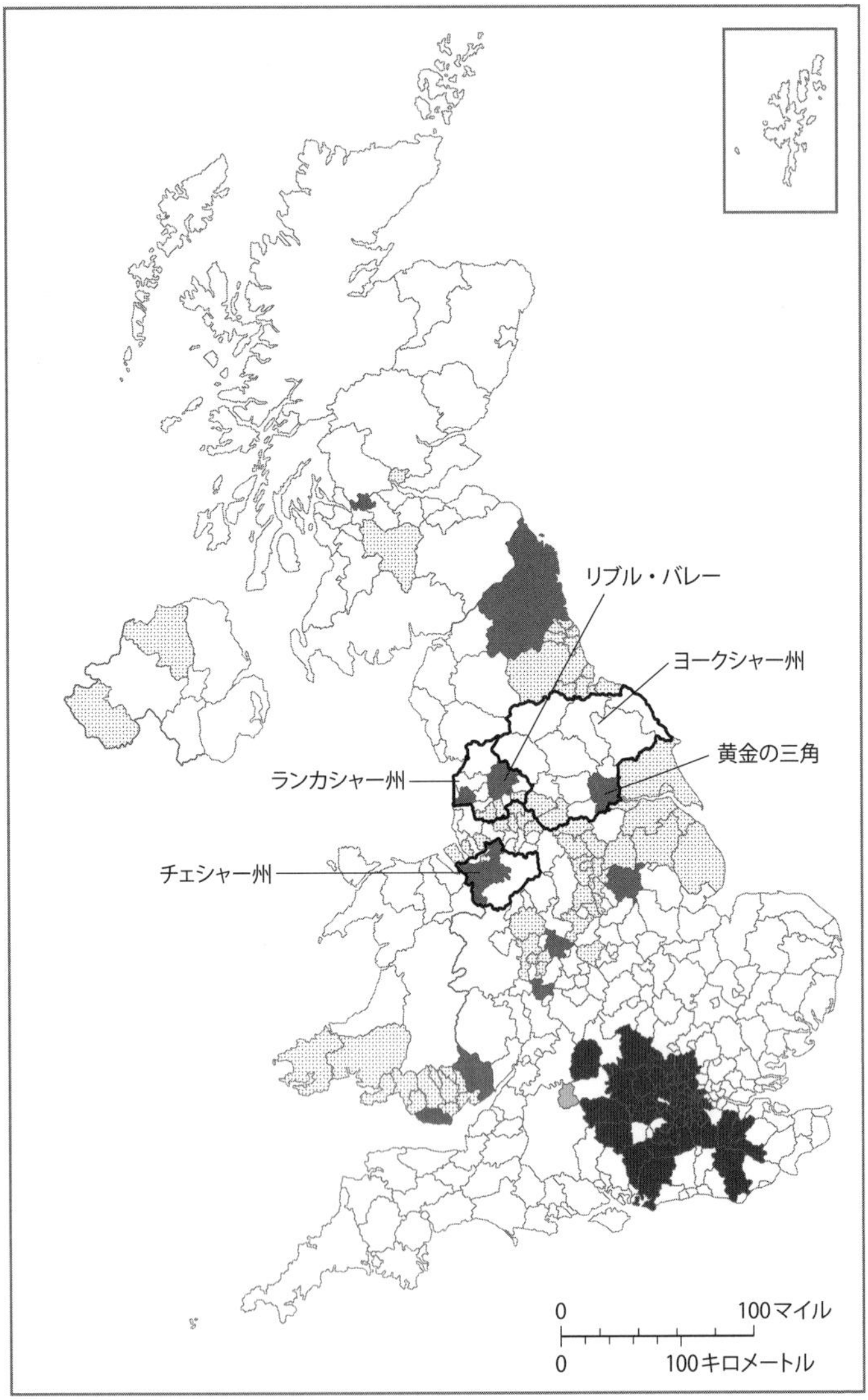

図8-6a　富裕なエリート

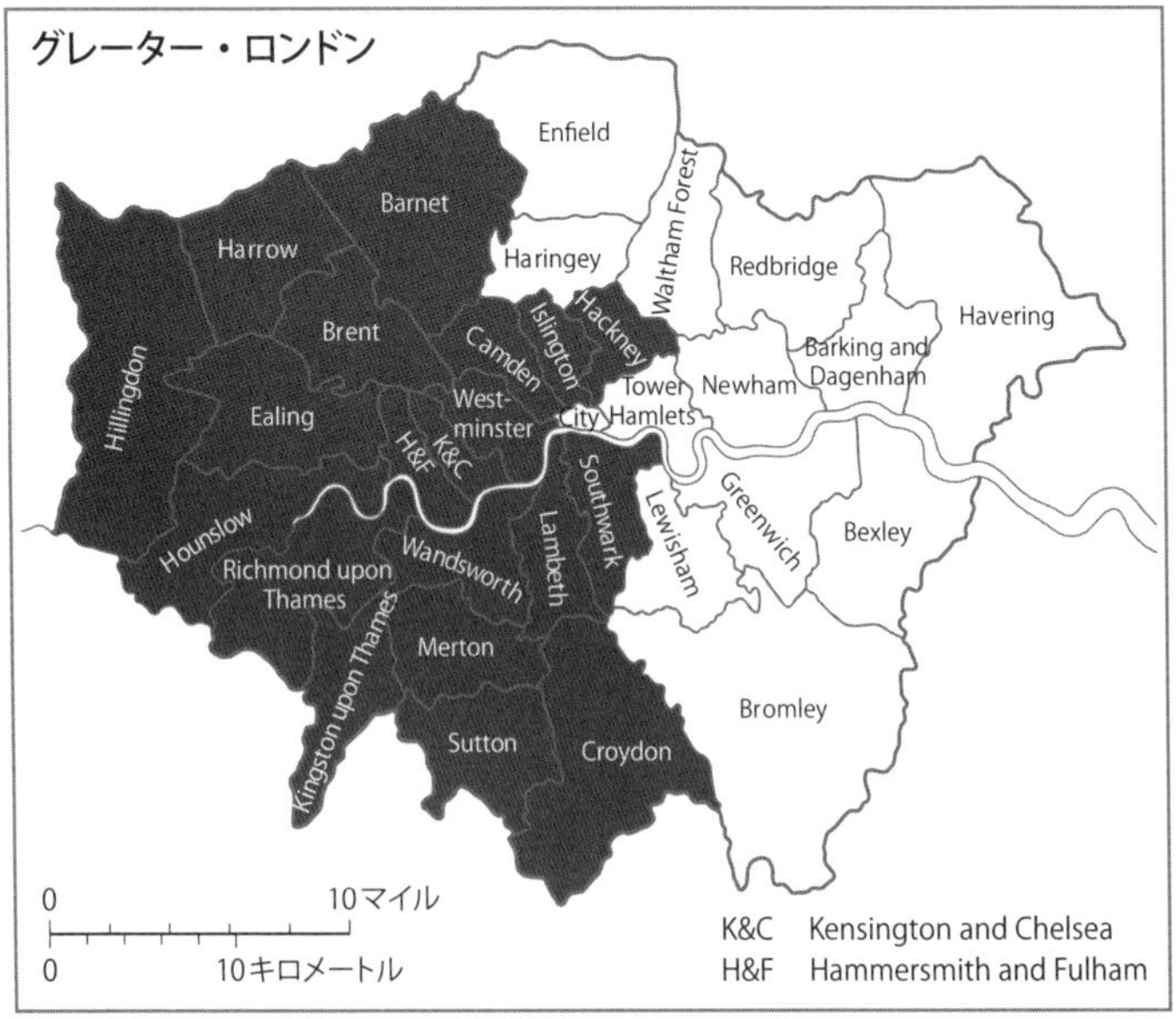

局所空間統計量（LISA）による区域の分類（図8-6共通）

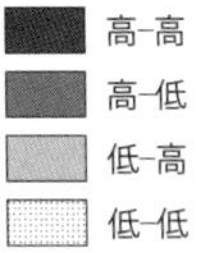

資本の地理的分布

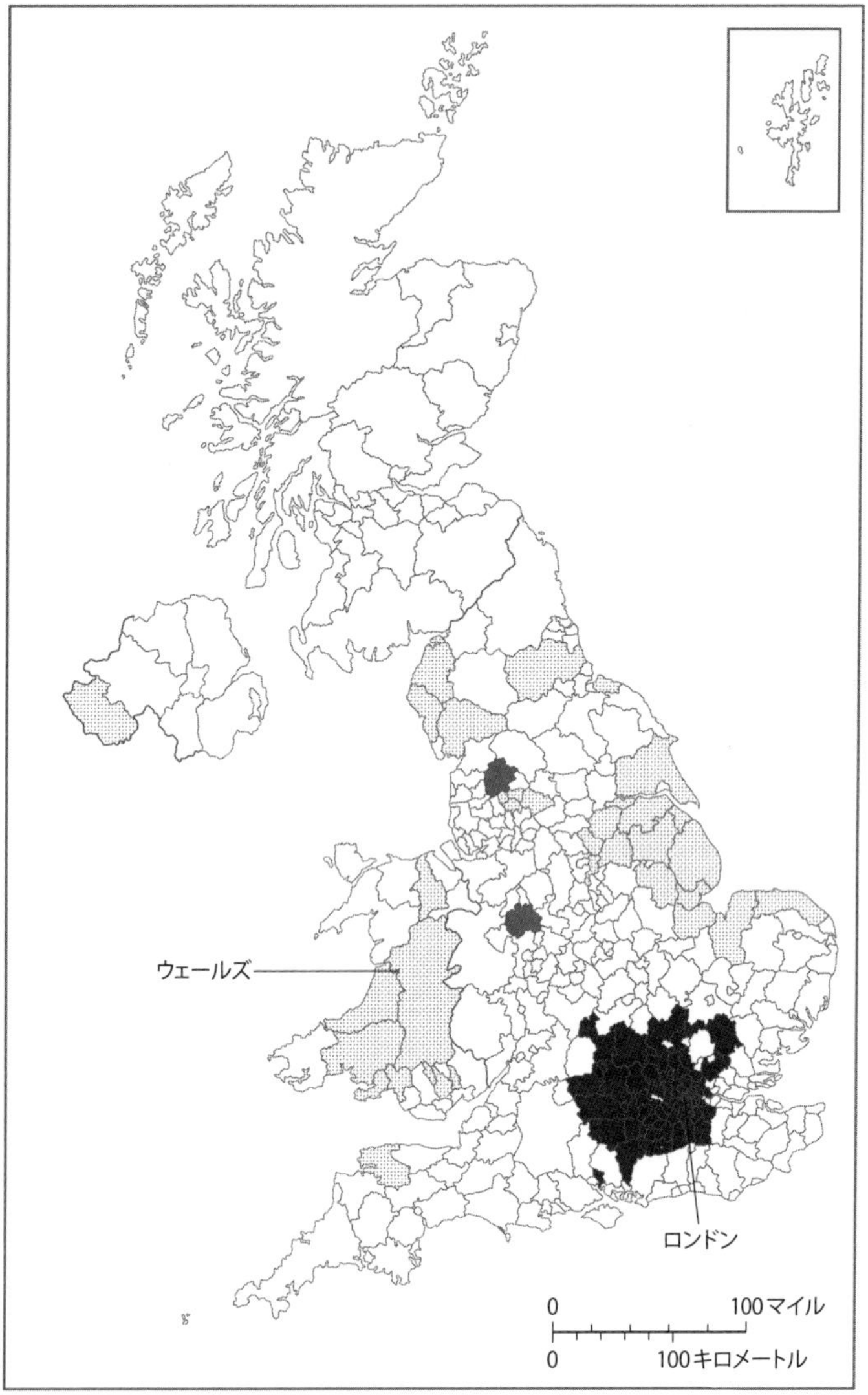

図8-6b　社会関係

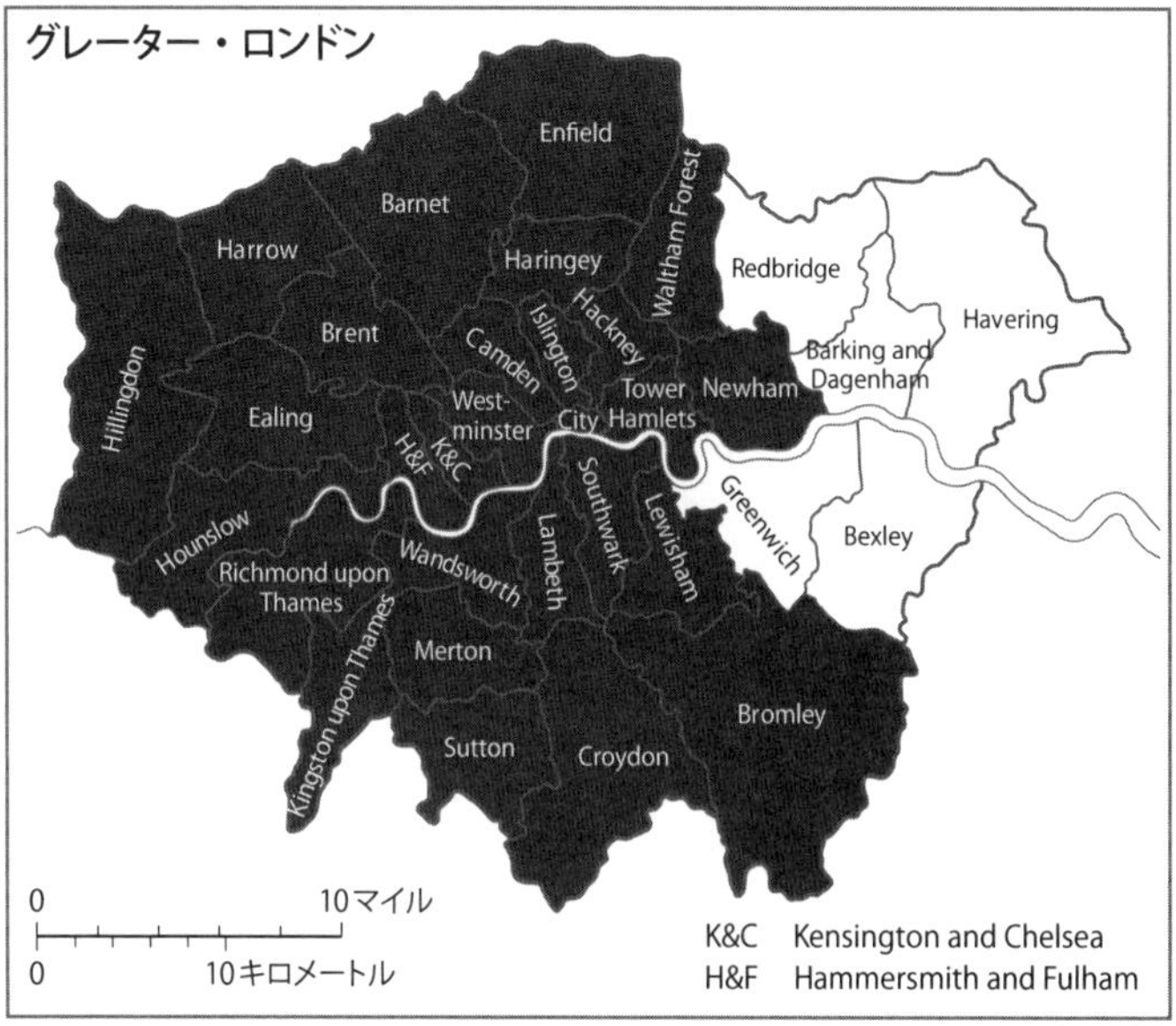

場所となっていることがわかる。しかし、ここでも都市と地方の断絶は明白だ。その担い手の多くが若年世代である新興文化資本は、都市型文化であるからだ。

図8-6全般を見渡すと、ロンドンを中心とするイングランド南東部以外にも各資本が蓄積する「陸上の島」のような地域があり、イギリスの地理的不平等を単純に南北二元論で理解できないことがわかる。しかし、同時に、こんにちのイギリス社会で最も強力な優位性の指標を提供する3つの尺度（世帯所得、社会的交流の状況、高尚な文化資本）に特に焦点を合わせると、ロンドンとイングランド南東部の支配力を絶対に否定することができないの

資本の地理的広がり

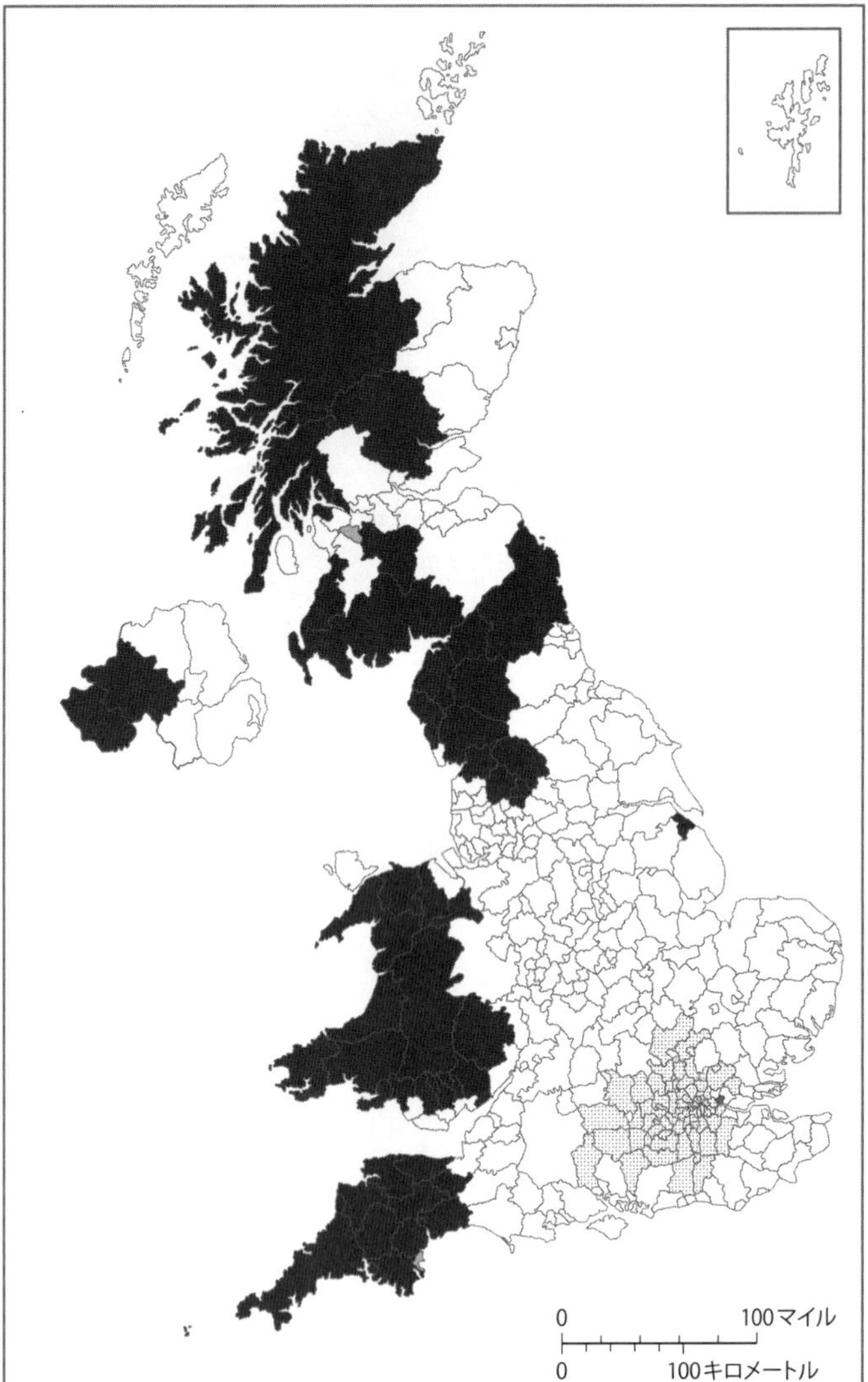

図8-6c　社会関係

も事実だ。

表8-1は、3つの資本それぞれについての上位20位までの統一自治体[unitary authority. 2009年4月より、イングランドの自治体再編成が行われ誕生した一層制の自治体]ランキングである。この表は、イギリスの社会、文化、経済がどのように交わっているのか、そして、そのような資源《リソース》がロンドンとその周辺にどれほど集中しているのかという、際立った状況を示している。この表の全部で60の欄に掲げた地域のうち、41地区は3つのランキングに2回以上登場している。そのうち7地区（ケンジントン&チェルシー、ウェストミンスター、ロンドン、カムデン、リッチモンド・アポン・テムズ、ハ

資本の地理的分布

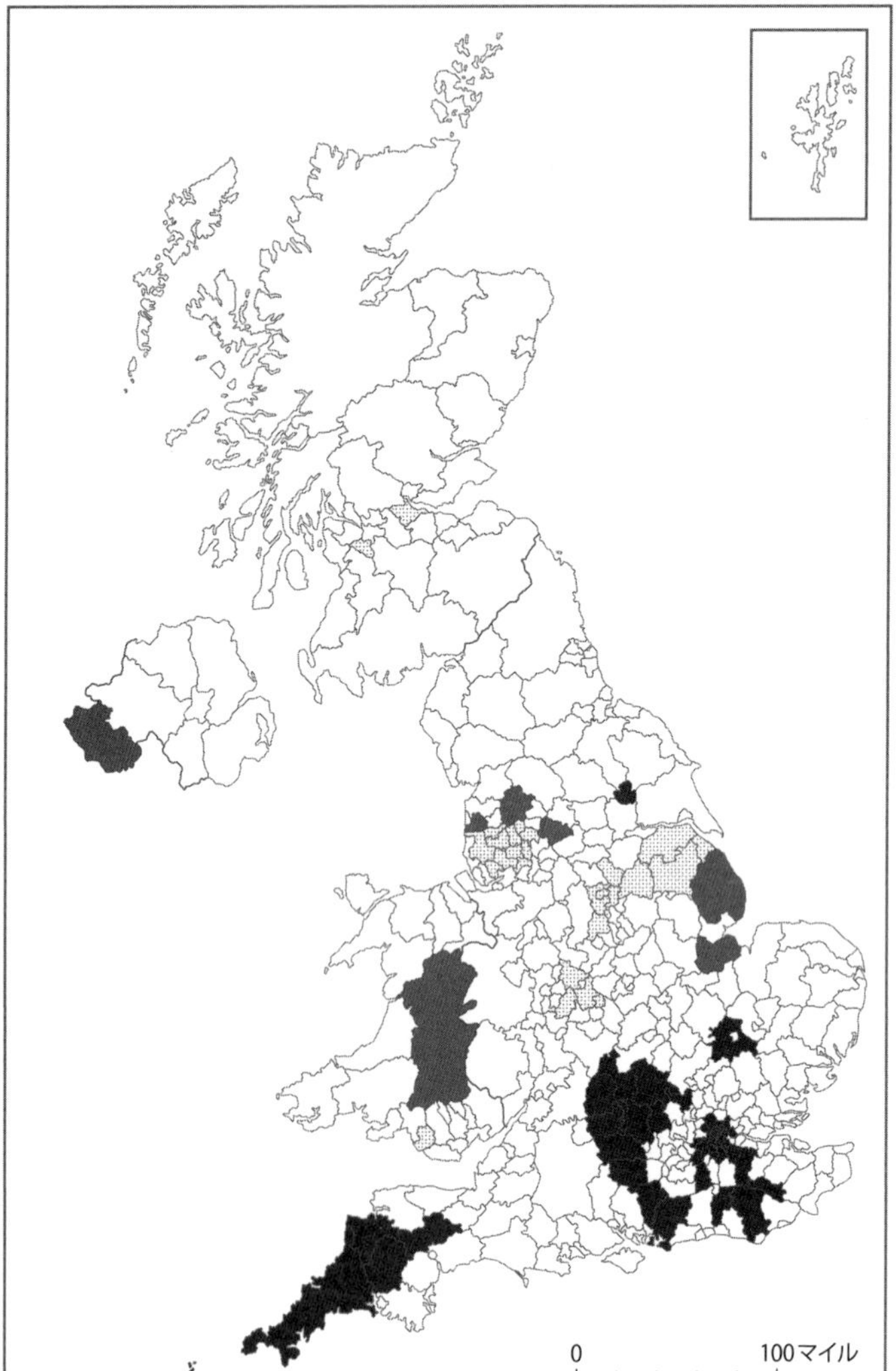

図8-6d　高尚な文化

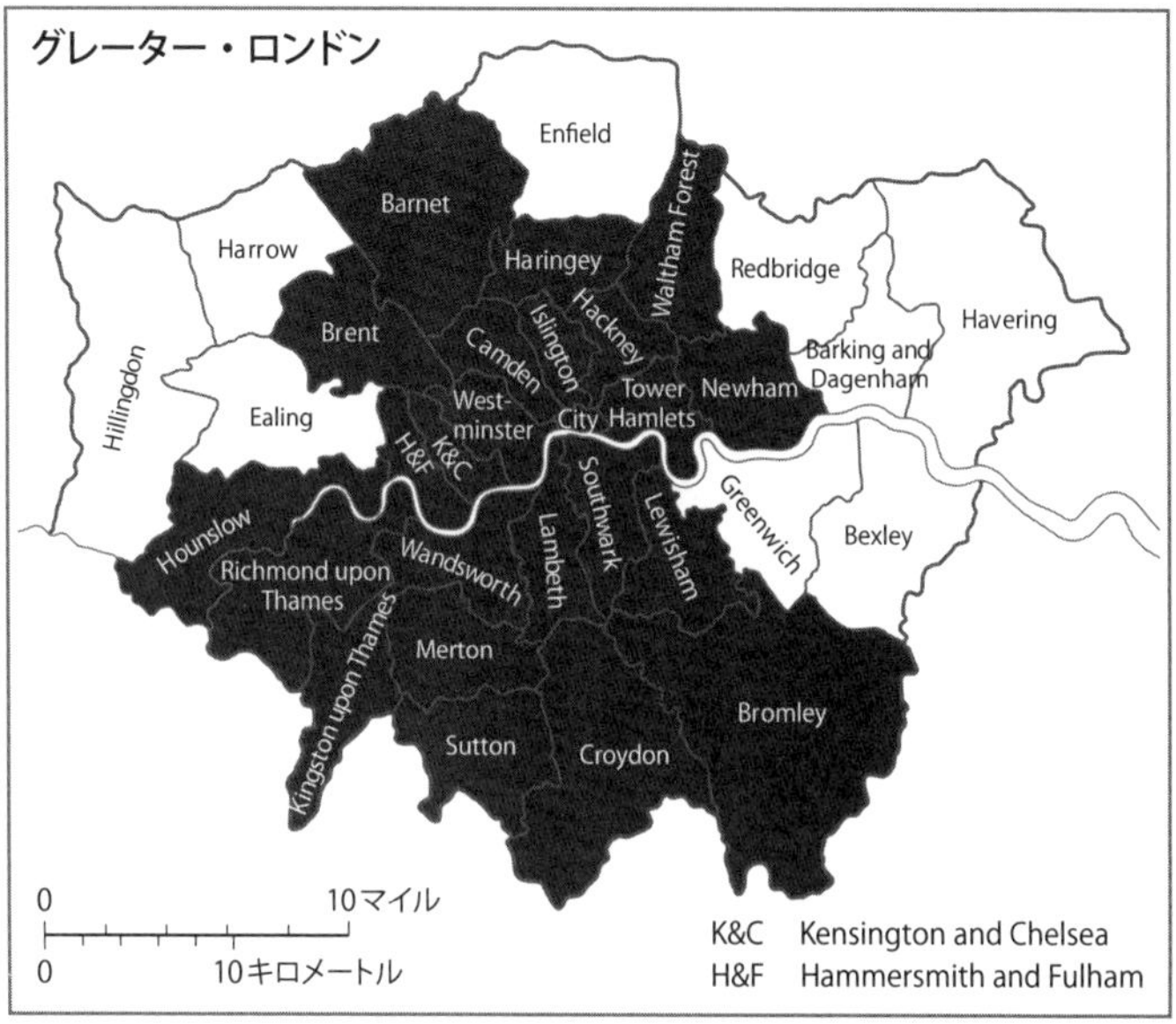

マースミス&フルハム、チルターン）が3つのランキングすべてで上位20にランク入りしている。重複を数えない、挙がっている地域数36のうち、ロンドンを含むイングランド南東部以外にあるのは7地区にすぎない。

この事実は非常に重要である。権力は南東部に過度に集中しているとは、イギリスでは言い古された表現だが、これまで、その影響と相互作用の複雑な回路の間に共通する部分を明らかにする指標は見つかっていなかった。この例によって、これまではっきりわかっていなかった、ある特定の地域に資源が集中していることを、初めてはっきりと確認できた。これらの資源は明らかに、地理的に非常に不均衡な

資本の地理的分布

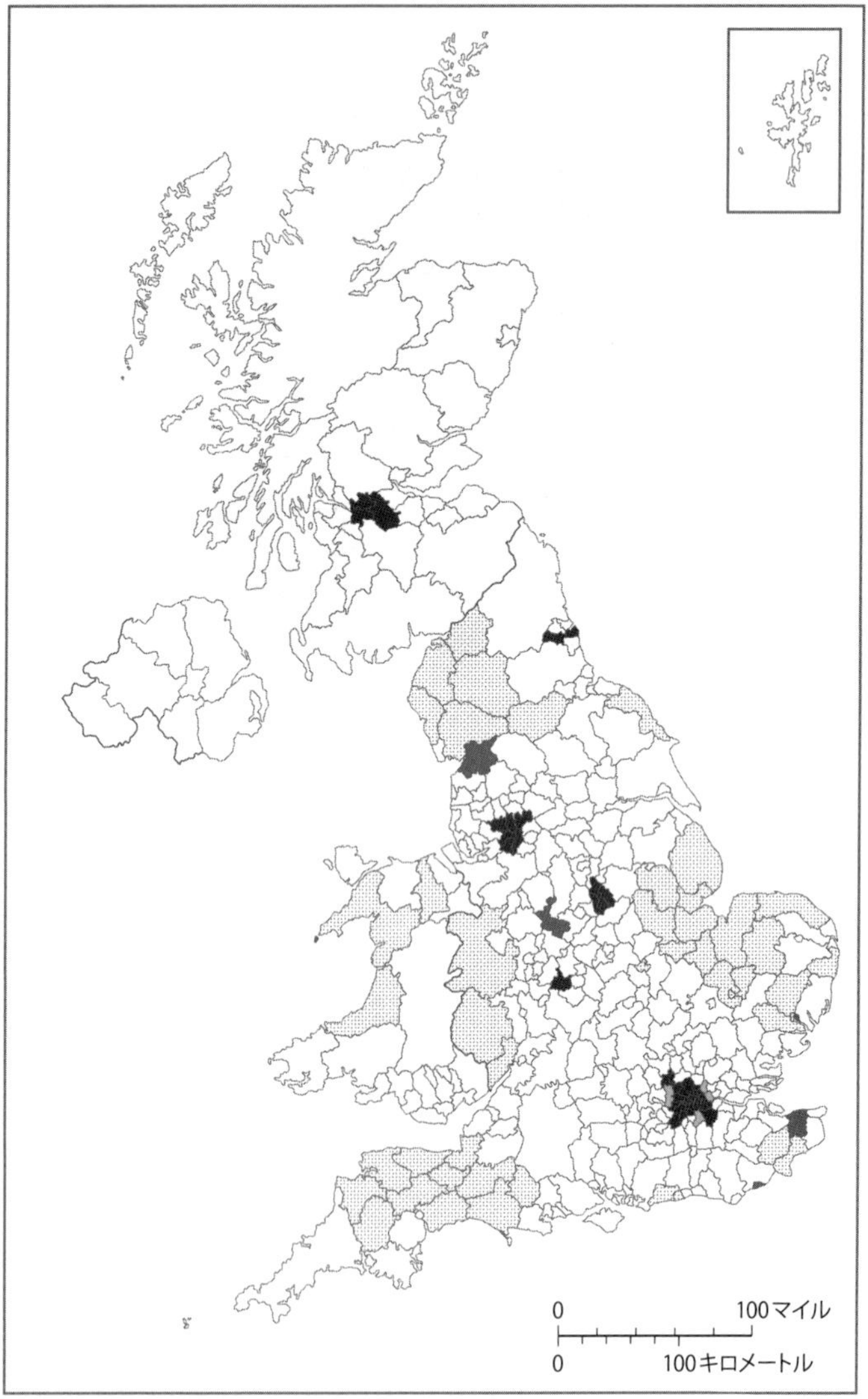

図8-6e　新興文化

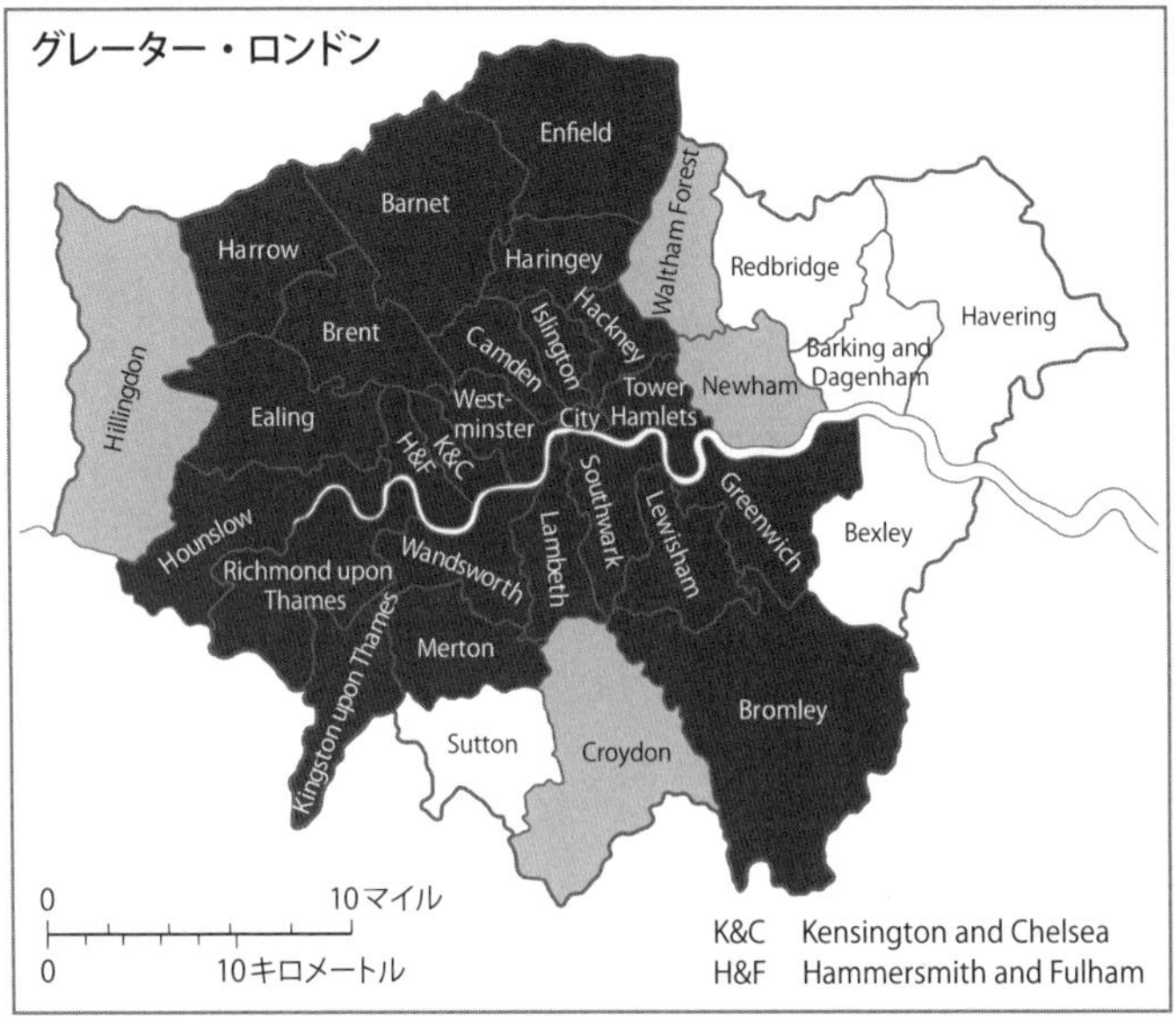

分布をしている。

私たちの分析により、さまざまな次元にわたるイギリスの複雑な社会的地理が明らかになった。都市と地方、北と南、首都ロンドンとそれ以外の地域の分断だ。こうした分断のすべては、究極的にはロンドンの圧倒的な権威を明確にしている。かつては、さまざまな空間のイメージを比較してロンドンが優っているはずだと単純に見なしていたようだが、異論もあった。州や郡、地域のアイデンティティの力は強かったのだ。しかし現在、ロンドンは議論の余地なくエリートが集まる中心地として機能している。

このことから、階級に対する主観的なイメージも場所や居住地に縛られて

ランキングトップ20

社会関係資本

順位		得点
1	ケンジントン&チェルシー LB	56.91
2	シティ・オブ・ウェストミンスター LB	56.53
3	シティ・オブ・ロンドン	56.45
4	カムデン LB	55.81
5	リッチモンド・アポン・テムズ LB	55.81
6	ワンズワース LB	55.74
7	ハマースミス&フルハム LB	55.70
8	サウス・バッキンガムシャー	55.37
9	イズリントン LB	55.27
10	エルムブリッジ	55.22
11	セント・オールバンズ	54.90
12	オックスフォード	54.83
13	ケンブリッジ	54.78
14	サザーク LB	54.74
15	ランベス LB	54.57
16	マートン LB	54.51
17	ウィンザー&メイデンヘッド	54.24
18	バーネット LB	54.06
19	タワー・ハムレッツ LB	53.97
20	チルターン	53.87

文化資本

順位		得点
1	ケンジントン&チェルシー LB	16.32
2	シティ・オブ・ウェストミンスター LB	15.44
3	シティ・オブ・ロンドン	15.36
4	カムデン LB	15.20
5	ハマースミス&フルハム LB	14.86
6	イズリントン LB	14.84
7	ハックニー LB	14.57
8	ランベス LB	14.49
9	チルターン	14.48
10	リッチモンド・アポン・テムズ LB	14.48
11	チチェスター	14.47
12	ルイシャム LB	14.45

順位		得点
13	オックスフォード	14.45
14	ウェスト・デボン	14.41
15	ライデール	14.38
16	サザーク LB	14.37
17	ウィンチェスター	14.33
18	グリニッジ LB	14.30
19	サウス・オックスフォードシャー LB	14.28
20	ハロゲイト	14.27

経済資本

順位		所得（ポンド）
1	ケンジントン&チェルシー LB	94,593
2	シティ・オブ・ロンドン	93,907
3	サウス・バッキンガムシャー	91,961
4	エルムブリッジ	84,678
5	シティ・オブ・ウェストミンスター LB	83,050
6	セブノークス	79,845
7	ウィンザー&メイデンヘッド	77,925
8	リッチモンド・アポン・テムズ LB	77,644
9	カムデン LB	74,353
10	ワンズワース LB	73,872
11	チルターン	73,657
12	セント・オールバンズ	72,117
13	ハマースミス&フルハム LB	71,768
14	モール・バリー	71,302
15	タンドリッジ	71,235
16	ブレントウッド	70,748
17	ハーツミア	70,726
18	ウォーキング	70,390
19	ウェイバリー	70,239
20	マートン LB	69,140

注：LBはロンドン自治区（London Borough）
出所：英国階級調査データ

いることがわかる。確かに英国階級調査の結果も、そのような解釈を裏づけている。ロンドンから遠く離れるほど、自分を「中流階級」だと考える人は減少し、「労働者階級」と考える人が増えていくのである。同じ分析をエリート層に属する人に限って行った場合でも、ロンドンからの距離が延びるに従い、自分を労働者階級と考える人が増え、中流階級と認識する人は減少し、同じパターンとなっている。つまり、個人が利用できる社会関係資本、文化資本、経済資本の量にかかわらず、ロンドンからの距離と主観的な階級に対する認識との関係は一定であることは、驚きである。

私たちは不平等な社会に生きており、マクロレベルの政策を実施しても貧富の差は解消されるどころか、格差はさらに広がっている。もっと掘り下げていけば、不平等はミクロなレベルに反映されていても不思議ではない。イギリス経済はロンドンに支配されている。その経済的なパワーは、ロンドンの巨大な人口に比してもはるかに大きいものである。同時に、地理的格差はイギリスのどの都市の内部にも見られ、富と貧困の地理的側面は複雑すぎて、単純な南北二元論では説明できない。これらすべてをクロスさせることが、階級分類の目的なのである。

経済だけではなく、文化資本や社会関係資本にも地理的な格差は存在する。これらは完全に一致しているわけではないため、広い意味での地域のアイデンティティを経済資本とその繁栄だけで理解することはできない。都市と農村の強力な分断は、南北間の分断と同様に、都市の中心部が文化資本（特に新興文化資本）と社会関係資本を集める場として機能するという観点から、説明できるのである。

そして、このような新しい都会の空間を線引きしているのは、元来、都会の階級として深い地理的つながりを持っているエリート層の力であると見ることができる。階級構造の頂点にあったかつての貴族階級は土地に根ざしていたが、より本質的に都会化された階級（休息の場所にセカンドハウスを持っている可能性がかなり高いが）に道を譲っている。ピケティが実証したように、これも資本の構造が農地から住宅資産へとシフトしているという重大な側面である。(24)

これらすべてを明確にしているのがロンドンである。ロンドンの優位性はさまざまな面に見られる。また、ロンドンは3つの資本すべてが集まり、交わり合う場だ。ロンドンは自らの影の中で、他の場所の輪郭を示している。ロンドンとどれくらい違いがあるか、あるいは、折に触れてロンドンをどのように模倣するかという観点から他の場所は自身のアイデンティティを獲得するのだ。このように説明すると、第7章で述べたエリート大学の力とよく似ていることに気づくだろう。これらのエリート大学もすべてロンドンの近くに所在している。今やロンドンは、エリート階級が生きる場を手に入れる、欲望渦巻く張り詰めた場所なのである。

第4部

21世紀イギリスの階級格差

第9章

頂上からの眺め
——こんにちのエリート

21世紀に入り、超富裕層への関心が高まっている。大企業のトップの報酬や投資家らの所得が膨れ上がっていることへの批判が高まり、富の不均衡を是正するために世界各国で富裕税を導入することを提案したトマ・ピケティの*Capital in the Twenty-first Century*〔邦訳『21世紀の資本』みすず書房、2014年〕は世界的な大ベストセラーとなっている。このことは、エリート層の社会学的な分析を不可欠なものにしている。

しかし、この新しい富裕なエリート層を、20世紀後半までイギリスで権勢を振るっていた、土地に根ざした紳士的な階級――貴族への回帰だとする見方には注意しなければならない。貴族階級についての古い慣用句的な物や、彼らの名残は溢れているので、混同されやすいのだ。例えば、ナショナル・トラスト運動〔イギリス発祥の歴史的環境の保護活動〕の成功と、イギリスの娯楽の中心にステイトリーホーム〔貴族の住居として郊外に建設された大邸宅。多くが一般公開されている〕の見学を加える「エキシビション・コンプレックス」の考え方は、土地に根ざした貴族階級への、今なお失われていない強い関心を証明している。「ブライズヘッドふたたび」や「ダウントン・アビー」など、貴族を扱ったTVドラマも「紳士の」美学を見せているし、それを体現しているバーバリー、ローラ・アシュレイ、ハンター、バブアー、ジャック・ウィルスなどのブランドは、今も特別な存在感を示している。伝統的な名門私立学校や、ステイトリーホームは今でもイギリスの文学ではお約束の舞台だ（最近の例では、J・K・ローリング、サラ・ウォーターズ、イアン・マキューアンの作品）。

しかし、実際にはそのような貴族についての慣用句的な物は、もはや現代のイギリスの特権階級を理解する助けとはならない。第二次世界大戦後の貴族階級の没落は、歴史学者デーヴィッド・キャナダインによって明白に論証されている。[1] 1980年代とは様変わりし、2013年には貴族の称号を有し広大な土地を所有する人々はごく少数になっていた。[2] ロンドンの中心部に巨大な不動産を所有するウェストミンスター公爵でさえ、資産ランクはトップ10前後である。1982年に社会学者のジョン・スコットが、土地を所有する閉ざされたエリートの一種である「上流階級」についての著書を発表したのが、貴族階級の最後の輝きの瞬間だった(3)。

1979年に始まるマーガレット・サッチャー保守党政権の時代に、古くからの製造業の中心地が空洞化した。このことが、金持ちが新しい文化の担い手となる幕開けとなった。それ以前の数十年間は、平等が共通の価値として重視され、富裕層が鳴りを潜めていたのだから、社会の価値観は大きな変化を遂げたのである。1970年代には高所得者の税率は過去最高を記録し、不平等度は最低レベルであった。だが、1980年代に入ると、富を誇示することは新たな正当性を獲得し始めたのだ。80年代のイギリスの文化的な中心は「スローン・レンジャー」［世界的なファッションブランドの店舗などが建ち並ぶスローン・スクエアから発信される流行やファッションを好む、特に名家・旧家の女性たちを指す］だったが、これはマーケティングコンサルタントのピーター・ヨークが、新しい消費者文化の中心に、「上流《ポッシュ》」の紳士階級（地主階級）の美学を蘇らせようとして考案したフレーズである。しかし、ヨーク自身が語っているように、こうしたフレーズは、自分を貴族と重ね合わせようとする、向上心が強く野心的な階級に訴えかけたのであって、地主階級そのものが復活したわけではなかった。

私たちがあの時言っていたスローン・カルチャーは、どちらかというと秘密の花園という感じでした。最上級の上流階級でも、向上心の強い大量の「中の中」の人たちでもない、その中間の人たちというか……。もちろん、新聞やテレビでは、シャンパンの縦長のグラスとか、高級ブランドとか、（王室が所有する）アスコット競馬場とか、著名人のポロの試合とか、そんな話ばかりでした。みんなますます、それを自分のアイデンティティにしたくて試してみた。そのアイデンティティは信念にもとづいたものではなく、ブランドや上流階級の振る舞いを借りたものだったというわけです。(4)

振り返ってみると、スローン・レンジャーというフレーズは、実際には、上流階級へ上昇した人たちがその成功を確認できる「上流《ポッシュ》」の象徴としての消費主義の時代を待望したものだったのだ。それは、上流《ポッシュ》な「ブランド」の商品化と、土地に根ざしたエリートという存在との決別に象徴されていた。その典型が、1981年にチャールズ皇太子と不幸な結婚をして王族の一員となったダイアナ・スペンサーであった。貴族階級の出身でありながら、彼女は確立している古い考えに逆らい、新しい「淑女らしさ《レディ・ライク》」の美学をはっきりと示した。

ダイアナ妃は1997年に非業の死を遂げたが、あれほどまでの大衆の悲しみは、「上流《ポッシュ》」が民主化されたことの証《あか》しといえるだろう。

この新しい上流《ポッシュ》という美学がもたらした変化は非常に大きく、貴族階級の流行作家ナンシー・ミットフォードが1954年に雑誌に発表した記事に匹敵するセンセーションを巻き起こした。ミットフォードは、第二次大戦終結直後に文学エリートをターゲットに創刊された月刊誌『エンカウンター』に、イングランドの貴族階級の言葉遣いについての小さな記事を発表した。ミットフォードは、U（上流階級《アッパー》）とnon‐Uのアクセントの違いを明らかにし、本物の上流階級と、ただ上流階級になりたいと熱望している人々を区別する、社会基準を示したのだ。

30年後のスローン・レンジャーの着想と同じように、彼女の識別法はセンセーションを巻き起こした。その後数年間、Uの「ルー（loo）」とnon‐Uの「トイレット（toilet）」のどちらを使うかといった話題が、中流階級のディナーの席を賑わせた。しかし、この議論の焦点は、上流階級に生まれ育たなければ上流階級の言葉遣いを身に付けることはできないというところにあった。また、紳士・淑女がこのような言外に差別意識をにおわすことに注目するのは無作法なことだという考えも、依然として残っていた。

ミットフォードの友人で、貴族社会の崩壊を描いた小説『回想のブライズヘッド』の著者イーヴリン・ウォーは、記事を悪趣味だと批判した。

イングランドの貴族階級について書いた記事がこんな大騒ぎになって、さぞ驚いておられることでしょう。（中略）イングランドでは、階級意識は国家の名誉よりも人々を興奮させますが、いくら関心が高いとしても、それはひそかに議論すべき問題です。貴女がこの問題を白日のもとに晒してしまったことで、当然人々がそれを話題にし、コラムニストが記事を引用したり間違いを指摘したりする始末です。（中略）もっと節度をもって配慮すべきだったと、友人として心からご忠告いたします。活字にしたり、公にしたりすべきではないことがあるはずです。階級はまさにそうです。(5)

ミットフォードが記事を発表した1954年当時、礼儀をわきまえる人々は階級を話題にすることはなかった。彼女が貴族の出身ではない社会学者や社会主義の活動家であったならば、階級について発言したことも理解されたかもしれない。しかし、貴族階級の淑女には、確かにもっと分別があってしかるべきではなかろうか？

一方、1980年代に、マーケティングコンサルタントたちが大衆消費のための「上流《ポッシュ》」を煽り立てることには、誰も異議を唱えなかった。もはや貴族が特別ではなかったからだ。貴族層は、自分たちの生まれの良さに自信が持てて、世間の関心が集まるようなことはもはやないし、上流階級の大衆化に抵抗するに足る力がないこともわかっていた。美術家のグレイソン・ペリーは2012年、英国アカデミー賞を受賞した彼の「小さな違いの虚栄心」という連作ドキュメンタリー番組の中で、貴族階級の凋落を象徴的に描いている。

日没の光の中で、ぼろぼろのツイードをまとった年老いた貴族の牡鹿が、税金、社会の変化、維持費や燃料費の請求書などの犬たちに追い詰められている。土地所有者という古い種族は、死に絶えようとしている。

1990年代までには「スローン・スタイルはもうすっかり流行遅れになった。そのアクセントも、言葉遣いも、ドレスコードも、『大邸宅のミニチュア』みたいなインテリアも、どれもこれも違う、違う、違う……自己主張が強く、金がすべてのロンドンでは、スローン・スタイルは脚本家リチャード・カーティスが描くロマンチック・コメディ映画の魔法の世界の中だけの、古めかしい素人くさいものに思われる」。2015年にピーター・ヨークはこのように述べている。(6)

21世紀に入ると、土地を所有する貴族の上流階級は過去のものとなった。この点は強調しておく必要がある。「エスタブリッシュメント」こそがイギリスの社会と統治機構の中心にある、という考えに戻ろうとする好ましくない傾向が見られるからだ。(7) この「エスタブリッシュメント」は歴史学者A・J・P・テイラーによる造語だが、1955年にジャーナリストのヘンリー・フェアリーがこの語に言及し、規範は、上流階級のコネクション（名門校、紳士クラブ、さまざまな団体など）を通して「社会的に」影響を及ぼすという理解を示した。その後10年ほど、この言葉は流行し、特に左翼の批評家たちは、イギリスが「近代化」に失敗したのは、かつての貴族階級のエリートが維持されていたことが原因だと力説した。(8) しかし、「エスタブリッシュメント」の考えは、前々から社会学的概念としてはあまり役に立たず、それ以上に、将来有望な批判的知識人たちが、激しく抗議することによって自身の資質を示す手段となっていた。最近になって「エスタブリッシュメント」の概念が復活していることは、残念でならない。

こんにちの富裕なエリートを社会学的に理解するためには、貴族的な上流階級や「エスタブリッシュメント」の概念から離れなければならないと、私たちは考えている。このアプローチはまた、これまでの章で説明したとおり、「働き者の高給とり《ワーキング・リッチ》」や出世した「精力的《ダイナミック》」なビジネス・エリートの、優れた成功者という過度に単純化したメディアのステレオタイプに異議を唱えることも含んでいる。裕福な階級に至る道は公平な競争とは程遠く、資本の拡大により不公平は拡大していくのだ。それゆえ、ヴァージンレコードやヴァージンアトランティック航空の創業者リチャード・ブランソンや、アムストラッドの創業者アラン・シュガー、アパレルメーカーのアルカディア・グループオーナーであるフィリップ・グリーンのような、自らの手腕と精力的なリーダーシップによって、消費者需要の最前線で事業の売買に成功してきた、押しの強いたたき上げのビジネスマンというステレオタイプも、神話の中の人物像だと考えるべきである。こうした成功者の来歴は、テレビのバラエティ番組で大袈裟に喧伝されているが、それはイギリス社会の頂点に至る道の社会的不平等を正確に反映していない。

銀行家や資本家は巨額のボーナスや配当金を要求したり、優遇税制措置を利用したり、公共部門の民営化や規制緩和から棚ぼた式の巨利を得ているが、それを単純に批判するだけではなく、もっと繊細なアプローチが必要である。巨額のボーナスや、企業の買収や乗っ取り、そして、従来の政権が引き続き提供してきた優遇税制措置によってロンドンに移り住んだ「ノン・ドミサイル」富裕層［イギリス在住の外国人富裕層。イギリス国内で得た収入には納税義務があるが、国外での収入や財産などに対しては免除されている］に対するモラルパニック［社会の道徳秩序を脅かす問題に対して、大衆により表出される激しい感情］のすべてが、このポピュリスト的な思考を助長している。このようにして、私たちの注意がそらされ、上位1％を優に超える「普通の富裕層」を見失ってしまう危険があるのだ。もちろん、ここ数十年間の経済の変化で最も大きな利益を得ているのは「超富裕層」であり、市民の厳しい監視が必要であることは疑いない。それとは別に、社会学的観点から、もっと広い視野で眺める必要がある。第5章で指摘したとおり、例えば、上位6％の人たちは、他の社会グループともかけ離れた経済資本を所有している。正確な数字としてこれにこだわるべきではないとはいえ、それでも非常に裕福な世帯の大きなグループに注意を払う必要があることを示している。

私たちはそのために、新たに2つの視点を用いる。ひとつは、ピエール・ブルデューが考案した「権力の場（界）」の概念である。ブルデューは社会の上層を、「エスタブリッシュメント」のように団結したまとまりのある集団から成るのではなく、金融、政治、法、ジャーナリズムなど、さまざまな部門や職業の最も影響力があり十分な資金力を持つ人たちの間で、むしろ内部の競争や不和のある場と見なした。ここで重要なのは、権力を持つ人々は、自分たちを団結したひとつの集団とは考えずに、影響力を持つために争う中で、それぞれの違いをより強く意識することに重きを置いていることだ。(9) これに注目することで、社会の頂上に君臨する人々の団結だけでなく、不一致も検知することができよう。

もうひとつはピケティの視点である。ピケティは、近年の経済傾向は19世紀ベル・エポック（良き時代）の貴族的な時代に見られた富裕なエリート層の復活をもたらしていると指摘している。第2章で見たとおり、イギリスにおいては、住宅資産と貯蓄を重ねた最富裕層がさらに資産を増やしてきた。ピケティは特に金利や配当などの不労所得の可能性に注目する。金利や配当ならば、最富裕層ばかりでなく、そこそこ豊かな人たちも、地味な方法であることが多いが経済資本を着実に蓄積させることが期待できる。賃貸用の不動産を購入するだけでなくセカンドハウスが増えているのも、すべてこの一部である。

ピケティ自身の関心は主に超富裕層に向けられてはいたが、富の頂点にいるわけではないがかなり豊かになっている人々の重要性も浮き彫りにした。

ブルデューとピケティの視点を踏まえ、私たちは今やイギリスの人口の中でかなりの部分になる「普通の」富裕なエリートの重要性に着目した。その割合が人口の約6％だとすると、その数は100万人を超える。このわりと大きな普通のエリート層の人たちでさえ、他の人たちよりもはるかに有利な立場を享受している。第5章で指摘したとおり、彼らの平均世帯所得（税引き・控除後）は8万9000ポンド［約1200万円］で、すぐ下の階級の倍に近い。平均の住宅資産価値は32万5000ポンド［約4388万円］で、やはり他の階級よりはるかに高い。

貯蓄の平均も14万2000ポンド［1917万円］でやはり非常に多く、他の階級の2倍以上ある。根本的に、経済的に際立って優位にあることにより、他の6つの階級からかけ離れて裕福な階級なのだ。この階級は豊かな経済力を持った陽の当たる階級である。だが、それだけではない。彼らには独特の社会的、文化的な特徴がある。

英国階級調査参加者の興味深い偏り

この普通の富裕なエリートの姿は一風変わっていて、ときに驚くべき表情を見せる。ここで、序章で取り上げた英国階級調査参加者の、非常に興味深い偏りについて、もう一度検討したい。学歴であれ所得であれ居住地であれ、「エリート」と言われる区分に属する人ほど、英国階級調査の参加率が高かった。しかも、徐々に増加するのではなく急激に増える。エリートの多くは、そのすぐ下の階級と比較しても、はるかに参加率が高いのだ。例えば、オックスフォード大学の卒業生の参加率は、その他のすべての大学の卒業生のほぼ2倍だ。[10] CEOの参加率も、他の専門職や経営職と比べて約2倍である（ただし、ジャーナリストや複数の文化的な専門職の人々にも顕著な急増が見られる）。居住地で見ると、ロンドン、オックスフォード、ケンブリッジの市内に住む人の参加率は、これらの地に住む人々の階級構成を考慮しても極めて高く、ロンドンの高級住宅地バービカンは、英国階級調査参加者の中心地と言っていい。

これは目立った発見だった。一般に、エリート階級はその生活や習慣を知られることを好まず、調査は困難だと考えられていたからだ。[11]英国階級調査から間接的にわかったことのひとつに、「階級を研究する」とか、単に「階級を話題にする」のも、「本当の高所得層」にとっては普通のことになっているということがある。非常に恵まれた人たちは英国階級調査に過度に参加したがっているようなのだ。

この高所得エリートの参加率が高かった理由は4つ推測できる。第1はウェブ調査の限界である。参加者の中には悪ふざけで、オックスフォードやケンブリッジの卒業生であるとか、CEOだと虚偽の記入をする人がいて、調査結果が「急上昇」した可能性は排除できない。もしそうだとしたら、私たちの研究が「新興文化資本」に特有の態度であると本書で言及してきた、皮肉や物知りぶった態度そのものに結びついていることを証明している。しかし、虚偽の記入が実際にあったとしても、それが、参加者がエリートに偏っていた主因ではないと私たちは判断している。オックスブリッジの卒業生やCEOの多くが偽りであるとすれば、いたずらや妨害を意図したとわかる回答になっているはずだが、回答はそのようには解釈できないからだ。また、いたずらや妨害であるとすれば、CEOより社会の注目を浴びている「銀行家」を名乗る者がもっと多くても不思議はないが、結果はそうなっていない。[12]

第2の理由は、英国階級調査はBBCが上流階級の排他性に関する番組の放送に合わせて開始したものだったため、[13]オックスブリッジの卒業生やCEOの中には、BBCの番組で指摘されたような、あるいは世間に根づいたイメージのような、「上品」「排他的」なステレオタイプとは違い、実力でエリートになったと主張するために調査に参加した人が多数いたというものだ。彼らが慌ててiPadをつかみ、英国階級調査をやろうとしたのは、古いステレオタイプには（少なくとも自分は）当てはまらないことを主張するためだったのかもしれない。しかし、そうした意図は説得力を持たない。なぜなら、彼らは実際に排他的だからだ。一般的にはほとんどの人々は避けることだが、非常に裕福な人々はかなり高い割合で、自分は上層中流階級だと認めるつもりでいたのだ。

エリートの参加者の偏りを説明できる理由はほかにもあり、第3の理由は、一種のテクノクラート（高度な専門知識を持つ高級官僚）としての自信の表れだ。普通のエリート階級は知性に自信があり、階級調査に参加することに関心を持っている。また、他の階級の人たちと比較して、自分自身に強い興味があるため、国民の理解を高められる「科学的」なプロジェクトとなれば、特に進んで参加したと思われる。この現在のエリート層は、自分を上級で優れていると考えているが、そのような見解を公に吹聴するのは品がないことだとする「紳士的」なアイデンティティを持ってはおらず、科学的に構想された調査において自身を誇示したいのだ。

第4の理由は、英国階級調査に回答することで、自分は本当に頂上に上り詰めたことを確認し、個人的な満足を得る機会にしようということだ。「エリート」の分類にいることを公に認めなくても、自分がよくやってきたことを密かに認識できる。実際、BBCは人々のそうした欲求を考慮して英国階級調査を設計している。つまり、クイズに答えるように調査に回答するだけで、参加者は自分の経済資本、社会関係資本、文化資本のスコアを知り、ある種の「紋章」を入手できるのである。そのため、自分は「けっこう上のはず」と思う人々が、その自己評価に社会学的な裏づけを得るために調査にふるって参加した可能性がある。これは、裕福で教育水準の高い人たちにサンプルが偏っていることを説明するものだろう。

私たちが実施したインタビュー調査の対象者にも、英国階級調査への協力を依頼し、その結果分類された階級についての感想を求めた。エリートに分類された人々は一様に、居心地の悪さを感じている様子が見て取れた。

ヘンリー　「エリート」っていう言葉はとにかく嫌な感じがする。トップ中のトップで、ほかの人たちとは違う階級だって言ってるみたいに聞こえますから。

ベネディクト　エリートってことは、それ以外のたくさんの人たちから切り離されているってことになるよね。

ジョージア　私は絶対、自分を上流階級だなんて思ってないわ。だって、そんなの、スノッブの一員になるってことだし、スノッブなんて最低だもの。

ルイーズ　何かの間違いよ。私はエリートなんて思っていない……そんなの、自分の大便は臭くないって思ってるってことじゃない。私は自分が優れているなんてぜんぜん思わない。自分の生まれを絶対忘れないし、それがもっと向上するための原動力になっているんだから。

アンソニー　うぬぼれていると思われそうで、すごく嫌だな。

このような受け止め方は、英国階級調査に参加し、「エリート」に分類された人々のツイートにも見られた。エリートという結果に、多くの人が謙虚な態度で自分を卑下し、「エリート」ではないと主張した。同時に、中にはユーモアや皮肉を交えながら、喜びを表す人もいた[14]。

新しいBBC階級算出装置《クラス・カルキュレーター》によると、僕はエリートか。前からわかっていたことだけど、確かなデータで証明されると気分がいいね。さあ、ひざまずけ！　頭が高い！

偉大なる英国階級調査によると、うちの両親は「エリート」らしいよ。なのに、なんでおれはレンジローバーを持ってないんだ？

この「英国階級調査」に僕が携わらなかったことが腹立たしいね。僕だったら「エリート」の上にもうひとつ階級を加えるけどね。

階級調査をやったら、エリートになった? これ、壊れてるんじゃないの……

私もそう思う。恥ずかしいから、誰にも言わない。新しいBBC階級算出装置だと、私もエリート……

英国階級調査参加者の偏りは、このような捉えがたい自信を持つエリート層の存在を明らかにした。彼らは、かつての貴族のような公認という形で「エリートであること《エリートネス》」を公に主張したくはないとは思っているが、自分の地位に安心感を与えた科学的な言説《ディスコース》を通じて、エリート自身の役割を形作りたいと思っている。このことは、他の社会階級とはどれほど違いがあるかを承知している新しいエリート階級を言い表している。彼らはあからさまに「スノッブ」な態度をとったり、「エリートであること《エリートネス》」を公に表明することを避けようとするが、それでもなお、エリート自体の重要性は認識している。

エリートに分類された人たちへのインタビューでわかったのは、彼らが経済的優位性に対して複雑な気がとがめるような感情を持っていることだ。金銭についての会話はしばしば過敏なものとなった。いくら稼いでいるかとか、住宅や資産の価値について質問すると、事も無げに、ただ数字で答えてくれる人はほとんどいなかった。それどころか、彼らは自分たちの豊かさについて釈明し、正当化したがっていた。それには能力主義的な正当化が根強いものとなっていた。多くの人がやや自己弁護的に、資産を所有しているのは大変な努力と大きな成果によるのだと強調した。「当然の褒美」なのだと。広報部長のジョージアは、母親からなぜ高価な靴をたくさん購入するのか問いただされ、「後ろめたさを感じなさいって言うの？　一生懸命働いたから買えるのよ」と答えた。

他人と比較して、自分の豊かさはたいしたことはないと言う人もいた。第2章でも紹介したが、所得や資産についての質問をはぐらかし、しきりに自分よりもっと裕福な友人の話を始めた。ジョージアによると、「自分が裕福だなんて思ってないわ。だって、知り合いの法律事務所のパートナー弁護士とか、銀行家とか、みんなロンドン都心でずっと大きい家に住んでるもの。もっと裕福な人はたくさんいるのよ」――。一般的に、自分より裕福な知人を引き合いに出したがる傾向がある。

都心部の予期せぬ住宅価格の高騰で資産が増え困惑している人たちもいる。全員ロンドン市内かイングランド南東部に持ち家のある人たちだ。スチュアート夫妻が所有する寝室3つのテラスハウスの資産価値は購入した22年前の900％に跳ね上がった。「こんなに金持ちになっちゃって、ばつが悪いよ」とスチュアートは言う。「偶然だよ。たまたまロンドンから55分のところだったから」。同じく、ロンドン南部に住むＩＴ企業管理職のフィオーナの自宅の価値も13年間で５５０％上昇した。興味深かったのは、スチュアートもフィオーナも、少なくとも表面的には、意図しない資産の急上昇という形で経済的に裕福になったことに、いくぶん違和感を覚えているということである。もちろん、経済的に安定した身分になれたことを喜んではいるが、それでも、スチュアートは住宅価格の急騰を「狂ってる」「でたらめ」と表現し、棚ぼた式に手に入った富に罪悪感を持っているようだった。

エリートの「星座」

現代のエリート階級の構成は、伝統的な上流階級のそれとは違う。分化していて異質のものから成っていると言える。一つの定義に収めることはできないが、たとえるとすれば、星座のように、それぞれは独立しながら相互に関係を持って連なっている。

文化的な興味も多様で、ただ高尚な文化の規範を守っているだけではない。確かに、英国階級調査の結果では高尚な文化資本のスコアは高得点で、オペラやクラシック音楽、演劇など高尚な文化に興味を持ち、劇場などに足を運ぶ機会は他の階級に分類された人々に比べて多い。とりわけ、中高年のエリート階級の人たちにその傾向は大きい。生物学教授のアンソニーは、大学院の博士課程に合格した際、指導教授と共通の趣味があったことが非常に役立ったと回想した。ともにラグビーの熱狂的なファンで、面接のときも（その後も）、ラグビーの話をすることで教授と良い関係を築けたという。しかし、このような文化的能力と自信は、高尚な趣味を持っている人たちに限られているわけではない。かつての伝統的エリート階級は明らかに一流の文化だけを楽しむことで他の階級に差をつけていたが、こんにちのエリート階級は現代的な文化にも関心を広げ、特に若年層は、ビデオゲームやコンテンポラリーミュージックなども楽しんでいる。

職業の多様性も、現代のエリート階級という星座の特徴だ。エリートと言えば、銀行家や金融関連を思い浮かべる向きは多かろうが、現代の富裕なエリート階級には単一的なグループは存在しない。ビジネス、メディア、法律、アカデミズムなどさまざまな分野の人々が、社会的な地位を確たるものにするためにお互いに競争しているのだ。それぞれの職業集団は独自の文化を持ち、より大きなエリート集団の中に独自の強みを形作っている。

これは特に、同じ階級から新人を採用する傾向がある伝統的な職業に当てはまる。いわゆる「クリエイティブ・コア」の職種［リチャード・フロリダが『クリエイティブ資本論』において提起した、「意義のある新しい形態を作り出す」仕事に従事するクリエイティブクラスの中核「スーパー・クリエイティブ・コア」として挙げた、科学者、技術者、大学教授、詩人、小説家、芸術家、エンタテイナー、俳優、デザイナー、建築家、編集者、文化人、シンクタンク研究員、アナリスト、オピニオン・リーダー等のことか？　ただし、ここには建築家も入っている］と比較し、建築家は同業者の家庭の子どもを雇用するケースが非常に多い。新規採用者のうち同業者の家庭出身者の割合は、「クリエイティブ・コア」全体が22%に対して建築家は32%である。同じことは法律家にも当てはまる（同じ職種の家庭出身からの雇用が、クリエイティブな職種全体が22%であるのに対して、法律家は37%）。一方、企業の経営職や管理職は上級経営職の家庭出身が著しく多い（概してクリエイティブな職種が24%であるのに対して、経営職や管理職は31%）。

エリートを星座にたとえるとき、思い浮かぶのは、中心に位置するロンドンだ。さまざまなエリートたちがロンドンの周りを回り、回りながらひしめき合っている。現代のロンドンの力は過去のそれとは異次元だ。18世紀から20世紀半ばにかけて、ロンドンが貴族階級の活動の中心だったのは事実だ。貴族はロンドンの宮廷に出仕し、ロンドンの社交界を舞台にその権勢を誇示した。だが、19世紀から20世紀の間に、各地の州、都市や地方を代表するエリートは、例えば、反穀物法同盟やチェンバレンの自治体保守主義などさまざまな形でロンドンの覇権を勝ち取るために争った。私たちの調査では、このような地方のエリートのグループは現存してはいるものの、その影響力は非常に弱体化している。新しいエリート階級にとって、ロンドンのさまざまな場や「場面《シーン》」とつながりを持つことは不可欠なのである。例えば、同じ能力と資産を持ち、同じ分野でキャリアを築こうとする場合、ロンドンにいるか、イングランド北部にいるかによって、その将来は大きく異なる。

しかし、「エリート」の分類に入れるかどうかは、本人の実績の問題だ。その実績のためにこそ、ロンドンやイングランド南東部で働く意思があり、心構えができていることが非常に重要になってくると思われる。ロンドンはエリートになることに惹かれた人々のエネルギーを吸い上げる渦の役割を果たしているのだ。ロンドン出身者が、地方出身者よりも有利であることを示すデータはない。しかし、インタビュー回答者の証言からは、それが明らかだった。ジョージの実家はロンドンの近くにある。大学卒業後の重要な時期に、実家暮らしをしながら無給のインターンシップとしてロンドンのさまざまな職場で経験を積むことができたことが、今のロビイストとしての仕事につながったと、ジョージは語った。もちろん、インターンとして働いていた時期、身を立てるために彼自身が懸命に努力したからなのだが、両親の経済的な支援とロンドン近くに実家があるという好条件がなかったら、今のキャリアの足がかりを得ることはできなかった。

元銀行のIT担当役員のジョンも、ロンドンの力が、自分の成功に深く関係していると語った。「誇り高いヨークシャーの男」を公言するジョンは、地方の生活に愛着があったため、家族をロンドンに転居させることには強い抵抗があった。だが、一流銀行で出世の階段を上るにつれて、ロンドンにいる必要が増えてきて、単身で週4日チェルシーから通勤するようになっていた。ジョンはこれが個人的にも肉体的にも「かなりの負担」だったと認めつつも、彼の出世はこのような犠牲の上に成り立っており、「そうしなければならなかった」ことも明白だった。

ロンドンはエリートにとって、唯一の保育器《インキュベーター》というだけではなく、トップに向かって順調に進んで行く人々を養成し育む場所でもある。また、星座のようなさまざまなエリートたちが自分たちの邸宅を手に入れる特別の地域ということでもあり、この階級がある程度地理的に集中していることを改めて証明している。

エリート階級の中でも最も裕福なのは、ＣＥＯたちだ。彼らの居住地は、不動産価格が特に高いロンドンの中心部に集中している。まず、ケンジントンとチェルシー周辺に大きな輪郭の円があり、もうひとつは、シティ、ウェストミンスター周辺からイズリントンに向かう一帯だ。もっと周辺部にも彼らの居住地はいくつかある。グリニッジからバタシーまで行く地域（彼らはワンズワースは避けている）、それから西のパトニーと南のバラムに向かう円である。

ロンドンの文化的エリートに目を転じると、かなり異なったパターンが見られる。このグループの人たちはロンドンの中心ではなく、伝統的にインテリやボヘミアンの中心地とされるハムステッドや、ごく最近になって好まれるようになっているクラウチエンドやハックニーに住んでいる。文化的エリートがそれ以上に集中して住んでいるのは、カムデンとノッティングヒル、テムズ川の南側クラパム、バラム、トゥーティングである。

ロンドンの法律家エリートも、また異なる。彼らが住むいくつかの地区はじつにはっきり定まっている。まず、シティの中心部（裁判所に近い）、ハムステッドとカムデンタウン（どちらも裁判所へのアクセスが容易）、また、ウォータールー駅（やはり裁判所へのアクセスが容易）近くのいくつかの郊外住宅地に住む人たちもいる。

ロンドンという地の複雑なありようは、さまざまなエリートの星座を示している。特定の地域にイメージを与え、エリート階級のさまざまな分野間の文化的な違いも表している。本当に高価格で贅沢な高級住宅地チェルシーやナイツブリッジから、インテリの拠点であるクラウチエンドやハックニーまで、これらの地域はエリートの日常的な活動の微妙な差異を表し、エリートという星座の地理的、社会関係的な特徴を明らかにするのに役立っているのだ。

エリートという星座の中で、最も輝きを放っているのは、結局のところ、企業エリートである上級経営職の星々だ。大都市内の中心からずっと離れた場所にいて、経済資本の蓄積もどちらかと言えば少ない他のエリート部門の人たちの輝きは、もっと薄暗い。CEOは私たちの階級分類の「エリート」の職業の中で、最も大きな比率を占めていた。だから、「普通の」富裕なエリート階級になるには、伝統的上流階級風に育つ必要はない。それでも、ある種の文化的、社会的活動に参加することは重要だ。ロンドン周辺に暮らし、高尚な文化資本に明るく、エリート高等教育を受け、業界や企業の内部のヒエラルキーのトップで働くことが、今や、特権が働く中心的な舞台となっている少数の「エスタブリッシュメント」よりもはるかに大きな勢力となって広がる、エリートの星座を成しているのだ。

能力主義も利用する

「土地持ちの紳士」についての根強いイメージは、人を惹きつけるものかもしれないが、それを現代のエリート階級の実際を表すものとして捉えるのは現実的ではない。それにもかかわらずやはり、オックスブリッジ大学の静けさ、田園地帯の大邸宅の晩夏の美しさ、「紳士にふさわしい」高級ブランドなど、これらのアイコンの象徴的な力は、自分たちを能力主義と特徴づける「普通の」富裕なエリートに比べて、強調され過ぎていると理解する必要がある。貴族階級が頻繁に風刺を込めて取り上げられたりからかわれたりしている事実は、現在もそのような強調が行われていることを示している。エリートを、このような同等の生まれの者同士の社会の内部でかたまっているステレオタイプのグループと分類することに対して、また、上流階級を、縁故主義で、学校や大学同窓会の私的なつながりが一流の職業に就くための極めて重要な潤滑油として作用する「オールドボーイズネットワーク」と見なすことに対して、もっと広範囲にわたる普通の富裕なエリートたちは、そんな昔のエリート気質の源泉（wellsprings of old elitedom）との違いを強調し、自分たちへの適切な評価を要求するだろう。

この「普通の」エリート階級は基本的に能力主義を特徴とする。だが、これを額面どおりに受け取ってはならない。むしろ、それは現代の特権の行使の形を表しているからだ。社会学者は「帰属」と「達成」を区別して考える。「帰属」の場合には、自分の生まれついた階級を個人の力で変えることは難しいが、「達成」は、個人の努力によって特別な社会的地位に到達する力量を持つということである。現代の社会は、「能力主義」にもとづいた達成思想の社会に移行したと広く信じられている。これはある意味で正しいが、注意すべき重要な点がある。現代の「エリート」階級の大半は、学生時代に優れた成績をおさめ、高度な専門職および経営職という熾烈な競争の世界で成功することによって、その恵まれた経済的成功を達成している。これは、能力を意味するものの中でも、特に競争を重視する見解によって練り上げられた能力主義の思想であり、エリート学校や大学のビジョンにますます勢いを与えている。この点について、私たちは第6章で、登山にたとえてすでに詳細に分析したが、ベースキャンプを頂上に近い場所に持つ者ほど、競争と過酷な状況を有利に勝ち抜くことができるのである。

エリート教育の役割を、エスタブリッシュメントに送り込むための単なる装置と捉えていたのでは、有用な理解はできない。アメリカの社会学者シェーマス・カーンは、私立の名門校は、いわゆる貴族的エリートを教育することにはもはや関与しておらず、それに代わって、能力主義の社会を勝ち抜くための技能を授け、実践する場であると強調している。

すでに触れたが、私立教育に注目するだけでなく、階級を上っていくにはエリート大学の重要性を認識する必要がある。伝統的なモデルでは、上流階級の男子が名門私立校に学ぶことは、エリート階級への入会資格を手にするために重要だった（下の階級から上がってくる者たちにとっては、グラマースクールで学ぶこと）。しかし、私立学校の教育が今でも多くの利点を学生に与えているのは事実であるが、そのような教育を受けていない人たちもかなりの数がエリート階級の仲間入りをしている。例えば、英国階級調査の数字では、イギリスで最も恵まれたグループであるロンドンのビジネスエリートの25％はコンプリヘンシブ・スクールの卒業生で、名門私立校出身者は30％である。その差はほとんどない。

親の出身階級、年齢、民族、ジェンダー、出身大学、専攻などの要因を調整しても、私立の学校に通った人は、長期的には将来の世帯所得に相当な影響を与えているし、ある程度において、後にエリート階級の一員になっている。しかし、同じ分析から、エリート階級に加わるためにはエリート大学での教育も役割を果たしていることがわかった。すでに説明したように、最難関の大学とラッセル・グループのその他の大学の卒業生の間では経済資本に著しく大きな違いがあり、オックスブリッジとロンドン大学の名門カレッジは、他のすべての大学を引き離していることがわかる。ブリストル、エクセター、ダラムの各大学がこのエリートグループの後に続いている。[15] つまり、「能力主義」で手に入れた地位と、「生まれつき」手にしていた地位の社会学的な相違は、現在のエリートを理解する助けには、もはやならないのである。「自力で成功した人」という用語には、道徳的な見地から、特権階級に生まれたわけではないのだから得意になっても仕方がないという意味が込められている。しかし、このような対照は、はじめから決めつけた態度にすぎないことを私たちの調査結果が示している。能力主義の階段を上るには、「生まれつき」与えられた恵まれた場所からスタートする方が楽なのである。

能力主義への信奉はインタビュー回答者のエリート階級に色濃かった。多くが恵まれた職業の階級の出身であるにもかかわらず、その大半が、自分の成功は生まれつきの特権ではなく努力と実力によって達成されたと考えていた。その場合、「上流《ポッシュ》」の人たち、「上流階級」の人たち、あるいは、元々エリートの一員であるために親から受け継いだ、当人には不相応な特権を持った人たちと、自分は違うのだと主張する人が多かった。広報部長のジョージアは語っている。

特権みたいなものがあるってことは、常に感じています。私は違いますけどね……友だちには、私立の学校に行って、貴族と知り合いだったり、私から見ると、とんでもなくものすごい人たちと付き合いがあったりする人もいます。「特権」っていう言葉は、そういうなんか昔風の意味があるでしょ。それと違って私の場合は、自分の力で今の立場まで来たんです、だから……

元銀行家のジャイルズも、銀行業界の「銀の匙をくわえて生まれてきた」人たちについて語っている。

僕は心配しているんです。自分たちでは階級を作っているつもりはないかもしれませんが、ゆりかごから墓場までまとまっている。まるでゲットーですよ。ほとんどは、中流でも最上層の家庭に生まれて、同じ幼稚園に通って、同じレベルの人たちと一緒に学校に行って、大学でも同じような人種ばかりでしょ。例えば、観光旅行に行くと、おわかりになると思いますけど、彼らは大きな複合施設の外には絶対行かないんですよ。地元のレストランにも行かないし、地方の村がどんなところか見学に行くこともない。彼らを見ていると、考えてしまうんです。この人たちは、何を経験したって言えるんだろうかって。それでも彼らは自分たちが優れた人生を送っていると思っているんですよね。

回答者が自分の優位な立場を批判的に見ている場合でさえも、結局は能力主義の考えに戻っていることは興味深い。ロビイストのジョージはこう語った。

自分たちの恵まれた立場はよくわかってます。でも、最初から楽をしているわけじゃなくて、ある程度まではかなりの努力をしています。ある部分では楽だけど、ほかの多くの人たちに比べれば、苦労もありましたよ。

ナイジェルは大学の研究者として大きな成功を収めて出世したが、ビジネスに転じた人だ。思慮深い人だったが、私立の学校教育に話が及んだときだけ、苛立った様子を見せた。彼は私立学校の教育はチャンスをつかむのには役に立たないと言った。

私立に行っている（社会流動性の機会が増える）と特別のことのように言う人が多いですが、私立学校に行っても、何の役にも立っていない人もいます。私の従兄弟は離婚して、元妻は開業医と再婚しました。開業医は息子（従兄弟の息子）をエディンバラの私立学校にやったんです。ジョージ・ワトソンズです。エディンバラでもトップレベルで、学費も非常に高いらしい。それから従兄弟の息子は……2年で退学してしまいました。今は警察官をやっています。元々警察官になりたかったんだそうですよ。

本章では、こんにちのイギリスのエリートとはどういう存在かという考察を深めてきた。じつのところ、「普通の」エリートは必ずしも華やかで輝かしい存在ではない。富裕なエリート階級は「排他的」ではないが、仲間入りするには必死で働き「実績を上げ」なければならない。アメリカのエリート教育を称賛するカーンが指摘しているように、このエリートたちは「達成」の思想に重きを置いている。しかし、出身家庭により、このエリート階級の一員になれる可能性は左右される。その意味で、特権という形を再現していることも明らかだ。

こんにちのエリートはまとまってはいない。内部は職業部門によって多様化されている。相続資産についての調査はできていないが、この階級の人たちは名家の出身者のような受け継いだ財産は少なく、自力で築いたものがかなりの部分を占めていると思われる。しかし、地理的には共通点が見られる。ロンドンとイングランド南東部に集中していることが、この階級に統一性や連帯を与えている。ロンドンが新しい「普通の」エリートにとっての基本的な空間であり、居場所であることがわかる。ロンドンは国際的な利益や影響を与える場としても重要であり、海外に富を持つエリートや、外国で生まれ、教育を受けたエリートの人たちがベース（例外的な状況を除けば、イギリスではロンドン以外の場所であることはない）を見いだす場所でもある。

このように多様化し、細分化したエリートの中では企業の上級経営職の人たちが他を圧倒しており、かつての紳士らしい職業群を影の薄いものにしている（「残党」がまだ影響力を持っている分野もある）。多様化した「普通の」エリートは帰属に重きを置くのではなく、もっと流動的で、能力主義を重視している。この能力主義の考え方は、高い地位へアクセスしやすくするという点で、特定の大学の役割が明らかに重要であることと関連している。このような特定の大学からエリートへ参入する道筋は、私たちの分析が示したように、これが非常に排他的なエリート養成の経路であるとしても、正統的な方法として重要である。能力主義のエリートが非常に不平等なプロセスによる産物だとしても、彼らは自分をそのように排他的であると見せないことで成功するのだ。

最後に、多様化したエリートの共通点を見つけるのに、私たちは「エリートの日常的な活動

(elite practices)」の役割を認識することが役立つと述べた。エリートの日常的な活動には、首都圏という地理的な面、特別な学歴、高尚な文化資本と新興文化資本の自分なりの流儀での実践、という共通点がある。「エリートであること《エリートネス》」というのは、「高尚な」習慣や活動を単純にコピーすることによってではなく、それぞれの独創力や「知」を行動で示すことによって成し遂げられるものなのだ。「普通の」エリートであるのは、厳しいことだと言える。

だが次に、もうひとつの本当に厳しい階級に目を向けてみよう。彼らはエリートたちのような経済力もない、私たちが「プレカリアート」と名づけた階級の人々である。

第10章

もがき苦しむプレカリアート
――見えない人々

本章では、社会階層の最底辺に位置するプレカリアートの実像に迫る。

プレカリアート階級は、経済、文化、社会関係資本のいずれも、その蓄積が非常に少ない階級である。年収は数千ポンドで貯蓄や資産も極めて少ない。英国階級調査への参加率は極端に低く、この階級は人口の約15％を占めるにもかかわらず、階級調査でプレカリアートと算出されたのは参加者全体の1％に満たなかった。さらに、それらの少数の参加者は、どちらかというとこの階層の標準とは異なっていて、この階層に生まれたというよりも、上の階層から移動してきた人たちのようだった。

英国階級調査では、プレカリアートは「行方不明の人たち」である。階級調査に興味を持ち積極的に参加したのは教育レベルの高いエリート層で、プレカリアートはそうではなかった。これは驚くことではない。文化資本を多く所有する人たちは、自分の文化的知識と自信を示すために英国階級調査を利用していたからだ。プレカリアートは底辺に位置づけられるため、社会の最下層であることとの科学的おすみつきを喜ぶ人はいないから、参加率が低いのだと予測された。現代の階級間の関係を明らかにするためには、この姿が見えない人々の実像を知らなければならない。特定の研究方法を受け入れる意思があるかどうかと社会的格差との関係も、それ自体が課題となっている。[1] エリートは人々の関心の的で、メディアの報道や社会的研究の中心にあるが、プレカリアートの存在は視野から消え、こんにちの社会的不平等と階級格差の実態をわかりにくくしている。

英国階級調査に参加したプレカリアート階級の人々が極端に少ないことから、私たちはこの階級に該当すると思われる人たちに追加的な調査を実施した。イギリスのプレカリアート研究を牽引するリサ・マッケンジーもこのプロジェクトに加わり、この重要な調査に民族誌学的なスキルを生かしてくれた。彼女の役割は、このグループの人たちがなぜ英国階級調査に参加しなかったのか、また、彼らが調査についてどのように考えたか、そしてこの調査で彼らがどの階級に分類されたかをより深く把握することだった。マッケンジーに研究参加を要請したのは、かつてのノッティンガムの公営団地に住む母親に関する調査、および同じ団地に住む無職の若年男性についての調査の実績を評価してのことだった(2)。

本章の分析は、これまでの章とは意図的に違う形式をとっている。プレカリアート階級の人々の人生や経験を解明するには、英国階級調査以外の資料も必要だった。それゆえ、本書の他の部分との齟齬があるかもしれない。しかし、このような齟齬は言うまでもなく、こんにちの階級の境界の顕著な特徴と深刻さに関する私たちの基本的な主張を、正確に示している。これほどかけ離れた各階級をまとめることができる分析、または提案の形式はほかに見つからないのだ。

恥辱と烙印《スティグマ》の世界

近年、一般に、さまざまな問題に対して世論はリベラルな態度を支持するようになっているが、それとは裏腹に、社会の底辺にいる人々へのスティグマ化〔ネガティブな意味のレッテルを貼ること〕は強化されている。「スカム（くず）」とか「チャヴ」といった侮蔑的な言葉が、ソーシャルメディアで、校庭で、街の商店やパブで、そして国中至るところで飛び交っている。

こうした現象は特に新しいものではない。社会学者のステファニー・ローラーとレス・バックは、労働者階級はまともに扱われることはまずないし、中流階級の人々からは、非常に「見分けやすい」人たちと、はじめから見なされていることが多いと主張している。労働者階級やそれに近い人たちについて一般の人々は、特に貧しいプレカリアートの人たちを、自らの境遇さえ正しく理解できず、意見や感じていることをうまく表現できない人々だと思っている。(3)

イギリス中の至るところで、不当で横柄な、貧しい人々や労働者階級、そして彼らの住む場所を意味する表現がある。それらは、社会学者のビバリー・スケッグスとディアン・リーエイ、そして先述のローラーらの調査で裏づけられている。(4) ローラーの調査によれば、労働者階級の人々は特定の階級の一員とされたことはほとんどなく、「不快な存在」として言い表されることが多い。たいていは、労働者階級の人たちを表す符号として使われるシェルスーツ〔外側が防水ナイロンでできたトラックスーツ〕や大きな金色のイヤリングといった、身体や服装などを標的にする見下した表現からきているのだという。(5)

一時期のフェイスブックには、「公営団地のギフト」を友だちに送れる機能があった。人気があったのは、「スカムなチャヴの群れ」のタイトルがついたスポーツウェア姿の若者たちの画像だった。82万4000人がこの「ギフト」をフェイスブックの友だちに送っている。これに続いて「小便にまみれた電話ボックス」「荒れ果てたコミュニティセンター」の画像、ほかには「やり過ぎのクリスマスの電飾」「洗濯物だらけのベランダ」などがある。このような文化的レファレンス〔cultural references：ある文化に特有の概念で他の言葉には翻訳しづらいもの〕は、無価値で嫌悪感を催す生き方を符号化する役目を果たす記号表現《シニフィアン》を呼び起こすとローラーは主張している。

身体、外見、振る舞い、装飾品は、貧困層を符号化する際の中心になっている。それらの符号が特定の居住空間のイメージ、特に「公営住宅」のような言葉と結びつくと、人々は「病的に見える点を結びつけて(join up the dots of pathologization)」その状況を理解しようとする。つまり、ある種の装いや話し方、住まいは、軽蔑される「階級であるということだけでなく、根底にある病理」をも暗示していると理解してしまうのだ[6]。ローラーとスケッグスが明らかにしたこの根底的な病理は、趣味や、あるいは趣味がないことに対しても言える。

ここでまた、ピエール・ブルデューの研究がこのことについての洞察を提供してくれる。彼は装いや生活スタイル、音楽、美術、言語、社会的探究などに関して、どのような文化的資源が趣味の良いものなのかを決めるのは、最も権力を持つ者たちだと強調していた。しかし、第3章で見たように、ブルデューは、中流階級の文化は正統で趣味が良いと評価されるのに対して、正統的でなく「上品さ」を欠くと考えられているのが労働者の文化であると主張している。ローラーとスケッグスはブルデューのこの考察をさらに進め、労働者階級の文化的活動は「悪趣味」と評価されるだけでなく、病的であると決めつけられ、非道徳的で正しくない犯罪的なものとして符号化されていると強く抗議している。これは、労働者階級は一般に、プレカリアートの場合は特に、文化を「持たない」とか、「まともな」水準に達した文化を持たないと決めつけられているという状況につながっている。

ビバリー・スケッグスは、このようなスティグマ化の結果、貧しい労働者階級を価値のないものとして改めて決めつけることは、新しい形態の階級差別化を生み出す文化やメディアを通じて、新たな搾取の方法を作り出す元になっていると主張している。これは、ブルデューが「象徴的暴力」のひとつとして説明するものである。これこそが、この言説《ディスコース》の影響力なのだ。社会の最下層の階級をつきとめることは、その階級の人たちに烙印を押す行為に加担するリスクを冒すということだ。確かに、英国階級調査自体が社会の最下層の人々を蔑む効果を持つ策略に加担してしまっていた。階級算出装置《クラス・カルキュレーター》のパロディがいくつも作られたことは、私たちの調査が下層階級への嫌がらせに利用された証左だと言える。

図10-1は、英国階級調査の階級算出装置のパロディのウェブ画像だ。英国階級調査と同じ「この職業の人を知っていますか?」という設問で、選択肢のすべてにチェックを入れると、あなたの階級は「麻薬の売人《ドラッグ・ディーラー》」と表示される。もっと言えば、フォトショップで加工され「とんでもない極悪人」階級が存在する階級算出装置も出回ってしまった。英国階級調査が憎悪の渦に巻き込まれた事実は、階級分類と他者を貶《おとし》めたいという動機が結びつく力を、強烈に明らかにしている。

文化資本は、社会階級の至る所で差別的に働く、文化的ヒラエルキーの構造を通じて営まれている。前章で見たように、こんにちのエリート階級は自分たちの存在の重要性を大いに喜んでおり、そのことは彼らが英国階級調査に熱心に参加するという事実に表れている。だが、ひ

図10-1　階級算出装置《クラス・カルキュレーター》のパロディ

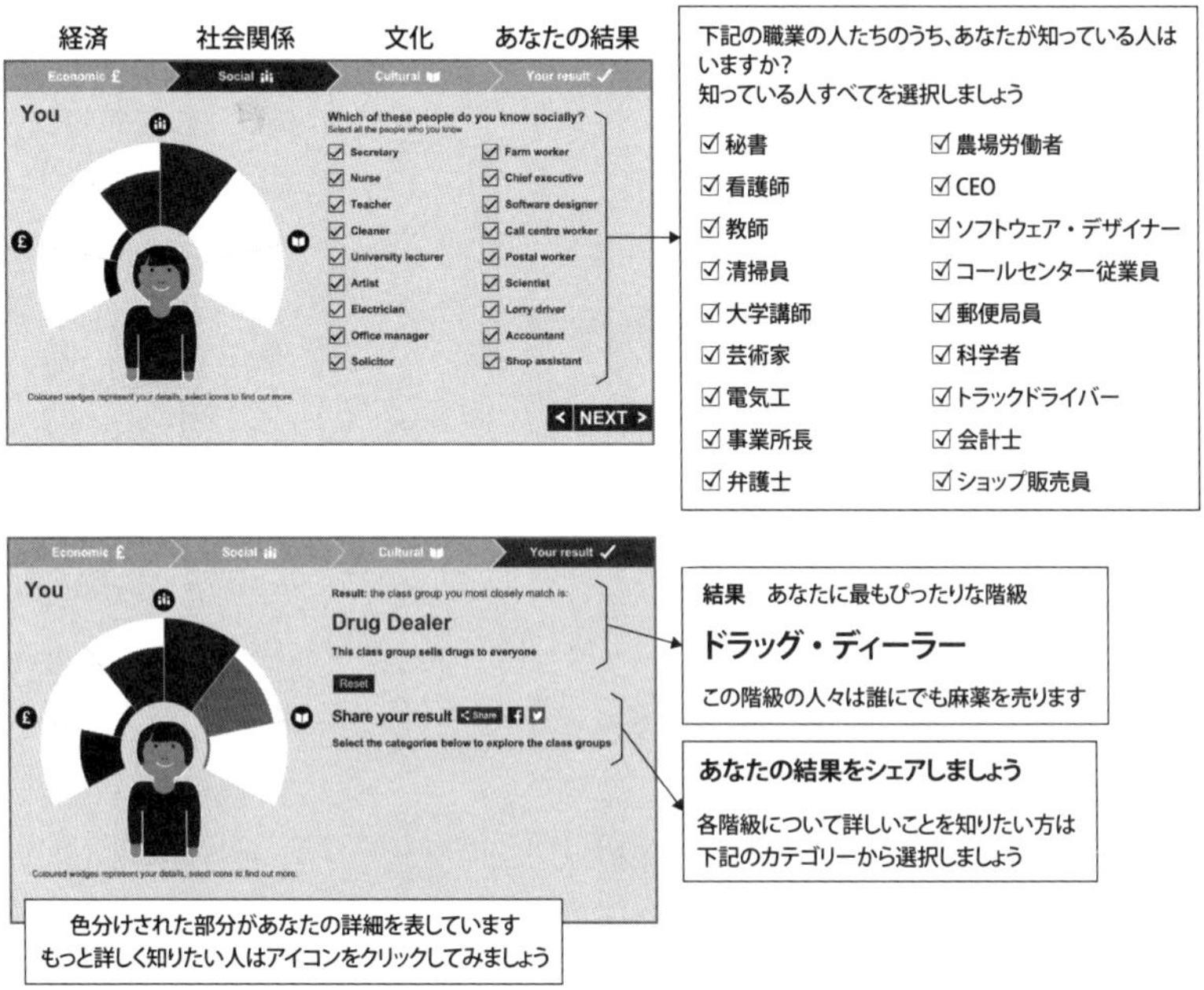

どい烙印を押されたプレカリアート階級は、人には見えないように隠れようとする。このような文化的な大きな溝こそ、現代の階級格差の最も核心的な特徴なのである。

プレカリアートの世界

ノッティンガムの労働者のインタビューを紹介する。彼らの自己評価に耳を傾けてみたい。彼らは厳しい環境で生活しているはずだが、自分が属している階級についての回答は揺れた。

リチャードはまず最初に、こう答えた。

「たぶん、中流階級だと思う……仕事はあるし、車も持ってるし、まあまあの給料だしね。週600ポンド［約8万円］だから」。

リチャードの話を聞いていた友人のジョーは言った。

「俺は労働者階級だと思うよ」。

すると、ジョーの回答を聞いたリチャードは答えを変えた。

「ああ、そうだ、労働者階級だ……そう、労働者階級、それだ」。

ジョーがさらにつけ加えた。

「学がある労働者階級だよ」。

リチャードとジョーはどちらも、明確な階級意識は持っていなかったが、自分に「ぴったり」の答えをしようとしていた。同時に、最下層に位置づけられたくなかったために、明らかな守りの姿勢がそこにはあった。最初に「中流階級だと思う」と答えたリチャードは、それを正当化するために根拠をつけ加えた。もっと教育レベルの高い中流階級の人々に同じ質問をしたときには、根拠を詳しく説明する人はいなかった。一方、ジョーは「教育を受けている」ことを強調した。おそらく、もっと教育レベルが低い人々と一緒にされたくないという気持ちの表れだと推察される。彼らは、自分自身の階級について考えを述べるにあたって、他人が自分たちをどのような位置の人間（社会の下層）と思っているのかということ、その決めつけた見方に抵抗する必要があることを、よくわかっていたのだ。

社会の最下層からはるか彼方の山頂を見上げるだけの人は多い。ノッティンガムの街娼のための駆け込み相談センターを利用した女性たちと、ロンドンで清掃業に従事する人々、そして美容師を対象に、書類形式の英国階級調査が実施された。その調査結果を見ると、社会から疎外された人々の姿とこんにちのイギリス社会の不平等が浮かび上がる。

ノッティンガムの女性たちは、階級分類がどのような意味を持つかよく理解していた。英国階級調査を渡され、いろいろな通りや住人の写真を見て住んでいたことがあるかどうかをたずねる質問のときに、彼女たちはすぐに重要な点を見抜いた。

「この写真にはどうして白人しか写っていないの？　こっちの写真にはいろいろ混ざってるじゃない。インド人も黒人も白人も、パキ［パキスタン人の蔑称］も。すっごい嘘くさい……この写真は入れ歯の広告みたい。こっちは保険。どこかからコピーしてきたの？」。

押しまくられてリサ・マッケンジーは、写真は加工していないと説明したが、[7]彼女たちはふざけ始め、写真とはまったく別の場所に住んでいると答えた。

「わたしの家は大邸宅よ、門があって。警備員も」。

彼女たちはステレオタイプに分類されることの意味を理解している。そしてこれには差別と道徳上の問題があることを認識している。質問がどのように組み立てられたのか、それらが何を引き出すように設計されたのか、そしてそれに対抗するためにどんなパロディにすればいいのか、よくわかっていた。

「趣味・関心」をたずねる項目に、「テレビはどれくらい観ますか」という質問があったが、レスリーは質問の意図をすぐに理解して答えた。

「朝起きたらすぐにスイッチを入れて、朝6時《シックス》から夜の6時《シックス》まで、ずっと観てるわね。その後、毎晩毎週セックスよ」。

「真面目に答えてください」と言うと、レスリーはふざけてはいないと反論した。それからこう答えた。「本当だって。午前中は『そりゃないぜ!? フレイジャー』を1時間観て、それから『ハウスワイブズ』を観るの。それからクッキングチャンネルを観て、それからベーキングチャンネルを観て、それから料理研究家のナイジェラ・ローソンの番組を観て……私、ベーキングチャンネルは全部観てるわよ、それで実際に料理するの」。何を作るのかたずねると、彼女は笑って「トーストのベイクドビーンズのせ!」［イギリスの朝食の定番］。ここには、特有のアイロニックな反応が見て取れる。それはひとえに、レスリーが、さまざまな返答から作り出されると思われるステレオタイプをおちょくっているということにある。一方で、結局他者が、自分に特定の負の烙印を押して見ていることを彼女は承知している。このように、この層の人々の回答は、文化資本を持っていて自分の判断は正しいと自信がある人々の回答とは、微妙に異なるのだ。

したがって、プレカリアート階級を無知で思慮が足りない人々だと決めつけるのは大きな間違いだ。レスリーは視覚美術《ビジュアル・アート》に関する知識を次々に披露してくれた。

「そう、白黒写真が好き。でも、新しいアーティストも好きよ。画家にもいい人がいるけど、写真家が好き。あんまり興味ないのは、えっと、ダミアン・ハーストみたいなアーティストとかトレーシー……トレーシー・エミンは最初の作品は好き。ダミアン・ハーストはいいんだけど、羊のはダメ〔ホルマリン漬けにされた動物作品シリーズのひとつ〕。ああいうのは苦手。でも、トレーシー・エミンのはいいと思う、えっと、ベッドルームだっけ？〔「マイ・ベッド」という作品〕……あれはリアルだから、行ったら『うちの子の部屋みたいに汚い！』って思うわよ。わかるかな、あんたがあれを見たら、『ありえない！』って。私は『オーマイゴッド！』って思った。私の言いたいことわかる？　想像してもらえる？　でも、彼女が芸術家じゃなかったら、あれは全然片付けていない汚いベッドルームだったわけよ、言ってることわかる？」。ここでも、何が本物と言われる芸術で、何がそうでないか、その間の微妙な境界をレスリーが承知していることが見て取れる。彼女の場合、正統的な芸術の世界とは別の美意識によって、エミンの雑然としたベッドを捉え直すという形をとっているのだ。

このように、プレカリアートの人々は、自分がいる世界がどんなところであるかよく「わかっている」。とはいえ、彼らは自分たちが他人の定義や決めつけを受ける側にどんなふうにして置かれるのか、それもまたわかっている。このような構図が、都会で貧しく暮らす人々の生活に影響を与えている。

公営住宅が残るロンドン東部を社会学の研究のフィールドにしているリサ・マッケンジーは、

地元の人々に話を聞くために、よくパブに足を運ぶ。店内は重苦しく、気が滅入るような雰囲気に包まれている。かつての職業安定所や地域のアドバイザリー・オフィスが、キッチュだったり、おもしろいコンセプトのカフェとして使われているのだが、地元の人たちはそんな場所には行く気になれない。この地区で起きている変化、つまり、土地の高騰や富裕なエリート階級の集中は、彼らを居心地悪くさせている。もう「ぴったり合う」場所がなくなり、安心して暮らしていけなくなっているのだ。

ほかにも「不安」になることとして、家賃の高騰は大きな心配事だ。彼らが家を買うことは、想像すらできない。イギリスでは2013年に前述の寝室税が導入され、各種の社会保障給付の支給額の上限も設定された。地元のコミュニティサービスも大幅に削減されている。こうした施策でプレカリアートは深刻な影響を受けて、激しい苦痛を感じている。彼らはこの不安定な時代におびえるとともに、怒りの声を上げ、毒づいている。

変化の速度は速く、家賃は高騰を続けているのに、仕事の継続や新しい仕事を見つけることは難しくなり、生活の安定は失われている。このまま家賃が上がり続ければ、いつまでこのコミュニティに住んでいられるかわからない。政府や公営住宅当局は住人への圧力を強め、ロンドンのこの地区から追い出そうとしている。東のエセックスか、はるか北のバーミンガムやマンチェスターへの転居を誘導しているのだ。

彼らは先行きの不安を口にしている。ここに住み続けることはできるのか。できないとすれば、安定して住み続けられる公営住宅に住んでいて、移住しづらい近くに住む親戚、特に、高齢者はどうなるのか？　このパブに集うイーストエンドの住人とはほとんど共通点がない人々、つまり、おびただしい数の流行に敏感な人たち、中流階級の人たち、そしてシティで働く人たちに囲まれて、ロンドン東部の真ん中に取り残されることを恐れている彼らの友人や隣人たちはどうなるのかと、常に不安があるのだ。新しい住人は、彼らの知らない世界の人々だし、彼らとの交流を望んでいない。

プレカリアートは時代の変化を恐れ不安を抱いている。だが、一方で、享楽主義的な傾向もある。「楽しめる時に楽しもう」「どうにでもなれ、明日はもうここにいないかもしれない」と。パブにいる人々の多くは、雇用形態は自営業ということになっているが、ロンドンの建築現場で働く、身分が不安定な下請けの労働者だ。仕事にあぶれることもある。主に、「口コミ」で「定期的ないい仕事」をとっており、仕事を見つけるチャンスは、業界の非公式なメカニズムと言える地理的なつながりや取引関係に大きな影響を受ける。これは、文化社会学者のポール・ウィリスが1977年に発表した画期的な研究 *Learning to Labour*〔邦訳『ハマータウンの野郎ども』ちくま学芸文庫、1996年〕以来、社会学の研究で明らかにされている。(8)

女性たちもパートタイムで働いている。地元のパブやすぐ近くの金融街のオフィスの清掃などが仕事の一例だ。高騰する家賃の支払いのために福祉の補助金に頼り、低所得のために税金の控除を受ける人も多い（これは実質的に減少の一途をたどっている）。女性たちの状況も男性たちと同様に不安定である。ずっと仕事があるかどうかわからないし、1年後にはどこに住んでいるかもわからない。政府の緊縮財政措置に関連する福祉給付金の削減が、最終的に「終了」となるかもしれない。

このような不安定な生活をしている人たちはイギリス全土に存在する。ノッティンガムでは、貧しい女性や子どもたちが崩壊寸前の公営団地に住んでいる。そこではあらゆる生活資源が不足している。図書館や、貧しい子どもたちの健康や教育を支援する「シュア・スタート」センターやコミュニティセンターの閉鎖も珍しくはない。買い物をしたり、集まったりする場所も限られている。あるのは、古びた郵便局や食料雑貨のほかに宝くじや安酒などを売る小さな商店だけだ。イングランド中部や北部の都市や町の公営団地から聞こえてくるのは、そんな荒れ果てた現状ばかりだ。

だが、ロンドンは違う。荒廃や衰退というより、不安や痛みの話が多い。ロンドン全土で、高騰する家賃に耐えられず貧困世帯がロンドンを去るよりほかなかったという話が聞こえてくる。住み慣れた地域で、自分たちの条件に合い、かつ家賃を払える物件を必死で探す家族も多い。公営住宅への入居は6年から10年待ちが普通で、子どものいる家庭には現実的ではなくなっている。その結果、民間の物件の家賃は、低所得世帯どころか平均的な所得の世帯でさえ払える水準ではなくなっている。

このような生活の不安定さから、女性や子どもたちは男性とは違った状況に置かれている。

男性は仕事で必要なネットワークやコネクションを維持するためにロンドンに住む必要がある。一方、パートタイムの低賃金で働く女性とその子どもたちは、ロンドンに住み続けることはできなくなる。その結果、低賃金の労働者は、これまで以上に不安定で危うい生活を強いられているのだ。

暗い状況にもかかわらず、英国階級調査の質問をすると、空気が明るくなった。このことは、先述した労働者階級の人たちの複雑で一癖ある態度と無関係ではあるまい。英国階級調査を対面式の調査方法に変えてみると、ウェブ上の調査には参加しなかった人々も英国階級調査について冗談を交えながら、自分の生活についてさまざまな角度から語ってくれた。英国階級調査がすばらしいファシリテーターの役割となって、何時間にもわたって笑いながらの話し合いが続いた。

ノッティンガムに住む女性たち、ジャニス、レスリー、ロージーらの生活は極めて不安定だ。次の食事にありつけるか、来週にはどこに住んでいるかすら確信が持てないでいる。中には公営住宅の借家契約期間がまだ残っていて、少なくとも現時点では「安心」な女性たちもいたが、彼女らの誰一人として、階級区分のどこに位置するかを認識していない人はいなかった。どの階級だと思うかとの質問には、「一番下!」と口を揃えた。

しかし、男性たちの反応はまったく違っていた。リサ・マッケンジーがロンドン東部のパブにいる男性に英国階級調査について説明し、「階級」について質問すると、最初、彼らはリサ・

マッケンジーを「いかれている」と思った。リサが「言おうとしている」ことを見越して、自分たちがどんな社会階級に属しているのかほのめかしているみたいに思ったからだ。しかし、やがて彼らは態度を和らげ、階級についてはあまり考えたことがないし、気にしたこともなかったが、たぶん「真ん中くらい」と答えた。

このように、男性と女性の間には明らかな違いがあった。女性たちは自分が社会階層のどの位置にいるか（最下層）ということを明確に認識し、それに疑いも幻想も抱いていない。一方、男性たちは社会階級についてはっきりした考えがなく、それについて考えること自体に抵抗を感じていた。

本章の冒頭に紹介したリチャードのインタビューを、この文脈から再検討したい。リチャードは昨年1年間、やっと有給の仕事にありつけたと言った。口コミや仲介業者から紹介される建設関係の下請けの個人請負で、回ってきた仕事は何でもやった。年収は5万ポンド［６７５万円］くらいだと思うと、リチャードは言った。計算の根拠をたずねると、７００ポンド［約9万円］近く稼いだ週があったため、それを52倍したと答えた。その週は「格別によい週」だったことを認識しながら、リチャードはそれが「本来稼げる額」だと断言した。

リチャードは階級算出装置《クラス・カルキュレーター》にも回答した。彼はじつにさまざまな人々を知っていた。例えば、ＤＪ（彼はＤＪを「芸術家」と考えていた）から法律家（過去の裁判での彼の代理人）まで、それに大学の講師（つまり、リサ・マッケンジーのこと）である。リチャードはどのような回答をすれば、そんな結果が出るのか理解していた。

リチャード　「エクササイズをしている」を選んでもいいかな？　ジムに行くとかだよね。

マッケンジー　だめよ。だって、行かないんでしょう？　まあ、やりたいと思っているなら、書いてもいいけど……。

リチャード　「オペラに行く」、「ジャズを聴く」、「ロックやインディーを聴く」、うん、インディーなら聴いてるよ。「ライブに行く」、「ビデオゲームをする」、「スポーツを観る」は「いいえ」。「劇場に行く」は、「はい」だな。「フェイスブックを使う」、「家で友だちに会う」も。

マッケンジー　そうなの？

リチャード　「博物館、美術館、画廊に行く」は「いいえ」。「クラシック音楽を聴く」、「ヒップホップやラップを聴く」は「いいえ」だな。「ロックやインディーを聴く」と「劇場に行く」は「はい」だよ。（結果を見て……）確立した中流階級だ。

マッケンジー　確立した中流階級？　そうなったの？（笑）

リチャード　間違いだよ。そうでしょ？　ああ、たぶん、「知人にこの職業の人がいますか？」で、ほとんどの職業の人を「はい」って答えたからじゃないかな？　たぶんそうだ。ほとんどの職業に「はい」って答えられたから。だけど、文化の方は、ぜんぜんやってないって答えたんだけど。

リチャードを無知で無骨と決めつけるのは誤りであることは明らかだ。この分類がどのような結果を出すものか、彼はよく理解していた。だが、その結果は彼が置かれている階級を意味しているわけで、それに抗うことは難しい。プレカリアート階級の人たちは英国階級調査で行われている階級分類を、自分なりに解釈し分析していることが明確になった。彼らは質問に対して深く考え、関心を引くような回答をし、自分の好きなことや、本当はもっとした方がいいと思っていることについて考えるのを楽しんでいた。また、自分が参加した幅広いさまざまな活動の例を挙げて、彼らが受動的でも非活動的でもないことを示したが、同時に、そのような活動が日常的に行われているものではないことも示した。ステイトリーホームや美術館を訪れたり、劇場に行くことについてたずねられたとき、彼らは自分の願望としてそれらの質問を解釈したのだ（たとえ彼らにはそれを叶える機会がほとんどないとしても）。

ローラ、バーバラ、クレールの3人が、文化的活動について話したとき、その口ぶりから、彼女たちがその興味を持った活動を心から楽しんだことが伝わってきた。ロンドンのマダム・タッソー館で蠟人形を見たときのこと、ブラックプールにある、タイムマシーンで人気のドラマ「ドクター・フー」展示館に子どもを連れて行ったときのこと、BBCのコメディー・ドラマ「ミセス・ブラウンズ・ボーイズ」のライブ収録に行ったときのことなどだ。彼女たちが思い出を楽しそうに話すのを聞いていると、それが社会とのかかわりの中で彼女たちにとって重要な意味を持っていることが理解できる。彼女たちは、そうした文化活動を、家族や友人と一緒に経験した思い出として大切にしている。文化的活動をもっと個人として楽しむものと考える傾向のある高学歴の中流階級とは顕著な違いがある。(9) 彼女たちは子どもの頃に学校の先生に引率されて「本物の」博物館に行ったことや、遠足でステイトリーホームや地元の美術館に行ったことを回想した。しかし、これらは大人になってからも続けている活動ではない。子ども時代の「学校の遠足」の思い出なのだ。これは、さまざまな活動の内容を明確に区切るやり方で定義しようとする調査手段（英国階級調査がまさにそうである）が、それぞれの活動の相互作用によって境界で生じる社会生活の重要な分野を見逃していることを示す、典型例である。

英国階級調査の結果を自慢げにツイートしたり自画自賛したり、結果が間違っていると酷評する人々がいる一方で、自分の社会階級の予想がついたため調査に参加しなかった人々もいる。これは文化的駆け引きの一種だと思われ、本書の中で私たちが提案してきた階級の境界の深さを明確に示していると言えるだろう。しかし、階級調査に参加したくないという人々が、自分が属するコミュニティや家族に満足していないわけではない。彼らは社会で遭遇した困難をよく認識し、それを乗り越えてきたことに誇りを持っている。

プレカリアート階級の人々には、英国階級調査の文化の項目に回答する際、高学歴の調査者たちの視点のポイントを、自分たちは「読み間違えている」ということをわかっていた。設問が階級や文化や価値観を含む枠組みで作成されていることを理解していた。だが彼らは、大切なのはコミュニティと集団意識、ユーモア、そしてなにより楽しいことだと言いきった。家族との日帰り旅行や、地元の仲間と海水浴に行ったことが、彼らにとっては価値あることだった。彼らは、このような活動は「正統な」文化的活動とは見なされないことはわかっていても、オペラを鑑賞することが、「ミセス・ブラウンズ・ボーイズ」を観ることより文化資本のスコアが高くなることが理解できなかった。オペラは退屈だがテレビドラマは楽しい。回答者の多くにはテレビでオペラを観た経験があったし音楽を聴いたこともあったが、1日働いた後で観たり聴いたりはしたくないと思っている。ノッティンガムのある若い母親は、「なんだか疲れそう」と言った。アクセスの問題もある。回答者の大半は、どこでオペラを上演しているのか知らなかった（知りたいとも思っていなかった）。

オペラについての質問の際はいつも、質問者と回答者の双方が気まずい思いをした。双方とも、その質問の意図、つまり、中流や上流に分類される資格があるかどうか識別する質問だとわかっていたからだ。回答者とともに英国階級調査のこの部分を乗り切るのには、とても苦労した。さらに、気まずくなったのは、ビンゴゲームが好きかどうかの質問だった。一般に、ビンゴは労働者階級の娯楽と考えられているからだ。このことは人々の生活の中で文化資本がどのような働きをしているかということを示している。つまり、社会には分類と序列化の文化がはびこり、それによってエリート主義と負の烙印が作り出され、増殖するのに利用されるのだ。

英国階級調査のような調査に回答するとき、ステイトリーホームの見学や、オペラを観に行く、美術館に行くなどについての質問があっても、普段自分の行っていることを考えてみて、それが実際に「自分の」趣味であったり、「品位がある」ことがわかると思われている活動であったり、社会を苦労なく渡っていくことに役立つ活動ならば、まったく不都合なことはないだろう。だが、普段からの趣味や活動が、ビンゴゲームをするとか、パブに行ったりテレビを観ることだったら、それは正しい活動とは見なされない。その人にとって不利に働き、教養や品性のない非常識な人と見られてしまう。

英国階級調査のプレカリアート層の回答はあちこちで反響を呼んだ。調査を担当したリサ・マッケンジーは、その後何年にもわたって、彼女のコミュニティの人々や友人、知人、隣人らから同じ質問を受けた。例えばビンゴゲームが、例えばオペラ鑑賞より価値が低いことになっているのはなぜなのか？　当人たちは楽しんでいるのになぜ価値がないと判断されるのか？　女性たちが最も多く口にしたのは、彼ら自身が着る服装がなぜ批判されるのかということだった。テレビでは、「庶民」（下品な人）というキャラクターを表したいとき、必ずポニーテール、スポーツウェアの上下を着て、ゴールドのアクセサリーをじゃらじゃらつけているのは、なぜか？　階級のヒエラルキーは、こうしたライフスタイルや外見のような日常的な部分に表れているのである。

プレカリアートとは誰か

「プレカリアート」を造語したイギリスの労働経済学者ガイ・スタンディングは、世界的に広がる新自由主義《ネオリベラリズム》的な政策と制度上の変化が、新たな階級と呼ぶべき共通の経験を持つ人々を、ますますたくさん生み出していると主張した。(10) スタンディングによれば、プレカリアートとは短期の仕事を渡り歩き、安定した職業上のアイデンティティやキャリアを持たず、社会的保護や法的保護も受けられずに、不安定な状態で働き生活している人々のことだ。プレカリアートには移民も多いが生粋のイギリス人も含まれる。この階級の人々の出現で、社会に新しい不安定が生じているとスタンディングは説明している。欲求不満と怒りを募らせたプレカリアートは、社会の危険な存在ともなっている。発言権を持たないために、極端な政策を掲げる政党の危険なアピールに晒されやすいからだ。同時に、不安や心配のコントロールの仕方や生活の不安定さから、嫌悪と軽蔑の対象ともされている。

プレカリアートは、「これが私たちだ」という彼らのアイデンティティの概念と密接に結びついている地元との閉ざされた一体感によって、自分たちの不安に対処しようとしているのかもしれない。そのアイデンティティは、自分たちはほかの誰でもないという確認を介して、また複雑で強い帰属意識を通して、明確な文化的な形態(嗜好、服装、話し方、コミュニティへの帰属意識や価値観との強い結びつき）で表れる可能性があるのだ。結果として、彼らは古い習慣や考えにとらわれた、頑固で、変化の激しいグローバルな市場に適応できない人々だというレッテルを貼られている。

プレカリアート階級の人々は、服装や話し方、歩き方や子育てに至るまで、厳しく吟味され、低い評価が与えられる。イギリスでは、コーヒーの給仕やホテルの清掃、ベビーシッターなど、低賃金の労働市場で「より適当な」労働力として、イタリアやポーランド、ナイジェリア、ブラジルなどからの移民が採用されるケースが増えている。これは明らかに、スタンディングが主張するように、グローバル化された不安定性を引き起こし、グローバルなプレカリアートを生み出す危険な状況である。

かつての階級制度には、制度化された階級分類の「さらに下」に置かれ、社会の主流から除外されている「アンダークラス」という概念があった。プレカリアートの概念は、階級分類の中に位置づけられているという意味では、アンダークラスよりは望ましい。ウィリアム・ジュリアス・ウィルソンなどアメリカの社会学者らは、「アンダークラス」という概念を、労働市場から締め出された不安定な黒人労働者たちの苦境を示すために使っていたが[11]、文化や行動様式の特異さによって、自己の責任で不幸な境遇に落ち込んだ人々という意味で、その概念が使われることもあるからだ。

「アンダークラス」という用語は、長期福祉給付金受給者に対し、否定的な意味合いで使われることもある。この種の分類は、何世紀も遡る貧しい人々のスティグマ化の長い歴史と、第1章で見たような、援助するにふさわしい貧困者とふさわしくない貧困者を識別する19世紀の先入観と同じ文脈で見ることができる（チャールズ・ブースは自身の作った有名な貧困地図において、最下層の人々を「堕落して、ほとんど犯罪者」と分類した）[12]。最も貧しい人々の呼称には困難がつきまとう。格差に苦しめられている人々の名誉を傷つけ、「危険な階級」というレッテルを助長する恐れがあるのだ。

このように命名と分類にも難しい駆け引きがあることを考えると、私たちはアンダークラスという概念よりも、プレカリアートという概念の方が望ましいと考えている。スタンディングの考案したこの用語は、社会の最貧困層の生活の不安定の原因が社会構造にあることに直接的に注意を促しているからだ。この用語はまた、貧困層についてのステレオタイプな固定観念も回避できる。プレカリアートは社会参加をしない人たちでもないし、教養がないわけでも、道徳的に劣るわけでもない。

「プレカリアート」という用語を使うことによって、最貧困層の人々を過度に厳密に定義してしまう危険性は否定できないが、一方で、この用語はグローバル市場の構造的不安定性と、その構造に翻弄される人々の姿を適切に表現している。また、プレカリアートという概念には、この階級が固定化したものではなく、出入りの流動性があるという意味も含まれている。このグループを完全に雇用の外部にいる人たちと決めつけるのではなく、現代の労働市場のより大きなプロセスの中に位置づけているのである。

英国階級調査が実施された頃、イギリスのメディアでは「貧困ポルノ」と呼ばれているものが大量に出ていた。「貧困ポルノ」とは、貧困層の一部の人々の素行がどれだけ悪いかを興味本位に暴きたてるもので、国の福祉手当受給者を追いかけまわしていた。「ウィ・オール・ペイ・ユア・ベネフィッツ（福祉手当は私たちの税金だ）」や、今も悪名高い「ベネフィッツ・ストリート（福祉手当通り）」などの番組である。

イースト・ロンドン大学の社会学者トレイシー・ジェンセンは、「働き者」と「怠け者」の間には明確な象徴的区分があり、最近の表現で言えば「奴隷のようにあくせく働く人」と「うまくサボる人」が、メディアと政治的なレトリックにおいてイギリスの労働者階級の人たちを語る際に埋め込まれている、と主張している。[13] 収入の一部、あるいはすべてを福祉手当に頼っている人々は、自分の「ライフスタイルの選択」として給付に過度に依存しているとする理解が一般化し、福祉手当受給者がドラッグや酒に浸り、いつも楽しく過ごすという安楽な生活を送るために、納税者の必死で働いて納めた税金が使われていると多くの人が考えている（貧困ポルノの語り口を信じるならば、だが）。

もちろん、それは誤解だ。トレイシー・シルドリックらの最近の研究[14]が証明するのは、最も不安定な生活を送っている人々（つまり、貧しい労働者階級の人たち）が「低賃金の仕事を転々とし、長期にわたる不安定な雇用状況の末に、福祉手当を申請する」というサイクルである。

ほとんどの人は「怠け者」でも「仕事嫌い」なわけでもなく、低賃金、質が悪い、不安定、短期またはゼロ時間契約［イギリスで問題となっている、週当たりの労働時間が明記されない形で結ばれる雇用契約。雇用主の要請がある場合のみ働き、労働時間に応じて報酬を受け取る］などの労働の、仕事と仕事の合間や、無職の期間が続く間のごく短期間、福祉手当を申請しているにすぎない。

新自由主義が支配するイギリスでは、短期低賃金の不安定な雇用が、フルタイムの正規雇用より急速に増加している。さらに深刻なのは、そのような雇用が、従来は給料のよい安定した雇用への足がかりと考えられていた初歩的な仕事に限定されなくなったということだ。むしろこれは、経歴に傷をつけ正規雇用の道を塞ぐことが多いため、いったん非正規雇用で働いた人々は、「膠着状態」になり、そこから抜け出せないサイクルに陥る構造となっている。

こんにちのイギリスで最貧困層の人々について考え議論するときには、このような構造の問題を重視すべきだ。前章では、ピケティの考え方に従い、まとまりのある明らかなエリートが復活しているかどうかを検討した（社会の最上層に富が集中する状況を考えて）。同様に、貧困層のスティグマ化の傾向の復活についても検討しなければならない。ビクトリア朝時代の貧困政策を特徴づける「援助するにふさわしい貧困者とふさわしくない貧困者」について述べた言葉や、貧困はほとんどが自分自身の不運のせいであると強調されることが、復活しているのだろうか。

私たちの主張が正しければ、最も厳しい立場にある人々のスティグマ化の勢いが高まっていることについて議論を深めるべきだ。かつては、上流、中流、労働者階級の間に確立していた文化的、社会的な境界がそれぞれの階級にアイデンティティの感覚を与えていたが、今ではその境界が崩壊している。そのことが最下層のプレカリアートだけを蔑視する傾向を生じさせている原因である可能性は大きい。またこんにち、階級のアイデンティティが曖昧で複雑になったことが、最下層にいる人々への嫌悪や憎悪を助長しており、最下層の人々を攻撃することが、それがなければ本質的に異なる集団に一体感を与えている可能性がある。

この数十年間、政治は貧困層を標的にする政策を次々に施行してきた。1980年代には、アメリカの右翼の新自由主義者チャールズ・マレーの思想に依拠した「底辺層」理論と「貧困のサイクル」理論を唱えたマーガレット・サッチャー率いる保守党政権が、福祉依存からの脱却を目的に、各種福祉手当を縮小する政策を進めた。それは、格差を生んでいる構造的な問題に注意を向けるのではなく、貧困家庭に注目する政策だった。

この政策は、人類学者オスカー・ルイスが1961年に行った有名な研究を改訂し、読み替えたものだった。メキシコシティで調査を実施したルイスは、貧困層が、貧困がもたらす毎日のストレスを発散させる習慣には「欠陥がある」と考えた。ルイスの調査によれば、当時、メキシコで最も貧しい人々の一部は定職を得ていたが、その他の多くの人々は、熟練不要の仕事、子どもの労働、質入れや借金などにより、その日暮らしをしていた。ルイスの分析では、貧困層がなんとか生き延びていられるのは、何よりも家族や親類、隣人、友人など強い地元の社会的ネットワークが機能していたからだった。このような社会的および精神的特徴を、ルイスは「貧困の文化」と呼んだ。さらに、この貧困地区に住む人々の特徴を、支配階級が作った基本的制度を信用していない、警察への憎悪、中流階級の価値観を知っているがそれに従って生きるわけではない、と指摘した。[15]

サッチャーの保守党政権は、ルイスの「貧困の文化」の理論を政治的に利用し、貧困は本人自身に責任があるという思想を定着させた。このような語り口は、1990年代に再浮上し、デーヴィッド・キャメロン率いる連立政権（大半は保守党）のもとでさらに強化された。具体的な「問題を抱えた家庭」の特定の行動に注目した、彼らが「ブロークン・ブリテン」として物語るところである。現代の政治的な意見では、高学歴の中流階級の道徳的価値観を当然と考え、それを基準に多くが述べられている。同時に、このような中流階級から外れる人たちの著しく異なる視点は、欠陥があって悪いものだと見なされている。[16] しかし、60年代にルイスが「貧困の文化」の言説で試みたのは、最も貧しい人々の生活の中にある価値体系を明らかにすることであり、貧困は本人に責任があると批判することではない。むしろ、（社会構造や格差のために）限られた選択肢しか持たない人々の日常の行動を理解し、説明することが狙いだった。

イギリスの貧困層とその居住地域については、さまざまな判断や認識が示されてきた。そして、このような人たちと場所の定義は変遷を重ねてきた。プレカリアート層は、低賃金で働くか無給、不安定な住宅事情で、「危険」な存在と見なされていることから、惨憺たるありさまに見えるが、じつのところ、その状況はさらに厳しくなる可能性がつきまとっている。それは、不利な立場と不平等が物質的および経済的な富の欠如として表れるだけではないからだ。不利な状況は文化的な事柄によっても、例えば、プレカリアート層が尊厳を持って人生を生きるために必要な資源《リソース》を否定されるようなことによっても、促されるかもしれないのだ。これは人間としての敬意や尊重の問題であり、存在の価値の問題である。プレカリアートの人々は、少なくとも30年以上にわたり、ほとんど価値のない存在と決めつけられてきたのだ。

プレカリアートの人々は、社会から見下され、愚弄されていることを知っている。だからこそ、むしろ同じ境遇にある「自分たち」の中にとどまっていたいと思っている。彼らにとって重要なのは、外部の世界の人々よりも、同じコミュニティの同胞に好かれ尊敬されることだ。こうした状況が、プレカリアートを不安定で、さらに悲惨な状況にする危険がある。彼らの、困難な状況に適応して生き延びる力や抵抗力は、下品でがさつと誤解されている。「悪趣味」と思われている彼らの嗜好への執着は、その共同体意識と結びついて、分別のなさと頑固さによるものと見なされている。プレカリアートの存在はちゃんと見えるのに、彼らを「悪趣味」と決めつける論法によって、その価値を認めようとしない。こんにちの階級の文化は、特権階級にあまりにも都合よくできているのだ。

第11章

階級意識と新しいスノビズム

私たちが実施したインタビュー調査の回答者エリザベスは、いろいろなところに住み、広い視野を持って生活してきた女性だ。海外生活が長く、国内でもさまざまな地方で暮らし、社会福祉、教職、芸術関連などの職を経験してきた。現在は仕事を減らし、ヨークシャーで静かに暮らしている。彼女は、こんにちの階級の意義について面白い意見を聞かせてくれた。自分の階級を「考えたこともない」と断言したが、よく考えてから、階級が多くの人々を「締め出している」のは感じると語った。「『階級』という言葉は武器として使われていると思います。

……上流階級の人たちは人を寄せつけないためにこの言葉を使うでしょう。『あなたは私たちとは違う』って。悲しいことだけど、ある種の争いが起きていると思います」。

彼女は夫のフレッドから聞いた話を語った。

フレッドが地元のパブにちょっと立ち寄ったときに、おもしろい経験をしたんです。そのパブにはいろんな人が来るみたいなんだけど、去年、ビヤガーデンに座っていたら、誰かが振り返って仲間に「おい、見ろよ、向こうのお高くとまったヤツ」って言ったらしいの。まったく（笑）……かわいそうに、フレッドはただビールを飲みに行っただけだったのに。まさに、こういうことよね……だから、階級調査にはけっこう興味があります。そんなにヒエラルキー的じゃなくなってきているみたい……でも昔の人は、苦労して下から上に向かって行ったんでしょ……今はヒエラルキー的というより、人を排除するために使われている気がします。どんどん排除するような感じ、そうよね。

エリザベスの反応は、本書が取り上げてきた多くのテーマに関連している。現代の階級は、はっきりした階層に収まっているようには見えない。だが、階級制度がなくなったということとは程遠い。エリザベスの夫フレッドの体験が物語るように、階級意識はパブの何気ない会話にも、はっきりと表れている。階級は人を排除するために使われているのだ。しかし、何より留意すべきは、階級という概念そのものが、ヒエラルキーを明確にする役割を果たしていることだ。

第9章と第10章では、こんにちの階級格差の形成に、専門技能や知識、自信が重要な役割を果たしていることを明らかにした。一方に、英国階級調査に興味を持った「普通の」富裕なエリートが大勢いることも確認した。彼らは豊富な文化資本を持ち、自信にあふれ、英国階級調査のような「科学的」な実験に関心を示す。その対極にあるプレカリアートの人々はほとんど英国階級調査に参加しない。その理由は、彼らが無知だからでも階級を意識していないからでもなく、おそらく階級分類という名前につきまとう、そこに込められているものに敏感だからだろう。否定的な判断を受けることをよくわかっているのだ。本書の主要な議論は、階級を分類したり社会を分析したりする専門知識そのものが、社会構造を解明する中立的なツールではありえないということだった。しかし実際には、専門知識は階級のカテゴリーの構築と、そのカテゴリーの名のもとに行われる「象徴的暴力」とに深く関係しているのだ。

私たちは、再びこんにちの階級文化という悩ましい問題に立ち返らざるをえない。階級について語り議論する時と方法には、非常にデリケートなエチケットがあるからだ。そして、これは、こんにちの階級についての話題にかかわる新しいスノビズムの核心に及んでいるのだ。エチケットはまず、公衆の面前で階級を「示す」という、激しい論争の的になっていて、どうにも気分のよくない事実にある。先述のナンシー・ミットフォードの時代と同じように、公然と階級を明るみに出すようなことは人々を平静な気持ちではいられなくするのだ。

ＩＴＶで放送されている番組「ディス・モーニング」では、ソファーに座ってゲストの話を聞くコーナーでこんなことがあった。もちろん普段のこの番組は、階級論争の場などではない。だが、２０１３年７月４日に象徴的な出来事が起こった。リアリティ番組に出演して一躍スターになったコラムニスト、ケイティ・ホプキンズがゲスト出演し、赤ちゃんの名前に関する微笑ましい話題に、予想外に階級の話を持ち込んだ途端、大騒ぎになった。「人の名前からはいろんなことがわかるものよ」と彼女は平然と言った。「名前を聞けば、その子がどの階級の出身かすぐわかるわ。『うちの子と遊ばせておいて大丈夫かしら』って思ってしまう名前は、タイラー、シャーメインにシャンテル、それにシャルドネね。そういう名前の子どもが一緒の学校にいること自体が、かなり悪い影響を及ぼしていると思うわ」。

めったなことではうろたえない司会者のホリー・ウィロビーは、明らかに憤慨していた。「ひどいわ。なにを言っているかわかってるの」と口走ったが、ホプキンズは確信犯だった。彼女はあっさり続けた。「知的な名前の子どもの親は知的だから、うちの子はそういう子と遊ばせたいわ」。

ゲストの一人で作家のアンナ・メイ・マンガンがホプキンズの言葉に噛みついた。「あなたって本当にスノッブで我慢できないわ。労働者階級の子どもたちは学校で本当に頑張ってるわよ。それなのに名前で分類するなんて、残酷で、傲慢で、思いやりがなくて、古くさ過ぎる。子どもたちは自分で名前を選んだわけじゃないのよ」。ホプキンズは微笑んで言い返そうとした。しかし、我慢の限界に達したウィロビーはいよいよ激怒して、「もう、やめて。話はこれまでよ」[1]。騒ぎはスタジオだけでは収まらず、視聴者もホプキンズの発言に激怒した。彼女の発言はYouTubeで2日以内に300万回再生され、数千人もの怒れる視聴者がソーシャルメディアに抗議を書き込んだ。イギリス人のほぼ全員が、階級についてのスノビズムを許容しない。マンガンの発言がこの雰囲気を要約しているように思われる。スノビズムは「古くさい」だけで、階級に縛られたイギリスの過去の腐った遺物というわけだ。しかし実際には、本書でここまで示してきたように、階級の存在をあまりにも強力に証明する新しいスノビズムが働いている。しかし、それは、あからさまなエリート主義の目印として注意を引かないように、ひそかなやり方でなされているのだ。

階級の感情的駆け引き

マルクス以降、多くの社会科学者は、資本主義は搾取される労働者階級（「プロレタリアート」）を生み、労働者階級の人々は自身の階級に忠誠心を持つようになり、階級の利益のために政治的に組織化してやがては体制を転覆させるだろうと予測してきた。このような、人々は一般的に自分が置かれている階級と一体化するという考えが、社会学の主流のひとつとなっている。

社会主義歴史学者エドワード・P・トムスンは、1963年の著書*The Making of the English Working Class*［邦訳『イングランド労働者階級の形成』青弓社、2003年］で、産業革命が進行していたイギリスでは、19世紀前半に労働者階級が階級意識に目覚め、自分たちの利益のために組織的に運動するようになったと指摘している。19世紀後半以降の労働運動の台頭は、社会的な地位向上を決意した労働者階級の強い階級意識と結びついていると考えられてきた[2]。そうした考えから、労働者階級を対象とした古典的な社会学研究は、労働者階級は貧困だけでなく、共有された価値観や文化によって団結したことを重視した。全員が「同じ船」に乗っていることから生まれる連帯は、労働者階級の人々が非常に強い集団的アイデンティティを共有していることを意味していた。

しかし、21世紀になると、もっと抑制されて個人化した、複雑な階級のアイデンティティが見られるようになっている。1960年代以降の研究では、多くの人が強い集団的な階級のアイデンティティを感じているとする見方に懐疑の目が向けられ、共通の階級であることにもとづく共通の感情の存在も否定する研究が多くなった。1990年代半ばのビバリー・スケッグスの画期的な研究では、階級間の格差により生活に大きな影響を受けているにもかかわらず、労働者階級の若い女性たちは、労働者階級と自分たちを過剰に同一視するのを嫌う傾向があることを報告している[3]。これは、一方で「労働者階級」というレッテルが、「汚い、危険、価値がないものすべてを認定している」という否定的な意味を含んでいたためである。だが、他方で、中流階級であることは思い上がっていると見なされていた。また、女性たちの場合、男性のように役割（製造業の仕事を通じた）と結びついた、職場での業務にもとづく強いアイデンティティは持っていなかった。

それに対するスケッグスが調査した女性たちの対応は、他人の評価――支配的な階級の価値観やモラルにもとづくもの――を踏まえた（実際の意見と、彼女たちの想像したものの両方から）、女性らしくて、きちんと恥ずかしくない人になるために努力した。しかし彼女たちには、労働者階級以外の何者かになるために必要な資本（経済資本、文化資本、社会関係資本）がなかったのだ。スケッグスは、このような状況には彼女たちの「不安、願望、憤り、屈辱」という「感情面の駆け引き」が働くと強調した。階級のアイデンティティは（人種やセクシュアリティとともに）ジェンダーによっても形作られているということを、気づかされる。

私たちの研究も含め、他の研究も同様の指摘をしている。多くの人が、今では自分の属している階級を曖昧にしたり、口にするのを躊躇したりする。そういう質問に対して、異なる階級にまたがっているという言い方をしたがることもよくある。(4) 階級は、所属や地位などを示す明らかなバッジとしては（人々がその階級に属していることを誇りに思う場合）それほど重要ではないが、道徳的および感情的な反応、特に否定的な反応を促す場合は重要である。自分がどの階級に属していると考えるより、自分がどの階級に属していないかの方が重要なのだ。まさにこのような感情が、英国階級調査に一般大衆の関心が向かうことに一役買ったのである。

人々が社会流動性を認め能力主義的価値を受け入れるとき、階級格差に起因するこうした感情面の影響は、個人の責任の問題として改めて表れる。アメリカの社会学者リチャード・セネットとジョナサン・コブは、共著 *The Hidden Injuries of Class*［『階級の隠された傷』邦訳なし］の中で、成功しなかったときには自分の責任だと考え、そのことにかかわる恥の意識を内在化してしまうと指摘している。[5] 人々は、自分の運命は自分に責任があり、山に登れないのは、あるいは登ろうとしないのは、自分の責任だと思いたいのだ。

その結果、階級のアイデンティティは複雑で矛盾を孕《はら》んだ性質を帯びる。それらは、しばしば、実現できない、程遠い、あるいは過去にとらわれた、イメージや価値観を人々に与えるのだ。例えば、現代のポップカルチャーでは、労働者階級の生活を理想化して、より「真っ当」で「クール」だと見立てる一方で、嘲笑や軽蔑の対象とすることがある（「チャヴ」などの見方を持ち出して）。同じように、支配層である中流階級の文化が揶揄されることもある。ツイッターには「#middleclassproblems」などのハッシュタグがあり、中流階級を嘲笑する書き込みで溢れている。

私たちは、新しい階級モデルは階級の現代的な意味について、いくつかの洞察を提供していると思う。表11-1を見ると、全国サンプル調査の回答者のうち、自分が社会階級に属していると認識している人は32％だった。逆に言うと、3分の2を超える人が、階級に属しているとは

表11-1　所属階級と階級意識——自分の社会階級を意識している人の割合（%）

エリート	確立した中流階級	技術系中流階級	新富裕労働者	伝統的労働者階級	新興サービス労働者	プレカリアート	合　計
45（58）	36（50）	37（55）	33（45）	31（54）	25（46）	25（50）	32（51）

注：調査で「あなたは自分がなんらかの社会階級に属していると思いますか？」の質問に「はい」と回答した割合を表示

出所：全国サンプル調査データ.（　）内は英国階級調査データ

考えていないということだ。一方、英国階級調査の参加者は51%が階級に属していると考えている。この相違は興味深い。

もうひとつはっきりしたパターンは、階級が下層に近づくほど、階級に属していると思う人の割合が減少することだ。エリートの半数近くは階級意識を持つが、プレカリアートでは4分の1にすぎない。これは、「自分の鉄鎖のほかに失うものは何もない（The proletarians have nothing to lose but their chains)」プロレタリア化された人たちの間では階級の意識は激しくなるという、マルクスが『共産党宣言』で考えていたことの反対の結果であり、興味深い。実際、自分が階級に属すると考える傾向は、底辺にいる人たちは一番少ないが、最も恵まれている人たちではかなり多くなっているのだ。

平均年齢が低い新富裕労働者と新興サービス労働者の人たちでも、階級意識を持つ人の割合は少ない。この結果は、非常にゆっくりとではあるが、時間の経過とともに階級への帰属意識は薄れていき、若年層では階級意識に抵抗を覚える人が多いとする、他の研究[6]とも合致している。

人々がどの階級に属すると考えているかを見ることで、これらの回答をさらに読み解いていこう。自分が何らかの階級に属していると普段は考えていない回答者にも、どの階級だと思うか考えるよう依頼し、回答を求めた。その結果を表11-2に示した。階級の選択肢は「上流階級・上層中流階級」「中層中流階級」「下層中流階級」「上層労働者階級」「中層労働者階級」「下層労働者階級」の6つである。結果からは、人々の労働者階級への帰属意識が高いことがわかる。最も多かったのは回答の41％を占めた「中層労働者階級」で、各労働者階級を合わせるとなんと62％に及んだ。一方、上流階級・上層中流階級は3％、中層中流階級は20％で、両者を合計しても全体の4分の1以下である。イギリス人はやはり、より特権的な階級のアイデンティティを主張することには抵抗があるらしい。

表11-2からは、その人が実際にはどの階級に属するかにかかわらず、主観的には自分は「真ん中」あたりだと考えている人が多いということもわかる。例えば、最も特権的な、エリート、確立した中流階級、技術系中流階級の3つのグループは、中流階級であれ、労働者階級であれ、圧倒的に「中層」と回答している。そしてこれは、すべての階級グループで最も多い回答でもあった。人々は自分が恵まれていると認めることを好まず、あまり目立たないアイデンティティと思いたがる傾向がある。

全国サンプル調査と英国階級調査の結果の齟齬も興味深い。ここからも、（中流、あるいは上流であろうという自分の社会的地位を確認するために）英国階級調査に惹きつけられ、意欲的に参加したことがわかる。ここでの例外はプレカリアートで、英国階級調査に参加した人では、

表11-2　階級分類別階級意識（%）

	エリート	確立した中流階級	新富裕労働者	技術系中流階級	伝統的労働者階級	新興サービス労働者	プレカリアート	合計
上流階級・上層中流階級	10 (33)	2 (7)	4 (1)	4 (1)	3 (4)	3 (4)	1 (1)	3 (12)
中層中流階級	42 (47)	29 (35)	29 (9)	15 (43)	20 (22)	11 (21)	9 (7)	20 (34)
下層中流階級	18 (10)	18 (28)	22 (22)	9 (24)	13 (26)	15 (28)	11 (14)	15 (23)
上層労働者階級	8 (5)	18 (15)	2 (27)	8 (11)	12 (15)	9 (18)	5 (11)	10 (14)
中層労働者階級	22 (5)	29 (14)	41 (36)	54 (10)	43 (26)	45 (23)	51 (32)	41 (15)
下層労働者階級	0 (1>)	3 (1)	3 (5)	3 (1)	9 (5)	17 (6)	23 (35)	11 (2)

注：「リストにある社会階級のどの階級に属していると思いますか？」の質問への回答割合．リストは表の第1列に記した階級
出所：全国サンプル調査データ．（　）内は英国階級調査データ

自分を下層労働者階級と識別した人が最も多かった（表の出所に示したとおり、英国階級調査の回答者の数字はカッコ内に表示）。

各階層の回答を比較すると、それぞれの特徴が浮かび上がる。第1は、エリートは他の階級よりも上流階級・上層中流階級を選択した人がはるかに多いことだ。全国サンプル調査では10%、英国階級調査では33%の回答者が最上層の階級を選択した。これもまた、エリート階級の人々が特権階級のアイデンティティという特有の感覚を持っていることの表れであろう。

第2に、プレカリアートは自分を下層労働者階級と見ている傾向が強く、中流階級と考えている人はほとんどい

ないことである。プレカリアート階級の人々は、社会の序列の底にいることを理解している。

第3に、平均年齢の低い新興サービス労働者の人々も、自分の階級が低いと考える傾向があることだ。彼らはかなりの文化資本を持っているにもかかわらず、階級のヒエラルキーの中流や上流からは締め出されていると感じている。

普通の人々とは

イギリス国民の3分の2は階級意識を持っていない、あるいは、持っていないと回答した。この事実をどう解釈すべきだろうか。自分の階級について人々が曖昧で確信がないのはなぜなのか。インタビュー調査に、その理由を解き明かす貴重なヒントがある。

あなたはどの階級に属すると考えますか?――。この質問に、多くの人が意図的に直接回答することを避け、それどころか、すぐに階級とは何かという議論に方向を変え、なぜそれを好まないか、さらに具体的に語り始めた。会計士のポールは「階級について考えたりはしませんね。はっきり言って、階級というと、なんだか宿命みたいな感じがするじゃない」と語った。現役のときは鉄道の信号係だったクリストファーは、階級に対してさらに否定的で、「自分は、人間は人間だと思っている」と言い放った。

こうした自己防衛的な反応は、今に始まったことではない。階級を分類することが何らかの作用を引き起こす力として働くことを認識していて、分類された階級と自分の考えが合わない場合に、当然ながら、人々は分類の仕方に注意を促したいと考える、ということを反映している。だが、階級分類に対する不安には、もっと深いものがある。そのカギとなるのは、階級の概念そのものが、自我、人格に対して根本的な脅威を引き起こすという感覚である。[7] 人々は必然的に、社会的背景の単なる産物であるという面を含んでいるので、階級という考えは個々の主体性に疑問を呈することと見なされる。したがって、特定の社会階級の一員であると進んで認めることは、階級のコンセプトを容認することと同じであり、先ほどのポールが「宿命」と呼んだものに加担することである。回答者は階級についての質問をかわしたあと、結局は人生で何を成し遂げたか——勤勉、努力——言い換えれば、個人としての実績に尽きると、決まって反論した。

化学製品のセールスマン、アランの言葉は、それを端的に表している。「人間を（階級に）分類することなんかできないと思いますよ。どんな家庭に生まれたかなんて、たいしたことではないと思います。人生は自分で作るもの、わかるでしょ」。

回答者の多くは、階級が人々に与える影響の大きさは認めながら、階級のコンセプトには異論を唱えた。この点については興味深い道徳的な側面もあった。回答者たちは、階級とスノビズムの切っても切れない関係を特に意識していて、他人の社会的ポジションにもとづいて判断を下すような提案に対して、とても警戒していた。教員のロバータは、この倫理的な難しい問題への対処法について語った。

出世するほど自分が偉いって思っちゃうから、とにかく気をつけないと。本当はそうじゃないじゃない。実際にどうであるかは問題じゃなくて、どう思われるかが大事だから、気をつけていないと、他人を見下しているってことになっちゃう……。だから、みんな、そういう話題は避けたがるんだと思う。

ロバータの発言は、ケイティ・ホプキンズのコメントに対する世間の強い反応と類似点がある。人々はスノッブや傲慢と見られないように、自分の社会的な地位とはまったく関係なく、すべての人を同じように尊重していると強調したがった。57歳の生物学教授アンソニーは、その典型だった。インタビューの間ずっと、人を分け隔てなく受け入れることや寛容の重要性を説き、人を階級で分類することへの反論を理路整然と述べた。「基本的に、私は人を階級ではなくて、本質的価値で考えたいと思っています」。このように人々は、少なくとも他者の前では、人を階級で分類することは意図的に控えるべきであり、それが道徳的に重要なことだと考えている。

スノッブと見られないようにセルフコントロールすることと強いつながりがあるのが、「普通さ」を強く主張することである。伝統的労働者階級で中流階級に属する人たちの多くは、自分のことを説明するのに「平均的《アベレージ》」「正常《ノーマル》」「標準的《レギュラー》」「真ん中《イン・ザ・ミドル》」を頻繁に使用した。介護士のティナは年収2万800ポンド［281万円］で、評価額20万ポンド［2700万円］の持ち家に暮らしている。伝統的労働者階級の家庭に生まれ、人生のほとんどを工場労働者として生きてきた彼女は、自分は「ごく一般的」な労働者階級であるとの考えを示した。だが、一方で、他の人に比べて経済的な余裕があると思っていた。50歳で住宅ローンを払い終え、仕事を変えることもできたからだ。また、バレエ、演劇、クラシック音楽に興味を持ち、文化的には両親より洗練されているとも考えていた。明らかにティナは、周囲の人々に比べると、自分は経済的に安定し文化水準が高く、イギリス社会の「真ん中」に近いと思っていた。

第9章で概説したように、「普通」という自己評価は、エリート階級の回答者にも多かった。かつての貴族階級は特権的な血統を重んじていたが、現代のエリートは違う。彼らが重視するのは個人の能力だ。このような信念は、自身の社会的な軌跡を深く考えたからであり、自分が社会的なキャリアをスタートさせた地点よりも低い位置に移動する可能性もあったことを自覚しているからである。例えば、何不自由のない中流階級で育ったベネディクトは、20代のほとんどを定職を持たずに過ごし、ロンドン南部のさまざまな場所に住みついていた。この時期の記憶は、現在に至っても明らかに彼の中で大きな位置を占めており、アイデンティティの感覚を形作ったと言える。彼はこう説明した。

できるだけストリートの近くに住むことにこだわってるんだ。だから、何が起きても外に出て行くし、犬の糞を踏んづけたり（笑）、乱暴な運転をする走り屋にひかれそうになるなんて、まあ、よくあることだよ。それと、僕は自分のこれまでの人脈を意識的に維持させているんだ。人脈を確保しておきたいから、無理してストリート近くに住もうとしているんだよ。エリートらしからぬ行動、エリートらしからぬ場所だけどね。

ベネディクトの話は、「普通」でいようとする意識がすみずみまでしみわたっていることを示すよい例だ。実際には階級の符号はたくさんあって、たやすく見分けられるのに、なんとかして階級の外にいようとしているのだ。ベネディクトらエリート階級の回答者たちは、膨大な経済資本、文化資本、社会関係資本を蓄積しながら、無意識に自分の普通さを強調する。私たちのインタビューのエリート階級の回答者全員に関する限り、彼らにとって、階級には、彼らが尊重している能力主義の概念、寛大さ、個性などを侵害する、道徳的な意味合いが高度に含まれている。「普通」であることによって彼らは、自主性や、自分の人生を自分の力で切り開いていることを強く主張しているのだ。そしてそれによって、固定的な階級制度の中で社会的に認定されている身分、という見方を払拭しようとするのである。

人間存在の中心

イギリスの研究者アネット・クーンは、１９９０年代の中頃に「階級は衣服より内側、皮膚より下の、反射神経や精神に組み込まれた人間存在の中心にある」と主張した。[8] その要点は、階級意識を選択肢で問う英国階級調査のような方法では、人々のアイデンティティに深く刻み込まれた階級意識の実態を明らかにすることはできないということだ。すでに検討したように、人々が表面的に階級の概念を敬遠していても、内心では関心がある可能性も十分あるので、それを正しく把握することは非常に難しい。本書の中ではそのような例を、特に第10章のプレカリアートに関する部分ですでに数多く紹介してきた。自分は普通である、階級に分類できない存在だと主張することは、階級分類という思い切った試みと、それが明確にする現実、とりわけ社会のヒエラルキーの最上部と最下部の間の大きな隔たりに対する反応なのである。

はっきりと階級についての議論をしているときには、そのような反応を見せることはそれほど多くなかった。それよりも、家族、嗜好、近所づきあいや政治などの日常生活に関する話題の些細な事柄で、さまざまな近隣地域や（「豪邸」のある地域か、公営団地のある地域か）、夕食をとるためにテーブルを囲むのではなくテレビの前に座っている人たちを区別しているときに表面に現れた。つまり、ピアスをつけたりタトゥーを入れたりする、文字どおり「皮膚より下」である内面に、階級は存在しているのだ。

会話の内容が階級に関する不安に集中してくると、好ましくない人という認定の矛先は、たいていは私たちがプレカリアートと名づけた最も低い階級に向けられる。

タトゥーを入れていることが典型的な例で、それは依然として、特定のタイプの人々の特徴だと認識されており、まともでない、下品な人と見なされている。タトゥーは、皮膚の下にあるものを見えるようにした、つまり、その人の性質を描写するイラストであると見なされていた。同じように、喫煙やアルコールの過剰摂取、肥満なども、傷んだ身体と病的なアイデンティティの特質を具現化していると思われていた。

元教員のモニカは、自分の町で品の悪い人々は「タトゥーとショートパンツ」で歩いているからすぐわかると言った。インタビューの間、彼女はあやうく自分の考えを思ったまま言いそうになったが、その後、自制した。外見で人を「判断」するのは適切ではないことを知っていたからだ。モニカは外見への嫌悪を口にするのはやめて、近隣地域が「特定のタイプの人々」のために変わりつつある不安に話を変えた。近くに薬物更生センターができて、利用者が町に住むようになった。生活困窮者を支援するフードバンクのボランティアで町を回るうちに、閉店する商店が増え、町の経済が停滞していることに気づいて不安を覚えたという。貧困と依存症には人を変えてしまう力があり、彼女にとっては、それはタトゥーを特徴とするそのような乱れた容姿に象徴されていた。

自分の住む町の治安や環境を考えるとき、人々はこのような符号に過敏になる。第2章で紹介したフォークリフト運転士のロレインに彼女の住む地区について質問したところ、彼女はすぐに同じ通りに住む人々と自分を比較し、また、彼らが自分をどう思っているかを想像して話し始めた。ロレインは最近離婚して、10代の息子2人と以前より小さな家に転居した。すると、自然と近隣の「素敵な美しい家」に住む人たちに劣等感を抱くようになった。「だって、やっぱり考えちゃうもの。この辺ではうちが最低だって。賃貸物件だし、シングルマザーで2人の息子っていうと、すべてを周りの人に警戒されてる感じがするの」。ロレインは自分の社会的地位を識別する符号に敏感になっていて、階級に関する用語を明白に使用したわけではないが、自分がヒエラルキーのどの位置にあるかを認識していた。

「シングルマザーの家庭」という言葉は、下層階級の符号としてよく使われる。そのレッテルには、不満を抱いた青年に育てる家庭という批判が込められている。ロレインは、小さな借家という住居にはっきりと表れている、近隣の人々との経済状況の違いについての考えと相まって、階級の違いに不安を抱いていた。それは、近隣の地区についての一見何でもない会話を通じてふつふつと湧き上がっていた。ロレインの場合は、離婚がきっかけとなって社会流動性が下向きに働き、世界の中の自分の居場所に不安感が生まれたわけだ。ここには、階級構造がいかに人間関係と強く結びついているかが表れている。そして、階級のアイデンティティがジェンダーや世間体についての考え方とどのようにかかわっているかもはっきりと示している。

階級意識の明確な存在を発見できたもうひとつの方法は、自分とは異なる出身階級の人の中に入り込んだ状況を説明してもらったケースだった。

大半の人々は、多くの時間を同じ階級の人々と過ごしているため、日常生活で階級を意識することは少ない。しかし、異なる階級の人々の中に身を置くと、違和感を覚え、自分は何者で、なぜ居心地が悪く感じるのか考えずにはいられないのだ。人々の階級についてのアイデンティティの最も深い側面が表に出てくるのは、さまざまな階級の相互交流に伴う自己反省や感情の高まりを通してである。このような感情は、第6章で見たように、社会流動性を経験したことのある人に特に顕著なものだが、インタビューで階級を越えた交流の経験について語った人は多かった。2つの例を紹介しよう。

第3章でも紹介した、名門私立男子校の出身で法学部の現役学生のヘンリーは、インタビューの間、一度も階級についての話をしなかった。だが、見逃せないのは、エディンバラのパブに入るという「失敗」をして、「地元の人たち」から「ものすごく居心地が悪い気分」にさせられた体験談から、自分がどの階級に属しているのかという彼の認識がはっきりと現れたことだった。「一言しゃべっただけで、すぐにピンときた、まずい状況だって」と彼は振り返った。バーのうしろにいた男性に、「ここはお前の来る所じゃないぞ。お前、すっごい王族かなんかか?」とでも言いたげな雰囲気を感じた。ヘンリーは大勢の友人と一緒だったが、当然、みんな同じ話し方をする。「ジントニック、お願いします、ってね」(ヘンリーは自分のしゃべる発音のアクセントを強調した）〔容認発音（Received Pronunciation：RP）のこと。イギリス英語の伝統的な事実上の標準発音で、イングランド南部の教養ある階層の発音、王族の発音としても知られる〕。「二言目からは世界の終わりって感じだった。ときどき、僕が存在するだけで人を怒らせることがあるんだって考えますよ」。

ベネディクトの自宅を訪ねたときのインタビューには、さらに階級の衝突のインパクトが顕著だった。彼の家はリフォーム中で、かなりの数の建設関係者が作業中だった。ベネディクトは彼らと良好な関係であるように見えたし、一緒に「普通のこと」についておしゃべりするのは楽しいと言った。しかし、インタビューが終わりに近づき、だんだん寛いできて率直に話をするようになると、じつはそれほど気安く交流できていないし、障害になっているのは階級の違いだと思うと打ち明けた。

ベネディクト　ときどき、自分はかなり演技をして話しているなと思う。ずいぶん努力しないといけないって、わかるでしょ？　結構消耗するんだよ。なんだか、もう疲れちゃったたな。

――それは、共通の話題ということ？

ベネディクト　そうだな、話題もあるけど、批判的であるかどうかっていう、その話題についての語り方かな。常に物事の全体を見るっていうのが僕の姿勢だから。結局いつでも批判的な姿勢をとっていて、切り替えられないんだよ。まあ、それが問題なんだよね。ちょっとした話でも、批判的に捉えると、おもしろくなってくる点がどこかにある。だから僕は、自分の語り方はもちろん、興味のあることは、着想や批判的な姿勢だって自覚しているよ。その話が事実かどうかとか、話の筋やジョークはそれほど重要じゃない。そんなわけだから、そういうのが僕の一番心地いいレベルで、逆に言えば、底が浅い話をするのには、ものすごい努力がいるんだよね。

ヘンリーやベネディクトの体験談から、ある出来事をきっかけに、自己認識が生じ、自分の深層にある階級を自覚する様子が見て取れる。「僕はまるで歩くステレオタイプに見えたみたい」と話していたヘンリーは、エディンバラのパブでの地元の人たちの反応を思い返して、特権階級としてのアイデンティティに目覚めた。ベネディクトの場合はもっと痛烈だった。日常的な会話で「批判的な姿勢」をとることが――少なくともベネディクトの考えでは――「ジョーク」「話の筋」「事実」の方にずっと関心を持っている建設関係者たちと自分を隔てるものだったのだ。このように、階級のアイデンティティの境界線や、その線の鋭さ、そして違いをはっきりさせる力が最も明確に表れるのは、人々が自分とは異なる出身階級の人々と交流し、関係を築かなければならなくなったときである。このような状況になると、感情が高ぶる傾向があり、人々は、突然水から飛び出してしまった魚のように、自分が周囲と同調していないように感じ、自分がどこに属していて、どこに属していないのかということを非常に強く思い起こすのだ。

ここで見られたのは、階級のアイデンティティに対する反発と「標準である」ことを明白に示したいという願望が、現実には、頂上にいる者と底辺にいる者との違いを強調することになるという、非常に際立ったプロセスである。自分を「普通」と見せたい人たちは、頂上や底辺にいる人々に対する反発を示すことによって、それを行っている。このように、階級のアイデンティティという考えに反発する一般的な反応は、階級の両極という象徴的な境界をさらに強化するという、逆説的な効果を及ぼしているのだ。

潜伏するスノビズム

現代の階級のアイデンティティは他者と自分を区別するというものなので、どこにでも存在している。自分が労働者階級であることや、あるいは中流階級や上流階級であることを誇りに感じている人は稀である。むしろ、人々は、階級の境界線がどこにあるのかに不安を覚え、他者に対して批判的になり、自分と共通点が多い人に対してさえ、区別をはっきりさせるために時にスノッブな態度を見せたりする。このようなスノビズムは巧妙に隠されており、「ある種の人々」の特別な状況での振る舞いに対して向けられ、特定の階級を全面的に拒絶することはない。それにもかかわらず、このような卑屈さがスノビズムを強化している側面はある。人々は、自分を社会構造の中に位置づけるために、さりげなく階級に言及するのである。

元教員のシャーロットは、品がないというのは「気遣い」が足りないことだと考えている。人の外見もそうだし、庭の手入れも同じだ。シャーロットには、芝生の手入れをしない人や、家の周囲に「ゴミの山」を築いている人の神経が理解できない。このようなあまり裕福ではない隣人たちは、自分や自分の住む家が他人にどう見られているか「気にかける」ことがないように見える。シャーロットは隣人の話し方や言葉遣いにも同じような道徳的な判断をしていた。

あの人たちは言葉遣いもまったく気にしていないんじゃないかしら。ちゃんとした英語が話せないのね。今でもそう思います。だから、あの人たちのことはそういうふうに扱っています。私が何か言うと、「どうしてそんな言葉知ってるの? 辞書の言葉全部わかっているの?」って言うんです。言葉は豊かなものだって知らないのでしょうね。

インタビュー調査の回答者の多くは、言葉とアクセントも階級の暗黙の符号だと考えていた。「良い」教育を受けた人らしい会話ができないことは、「標準」に達していないと判断される。「気にかける」ことがない人の個人的な質を反映していると思われてしまうのだ。例えば、元小学校校長のフレイザーは、汚い言葉を発するのは「語彙が貧しいことの言い訳」だと考えている。

しかし、そう言いながら、彼は他の多くの回答者と同様に、スノッブではないと言い張る。彼の隣人たちも自分と同じように「専門職の経歴」の持ち主だと言いながら、「スノッブでもないし、お高くとまっているつもりもないよ。労働者階級に反感を持っていないし、労働者階級の友人もたくさんいるからね」とつけ加えた。フレイザーは「本物の労働者階級の出身」、具体的には「工具製作者」である一人の友人について、いろいろ苦心して語った。「非常に知的で、労働者階級の人であんなに聡明な人はめったにいない」「賢い男」だと。フレイザーはスノッブだと思われたくないし、自分には多様な社会的ネットワークがあることを強調するためにも、その友人といつも付き合っている仲間との違いを主張した。だが、その話からは、彼が「労働者階級」の人は一般に「知的」ではないと判断していることが透けて見えてしまっている。スノビズムを否定し、寛容な平等主義者だと強調しようとして、皮肉にも、それとはまったく矛盾する彼の偏見が露呈している。

シャーロットやフレイザーがインタビューで垣間見せた社会的判断は、階級の最上層にある人々が、最下層の人々を「見下す」ときになされるだけではない。最もはっきりした境界線は、労働者階級と「アンダークラス」の間にあるのだ。「アンダークラス」とは、福祉手当受給者を意味することが多い。前章でも触れたが、こうした考え方はＴＶのドキュメンタリー番組「ベネフィッツ・ストリート」で普及し、失業者世帯への道徳的な怒りに改めて火をつけた。この番組によると、福祉手当受給者は「たかり屋」のように見える。この番組はかなりの批判を浴びたが、しかし、福祉手当受給者の多くは不正に申請をしており、「真面目に働いている世帯」の税金で堕落した生活をしているという、多くの人々の本音を番組は反映していた。

しかし、これは事実に反している。イギリスの福祉給付の20・8%は、働いているが収入が十分ではない人々に支給されており、失業者への支給は2・6%にすぎない。[9] それにもかかわらず、インタビューの回答者の何人かは、「福祉手当受給者」たちは働くのが嫌いで、代々失業状態を受け継いでいるような人たちだと、しきりに語った。[10] そうした見解を持つ回答者は、「アンダークラス」の人々を平常な社会の外側にいて、教育もなく働く意欲もない人々だと決めつけている。

労働者階級の人々が労働者階級であることを認めたがらないのは、アンダークラスの人々と同列にされることを嫌ってのことだ。例えば、前述のフォークリフト運転士のロレインは、近隣の人々の中で「最低」だという恐れを口にしていながら、労働者階級と認めるのには強い抵抗を感じていた。

自分が労働者階級だとしても、もらえるものはもらって、「働かない方が楽だ」って考えてる人たちと一緒にはされたくありません。私の言いたいこと、わかりますよね？　ああはなりたくないと思う。まあ、私は自分の行いには誇りを持っていますから。朝もちゃんと起きているし。ああはなりたくない……。一日中家にいて何もしないでいるなんて最悪。

ああいう人たちって、太ってる人が多いでしょ。どうして太ってるのか、わかってないみたいですよね。こんなこと、言っちゃいけないのかもしれないけど。

ロレインは自分の道徳的な判断にもとづいて境界線を引いている。「福祉手当を受給している」人たちと違って自分は働き者だという判断だ。他の回答者にも、「怠け癖」や「無気力」などをアンダークラスの人々に特有の欠陥であるかのように語る人たちがいた。実際、階級構造の下層に近い階級の人ほど、自分たちよりさらに下にいると思われる人々への意見が露骨になり、その判断は感情的になる傾向があった。このように、社会のヒエラルキーの底辺に近いことへの不安は、特権階級との間に引かれた境界線や不平等への不満に向けられるのではなく、「アンダークラス」への憤りに変換されている。

例えば、ヨークシャーで年金生活を送るアリソンは、階級社会という考えを否定しているが、自分は節約してなんとか暮らしているのに、彼女の目には、福祉手当受給者たちは施しを受けることを生涯の「職業」にして「ぜんぜん働く気がない」にもかかわらず、自分よりずっといい暮らしをしているように映り、激しい怒りを覚えている。こんな状況は「うんざり」で「腹が立つ」と彼女は感情的な言葉を使った。アリソンの怒りは、明らかに彼女自身の格差の経験から湧き上がってきたものだが、これは自分と同じ立場にいる人たちとの連帯という形で表れることはなかった。そうではなく、自分は彼らとは違うということを明確にしたいという強い思いになっていたのだ。「みんな同じで上も下もない」という、普通について広く受け入れられている考え方は、最も不運な人を含めて、すべての人は自分の立場に責任を持つべきであるという意味に及び始めたのである。

もちろん、このような隠されたスノビズムや、ときにはあからさまなスノビズムが、イギリス社会全体にどのような影響を及ぼしているかを知ることは難しい。各種の資本となる資源《リソース》をほとんど持たない人たちの中に、何人か、はっきりではないがスノッブな態度を感じ取った人がいた。彼らは見下されている現実や、見下されているのではないかという想像上の脅威と、格闘している人々だった。

看護師のサラは労働者階級の出身だが、あからさまにそれから距離を置きたがっていた。彼女は「本当に高学歴の家庭」に生まれた中流階級の男性と結婚していて、自分の親戚のことでとても恥ずかしい思いをした辛い結婚式のことを話した。

義母に言われたの。「結婚式では、社会格差というものを感じたわ」って。「うちの親戚はみんな座って静かに会話をしていたのに、あなたの方はがやがや集まって飲んだり、タバコを吸ったり」って。悪夢でした。辛かった……嫌な気分だった。人生で最高の日であるはずなのに、最悪の日でした。

興味深いのは、サラが義母のスノッブな判断に反発するのではなく、それを受け入れていることだ。彼女自身が労働者階級出身という不名誉から抜け出したいと思っている。「正直に言ってしまうと、私も夫の家族の方に入りたい」と彼女は言った。彼女の話は、階級という符号の持つ影響力と烙印を押されることの苦痛を、非常に鮮明に際立たせている。それは、特定の階級のアイデンティティに結びついている負の烙印と、不当な扱いや感情面の駆け引きの両面からくるものである。ある意味では、サラは自分の労働者階級の身元から抜け出せていると感じていたが、しかし、それは決して逃れられないものであることを不安にも思っていた。

セラピストのイモジェンも、自宅のあるロンドン南部の近所の人たちが、労働者階級出身の自分をどういう目で見ているか察しがついて嫌な気分だと話した。イモジェンはその地区に25年住み続けているが、高級住宅地化してきて金持ちの植民地のようになってきたため、引け目を感じずにはいられない。しかし、彼女が引け目を感じるのは、経済的な格差よりも、もっと微妙な、言葉や議論をめぐる文化的な境界線の方だと言う。「スノッブな態度があると思ってる。表立ってじゃないけど、どこかしらにね。何ていうか、意外な発言だわ、とか言われるときに。他人を入れないようにする知的な会話っていうか、他の人から遠ざけるための学問的に確実な方法があるんじゃないかって思うくらい」。

ケイティ・ホプキンズが「ディス・モーニング」に出演して大混乱になったとき、落ち着きを取り戻したほんの束の間、狼狽した司会者に彼女はこう打ち明けた。「運動場にいる私のところに寄って来て、こんなふうに言う親御さんたちもいましたよ。『子どもの名前と階級についてのあなたの記事を読みましたよ。私は口にはしませんけど、まったく同じ意見です』って」。ホプキンズがほのめかした、こんにちのイギリスはおそらく相当な数の隠れスノッブを抱えている可能性を、断固として否定しようと司会のホリー・ウィロビーとフィリップ・スコフィールド、それにゲストのマンガンは、みな激しく首を横に振った。

しかし、不愉快な真実と言えようが、ホプキンズ（そして彼女の発言に賛成と囁く親たち）の冷笑は、あながち異常ではないかもしれないのだ。ホプキンズは言ってはいけないことを言って、階級の境界線を明らかにし、それについて論評した。階級に関する論評はタブー視されているため、強烈な印象を与え、反感を集めることになったのである。本章で指摘してきたとおり、人々は社会階級という考え方、特に階級にかかわるスノッブな態度から一定の距離を置こうとする。表11－1を見ればわかるように、自分が社会階級に属していると考える人は半数に満たなかったし、インタビューでは、反能力主義や、階級について一方的に決めつける見方に、ほとんどの人が強く反対していた。しかし、これは事の全体像を捉えていないこともすでに見てきた。イギリス人のほとんどは、自分が属する階級がどこなのかすぐには判断できないとしても、不平等の程度や、それによって人生のチャンスも不平等になるということは、階級が依然として人々のアイデンティティに深く刻まれていることを意味している。ほとんどの人は、階級という強力な符号を日々見分けている（住んでいる地区の様子や、出身家庭の環境やライフスタイル、自分と違う人たちとの交流を通じて)。人々の階級意識は、多くの場合、自分が誰であるかではなく、自分は誰ではないという理解によって認識されているのだ。

人々は矛盾した世界に生きている。人々はスノッブな態度や階級への偏見を軽蔑している。しかし、これは実際に根絶されることとは別の話である。人々が階級について語る見解と、実際の日常生活においてどのように階級を規定して振る舞うかは激しく矛盾している。インタビュー調査では、多くの人が明確に、ときに攻撃的に階級の境界線を示して見せた。このような結論は、ケイティ・ホプキンズの発言のように露骨で自意識過剰ではなくても、非常に大きな社会的影響力がある。21世紀イギリスの階級に関するスノビズムは消滅などしていない。地下に潜っただけなのだ。

結論

21世紀の階級の政治

1980年代、90年代には、多くの学者や政治家がその著書の中で、「階級の死」と「個性化」にもとづいたポストモダンの社会秩序の到来を宣言した。しかし、本書ではそうした善意の見解に異議を唱えてきた。本書は、階級構造の中央部にいる多数の人々と並んで、頂上の富裕なエリートと底辺のプレカリアートとの間の本質的な格差に注目することによって、21世紀の階級の重要性を認識する方法として、より想像力に富んだ扉を開いてきた。

階級をどう考えるかは政治の問題に帰結する。それは今も昔も同じだ。階級は単なる抽象的な社会学的分類ではない。階級が重要であるとすれば、階級が政治論争を引き起こし、それによって歴史を形作ってきたからである。では、本書の憂慮すべき報告は、こんにちの緊迫した政治状況にどのような影響を与えうるだろうか。格差が拡大する中で労働党が敗北した2015年の総選挙は、中流階級と労働者階級の区別にもとづいた古い階級のモデルの破綻と理解することができ、保守党の勝利は、本書で私たちが展開してきたアプローチの有用性の証明だと解釈することもできる。

ここ数十年の間にイギリスでは新しい不平等が拡大している。特に経済格差は甚だしい。これは、大きな恩恵を受けている最上層にいる少数の「普通の」富裕なエリートと、あらゆる重要な経済的資源《リソース》を持たない最下層にいる大量のプレカリアートとの間に、大きな階級格差を生み出すことになっている。

一方、2つの両極の間には、多くの中間層が存在する。中流階級と労働者階級の区別は、何世紀もの間、イギリスの社会と文化に深く刻み込まれてきたが、こんにちでは、その区分は意味を失い、文化的遺産だけが生き延びている。このような階級の境界は閉鎖的ではなく、特に中間層では、社会流動性は活発だ。とはいえ、そこには資本の蓄積が必須であり、有利な立場にある人々が資本という強い競争力を得ることによって、エリートになれる機会が格段に増えることも事実である。このことは地理的な力学によっても、大学などのエリート養成機関の役割によっても、明確に示されている。現代の私たちは、かつての貴族階級とは異なるエリート

表結-1　職業と政党支持率（1983〜1984年）（%）

	保守党	労働党	自由・社会民主連合	その他
経営職	61	23	11	2
事業主・自営業者	69	17	11	2
専門職・中間的職業	52	25	18	2
事務系職	50	23	18	0
熟練肉体労働	29	52	11	1
半熟練肉体労働・非熟練肉体労働	25	54	12	3

出所：Anthony Heath, Mike Savage and Nicki Senior, 'The Role of Class in Shaping Social Attitudes', in A. Park, C. Bryson, E. Clery, J. Curtice and M. Phillips eds., *British Social Attitudes*, 30, 2013, 173-99.

階級が形成されているのを目の当たりにしている。

この新しい階級モデルは、従来の階級の政治に大きな課題を提起している。ここ数十年にわたり、国民の政治動員の手法として利用されている社会学的視点をまず検討するならば、「労働者階級の政治」に注目することは、こんにちではほとんど得るものがない。それは第1章でみたとおり、かつては中流階級と労働者階級の分断を利用することが政治動員の中心だったということなのだ。

しかし、こんにちの政党は、職業による階級とは結びついていない。これは大きな歴史的転換である。表結-1に、1983〜84年の（職業で定義した）各社会階級の政党支持率を示したが、階級による相違は明白だ。経営職、事業主・自営業者、やや割合は少ないが専門職の多くは保守党を支持し、少なくとも労働党の2倍になっている。対照的に、肉体労働者の人々は労働党を支持し、保守党の2倍だった。古い階級の政治が、さまざまな職業階級の政党支持率に明白に表れているのがわかる。

さらによく考えると、なぜこのような強力な階級の区分がこのとき行われていたのかがわかるだろう。この時代は、イギリスで最後の大規模な産業紛争が起こった時期で、保守党政権が鉱山閉鎖計画に激しく反対する鉱山労働者組合の強力な結集に直面し、イギリスの政治は一年中、鉱山労働者のストライキに支配されていた。1979年に史上最高の1300万人に達していた労働組合員数は、1983年時点でも1200万人を超えていた。労働人口の半数近くが労働組合に加入し、労働争議はニュース番組に頻繁に取り上げられていた。深刻な不況のため、失業者数は1970年代後半の150万人から、1980年代半ばには300万人を超えた。1930年代以降最悪の数字だ。この打撃は製造業の肉体労働者に降りかかった。このような状況では、労働党と保守党の支持に階級による著しい偏りが見られたのも不思議ではない。

時を移して、2010～11年の正確で比較可能なデータを見てみよう。30年弱の間に、政治状況は激変した。この間、保守党政府（1979～97年と2010～14年）と新しい労働党《ニューレイバー》政府（1997～2010年）で2度の政権交代があったのだ。労働組合員数はピーク時の半分近い700万人まで減少し、かつて組合員の象徴であった鉱山労働者、鉄道労働者、港湾労働者、鉄鋼労働者に代わり、公共部門の専門職が中心となっている。社会経済状況も大きく変化した。公共施設の大規模な民営化は公共部門の規模を根本的に縮小し、福祉の分野にまで市場原理が及んできた。経済はサービス部門と金融に圧倒的に依存するようになった。

そのような状況を反映し、政党支持の状況も様変わりした。かつてのような、職業階級との

表結-2　職業と政党支持率（2010〜2011年）（%）

	保守党	労働党	自由・社会民主連合	その他
経営職	40	32	6	6
事業主・自営業者	33	30	4	16
専門職・中間的職業	29	38	10	10
事務系職	31	26	8	10
熟練肉体労働	24	40	3	12
半熟練肉体労働・非熟練肉体労働	17	41	4	8

出所：Anthony Heath, Mike Savage and Nicki Senior, 'The Role of Class in Shaping Social Attitudes', in A. Park, C. Bryson, E. Clery, J. Curtice and M. Phillips eds., British Social Attitudes, 30, 2013, 173-99.

強い関連性はなくなっている。表結-2が示すように、経営職、事業主・自営業者、事務系職の保守党支持率は下がり、労働党支持率と拮抗している。専門職・中間的職業の労働党支持率は歴史上初めて保守党をわずかに上回った。トニー・ブレアらが「ニューレイバー」を旗印に従来の労働者階級の政党とは異なる労働党を、そのような職業階級にアピールし賞賛を得たことによる。実際、労働党では、労働組合活動家や会社経営者、専門職などの旧世代の議員に代わり、大学で「政治学」を学んだ国会議員が主流を占めるようになっている。

表結-2からは、肉体労働者は依然として保守党よりも労働党に共感を示す傾向が著しく高いことがわかるが、その支持率は50%をかなり下回っていた。労働者階級では棄権する者も増加し、政治体制全般への幻滅の態度を見せている。

これらの2つの表は、20世紀の政治状況を支配してきた、労働者階級と中流階級の根本的な分裂にもとづく旧来の政治は終焉を迎えたことを物語っているように思う。しかし、本書で繰り返し強調してきたとおり、それは決して階級そのものの消滅を意味してはいない。私たちは、階級と政治が交差する条件を考え直してみる必要がある。職業が階級を定義し、階級の利害によって政治的主張や支持政党が決まるような職業階級の政治は、今では非常に限られたものになった。しかし、政党が支持を得るためには、多様化した有権者の将来の願望や価値観へどれだけ魅力的に訴えかけることができるか、また私たちの主張する用語で言えば、さまざまな種類の資本を蓄積する戦略をどのように提供するか、にかかっている。新しい階級の政治が機能するかどうかは、納得のいく未来像を明確に提示することができるか否かで決まる。

こんにちの階級の政治は、一方に、富裕なエリートがいて、その多くが政治に積極的にかかわりロビー活動の方法も知っている。対極にあるプレカリアートは、主流の政党からほとんど相手にされていない。この両極の間にはもっと大きなグループが存在しており、彼らの志向は流動的で移ろいやすいものである。以下ではこのような政治情勢を検討していくが、その前に、能力主義的な階級政治の問題について再考する必要がある。

この半世紀にわたり、能力主義を推進する政治が支持を集め、ロビー活動の中心となっていた。この能力主義的な政治は、労働党（社会民主派だけでなく、新しい労働党派閥《ニューレイバー》も）にも、保守党（「ひとつの国民（one nation）」の思想だけでなく、サッチャリズムの支持者の類いも）にも強い基盤を持っている。その主張の核心は、競争を原理とする資本主義のシステムにおいては格差は避けられず、人々が勤勉に働き、野心を抱き、イノベーションを生み出す原動力になる限りにおいて、格差は望ましいという考えである。この信念によれば、政治の使命は、正真正銘の実績と努力によって人々が頂上に上っていくのを妨げる障害を取り除くことだった。機会の平等が保障されるのであれば、格差の存在自体は必ずしも問題ではないという論理である。かくして「ニューレイバー」の立案者として知られた労働党のピーター・マンデルソンはこう皮肉った。「死ぬほど金持ちになる人たちがいても、税金を払ってくれればまったく問題ない」。この発言は激しい批判に晒されたが、当時の政界の常識を口にしたにすぎなかった。

しかし、留意すべきは、能力主義の思想によって、平等こそが対処しなければならない問題だと主張する平等主義的な政治が追放されてしまったことだ。平等主義の考え方の流れは、労働党の政治家アンソニー・クロスランドの1956年の著書*The Future of Socialism*[『社会主義の将来』邦訳なし]で、力強く表明されていた。「英国社会は機会平等と社会流動性(中略)に欠けた社会である。その実現を図るため(中略)利益と特権の分配を平等たらしめる施策が是非とも必要だ。(中略)階級間格差を減じ、深刻極まりない不平等の不正義を廃し、偏りが過ぎる利益の分配にもとづく大衆不満を解消せねばならない」[1]。

クロスランドのこの主張は、1970年代に至るまで労働党内で大きな影響力を保持していた。当時のイギリスは世界で最も「累進的」な税制を持つ国のひとつで、最大98%の所得税と最大85%の相続税は1980年代まで続いた[2]。イギリスのこのような豊かな伝統は、格差が加速している状況において、確実に取り戻すことができるはずだ。格差の解消は正面から取り組むべき政治課題であると主張する声が、今や、再び著しく大きくなってきているのは紛れもない事実である。実際、労働党の一部の議員が再分配を主張し始めている（例えば、邸宅《マンション・》税《タックス》についての議論という形で）。このような議論は、将来にわたって大きくなっていくだろうと私たちは確信しており、本書がこのような動きに寄与することを願っている。

こんにち、能力主義が経済的な格差を正当化する格好の理由だと考える人たちには、2つの根本的な問題が突きつけられている。まず第1は、ピケティや社会学者たちが提起した課題であり、本書でも明確に示してきた点だ。他の国々と同様、格差が拡大し続けるイギリスでは、高額所得者や資産家がますます大きく富を蓄積し、能力主義は特別な役目を果たしていないように見えるということである。ほんの一握りの人々による独占的な富の蓄積は、さまざまな社会問題を引き起こしてきたと見られている。(3) 所得に焦点を絞った場合、問題はより鮮明になる。非常に裕福な人々の所得がますます膨れ上がっていくのは、職場での能力主義のプロセスの結果であるとは考えられなくなっているからだ。所得ランクの中層では、ある種の能力主義が機能しているという説を受け入れたとしても、所得ランクの最上位の領域で何が起こっているのか、すなわち、不労所得が莫大になっている事実を能力主義で説明することはできない。経済分布の最上位層の経済資本が急速に巨大化した理由は、この不労所得なのである。

第2の問題についても、マイケル・ヤングの思想に従って本書で指摘してきた。能力主義はさまざまな社会集団の将来的な不平等を拡大することはあっても、減少させることはないという点だ。それというのも、非常に競争の激しい教育制度や労働市場においては、この能力主義的な構造の中で最も成功を収める可能性が高いのは、あらゆる優位性を最大限に活用できる人たち、最も有利な位置からスタートできる人たちだからだ。「勝者総取り」の市場社会で、ずば抜けた業績を挙げる人材を「温室栽培」で早くから育てようとしている大手企業や組織が、「人材」発掘に積極的に乗り出しているのも、こうした一連の事態の表れである。能力主義はエスカレートしている格差に歯止めをかけるものとはなりえない。能力主義は格差の中に組み込まれてしまっているのだ。

この点で、ともにオックスフォード大学のブリンドン・クラブ〔名門家系出身の男性を会員とする、最も排他的な大学社交クラブ〕の会員だったジョージ・オズボーンが党首選でデーヴィッド・キャメロンを支持し、その後キャメロンがオズボーンを財務大臣に任命したというような、この従来型のイメージは、閉鎖的な昔ながらのエリート世界がその中でずっと互いに助け合っていると暗に思わせて、誤解を招くものである。このようなイメージ（例えば「エスタブリッシュメント」）によって、「真の」能力主義が実現し、頂上に存在し続けるステータスのバリアーを打ち破ることさえできれば、社会階級の不平等の問題に対処できるだろうと、多くの人が考えるようになるかもしれない。だが、このような古い貴族的な文化の批判に立ち返っても、なんの役にも立たない。

エリート教育機関が成功しているのは、かつての貴族階級のエリート世界のものであるからではない（もちろん、古い習慣はほとんど絶滅しているが、それでもまだその痕跡は見られる）。その成功は、現代の新自由主義《ネオリベラリズム》的な資本主義の中核にある、非常に競争の激しいエリート集めと養成のプロセスの頂点に立っているからだ。能力主義は、本書で明らかにしてきた深刻な格差の発生と密接に関連している。したがって、社会流動性を奨励し、階級格差に対処するための手段として、もっと多くの「教育」を声高に求めても、ここ数十年間にますます拡大してきた格差を前にしては、相当の限界があると言えるだろう。

新しい階級分類による新しい階級の政治

私たちは再び、不平等の解消という政治課題に真剣に取り組まなければならない。しかしそれは、階級を代表する政党による昔ながらの階級の政治を復活させたり、社会民主主義の遺産を喜んで受け入れるということではない。私たちは社会学の立場から、階級の本質は必ずしも明確な境界線や定義で分類することはできないと主張してきた。このような画一的な方法では、人々をうまく分類したり定義づけしたりなどできない。私たちはブルデューの示した方向に従い、現代の複雑な階級の力学をよりよく理解できる多次元的なアプローチにこだわりたい。また、現代社会において階級概念が働く基本的な要素として、経済的側面だけではなく、文化的、社会関係的な側面をも検討しなければならないことを、改めて強調しておきたい。

したがって、私たちは、人々を明確にカテゴリー分けし、そのカテゴリーに想定される一員という考えにもとづいて、それぞれの人物を判断することにはこだわらない、新しい文化的な階級の政治を支持している。これは意表を突くその場しのぎの方策のように聞こえるかもしれない。本書ではまさに、そうしたカテゴリー分けを試みてきたからだ。しかし、私たちは分類の方法に対するさまざまな懸念を持っており、それに関連して、分類したグループの定義と構成によって生じる限界や欠陥に注目する努力をしてきた。その点を、読者が理解してくださっていることを願っている。

そうした努力の中で最も際立った発見は、英国階級調査に頼っている限り、エリートは非常に目立ってくる一方で、プレカリアートは見えない存在になってしまうということだ。

そのため、私たちは底辺にいるプレカリアートと最上層にいる「普通の」富裕なエリートの人たちはどのような特徴を持つのかを示そうと思った。分類の方法は本質的にヒエラルキー的なのであり、したがって、作り出されたカテゴリーはどうしても道徳的な意味合いを含んでしまうことを、本書では主張してきた。さらに私たちは、新興文化資本のさまざまな形態が、このような分類にかかわる政治をさらに推し進め、分類されたカテゴリーの定義に抵抗できるような資源《リソース》を何も持っていない人々への偏見を強めるような、ネガティブな同定と反応が大幅に増大する傾向をもたらしたと論じた。これは彼らの状況をさらに悪化させる可能性がある。

このような階級の政治への対応として、分類の拒否や、一般論として分類の限界を指摘することは、ひとつの方法であろう。しかし、これには問題が2つある。第1に、階級へのあからさまな言及を「下品」と見なしていた、かつての貴族文化と変わらないという点だ。1950年代にナンシー・ミットフォードが上流階級と育ちのよくない人のアクセントの違いとその社会的な符号（「U」と「non‐U」）について述べたとき、前々から暗黙に了解されていることをあからさまにする行為だと、彼女は友人たちから激しく非難された。このことからわかるように、分類の政治にかかわらないようにすることが効果的な対応だとは言えない。それでは暗黙の特権がそのまま残り続けるということなのだ。

第2に、分類という行為は現代の生活の中に深く組み込まれているので、それは止められないことだという点だ。各種のランキング表、市場でのさまざまなプロファイリングや分類は、こんにちの「資本主義を知る（knowing capitalism）」上で非常に重要な役割を果たしている。(4) このような分類の政治にかかわることを拒否するということは、分類の主旨に積極的に影響を及ぼすことができる方法を、著しく制限することになる。私たちが効果的に行えることは、政治的な課題そのものとして分類のプロセスに重点を置き、さらに、特権を持つと推測されるグループを浮き彫りにするように、分類のプロセスの効果的な手法を追求することである。これは、分類のプロセス自体に政治的な注目を集めることを意図している。社会科学が自らかかわって真剣に取り組み、階級の政治を論じるマーケット・リサーチャー、コンサルタント、ジャーナリストやコメンテーターから知的権威の座を奪い取ることも必要である。

このようなアプローチをすれば、現代社会で階級がどのような意味を持つのか、より明確に理解できるはずだ。人々が階級という概念を嫌うのは、まさに日常に階級格差が深く刻み込まれているからであり、身の回りに不平等が増殖しているのを知っているからだ。どの目抜き通りでも、高級品を扱うウェイトローズ、ディスカウントストアのアルディ、コーナーショップ［食料や日用品を販売している個人商店］やデリカテッセンなど、さまざまな種類の社会階級の符号が広がる。それらはすべて実際的な意味とともに、社会的な意味も持っている。しかし、そのような分類にも、近頃はかつてのような中流階級と労働者階級の明確な区別はなくなった。社会構造の中層の社会流動性が活発であることも関連して、階級の境界が実際にはどこにあるのかが、多くの点でわかりにくくなっている。このような状況への対応としては、厳密に境界がどこにあるのかという「実際の」階級の性質にこだわるのではなく、このような境界の変動しやすさがどのような文化的な階級政治を必要とするかを考えることだと思う。

本書の結論として、最後に5つの点を指摘しておきたい。

第1に、社会階級のヒエラルキーの最下部にいる、私たちがプレカリアートと名づけた人々を、ステレオタイプで決めつける傾向の危険性である。本書で繰り返し指摘したとおり、底辺にいる人々は、負の烙印と社会からの疎外を受ける避雷針のような役割を押しつけられている。これには2つのことが関係している。ひとつは、かつての中流階級と労働者階級の間の区別が曖昧になり、その中が細かく分類されるようになったこと、もうひとつは、多くの人々が自分の下を見て、自分よりも低い位置にいると見なした人たちを怪しげで不道徳なグループだと決めつけていることである。これはある意味、目新しいことでもなんでもないが、このような傾向はこんにち、特別な憎悪となって広がっている。このような負の烙印を押す行為は、福祉手当を受給してなんとか生活している人々のただでさえ困難な人生を、さらに不利にするものであり、深刻な問題があると私たちは主張してきた。社会の底辺に生きる人々の現実は、テレビ番組「ベネフィッツ・ストリート」が描いたような、道徳心のかけらもない、たかり屋のような生活ではない。じつに不安定で心もとない生活だ。このことは、イモジェン・タイラー、トレイシー・シルドリック、ロバート・マクドナルド、ビバリー・スケッグスらの研究者や、ジョン・ヒルズなど社会政策の専門家たちが主張してきたことで、私たちも同意見である。(5) さまざまなステレオタイプに立ち向かうことは、私たちが今回の英国階級調査の分析において行ったように、新しい、思い切った階級分類を必然的に提示することになるのだ。

第2に、社会構造の最上層にいる人々を直視する必要がある。頂上にいる人々の経済資本は恐るべき速さで蓄積されている。それはどの程度まで正当化できるのか疑問を呈することが、この第2の点の基本的な事柄である。ピケティも強く主張したように、一般に資本の利益率は経済成長率を上回るため、国民経済よりも速く蓄積される傾向がある。したがって、最高水準の経済資本が自己増殖的に猛烈に増えていくということである。簡単に言えば、より多く富を持つ者がより多く儲けるということだ。超富裕層《スーパーリッチ》の富が過剰な利益を生み出している実態を広く知らせる運動は過去にもあった。例えば、ニューヨークのウォール街からアメリカ各地に広がった「占拠《オキュパイ》」運動などである。しかし私たちは、特定の「超富裕」な個人や、いわゆる選ばれし「1%」に的を絞ることだけが重要ではないと考えている。このようなやり方はセンセーショナルになりがちで、特定の個人に目を奪われ、私たちが「普通の」富裕なエリートと呼んできた、もっと幅広い、社会学的に言えば同類の人々から注意をそらしてしまう危険がある。ウォール街のような特定の場所で活動する、「泥棒男爵」［私財を蓄えた実業家と銀行家を指した軽蔑的な意味合いの用語］と吊るし上げられる人たちは間違いなく重要だが、もっと幅広いグループに注意を向けるべきだということを、私たちはここで明確にしておく。

第3に、社会区分を正しく理解するための要となる経済資本、文化資本、社会関係資本の蓄積を、重要な問題として提起しているということだ。これまでの階級の分類は、ある時点の状態を切り取ったスナップショットをベースにして行われていたが、それでは、実態そのものを映すと言える時間の経過による側面がわかりにくくなる。階級構造の最上層では、日常的に当たり前に資本の蓄積が進んでいる。急騰する住宅価格はその一例だ。こうした資本の蓄積は、富裕税や邸宅税《マンション・タックス》とのかかわりで、政治的な課題となりつつある。このような動向はまったく妥当なものだと私たちは考えている。しかし、超富裕層の活動にばかり目を向けることが、不平等の解消の役に立つとは思わない。それでは、もっと日常的な（だが、じつは非常に独占的な）過度な蓄積のプロセスを見逃してしまうからだ。

第４は、現代の不平等の拡大は、さまざまな種類の資本の相互作用に関連しており、それが悪循環と好循環をもたらす状況を解明するべきだということだ。この点でも、私たちは安易なスナップショット的な分類に反対である。したがって本書では、経済資本、文化資本、社会関係資本が相互に関連して、その連係が、エリート大学や一流企業などの特定の場所にどのように結晶化しているか、また、長期的な蓄積のプロセスを通じてどのように引き寄せ合うかに重点を置いてきたのである。

第５に、本書を終えるにあたり、能力主義的な政治の限界を、再度指摘しておきたい。本書で明らかにしてきた不平等や格差の課題に本気で取り組むためには、競争の激しい資本主義的な、新自由主義の市場システムそのものに疑いの目を向けなければならない。このシステムの正統性は、自由や機会の平等とうまく釣り合いが取れているかどうかにかかっている。この調和の手法を探求することによって、もっと効果的で包括的な別の有力なモデルを、念入りに検討するのが賢明だろう。

本書が、こんにちの階級の意味についての議論を切り開き、国民的な議論の広がりに貢献することによって、現代の課題に立ち向かう力となれることを願っている。それによって、21世紀初頭の特徴となってしまった、許されざる大きな格差の解決に取り組むように政治家や政策立案者に圧力をかけることができると、私たちは信じている。

付録　英国階級調査について

本書は英国階級調査で収集したデータにもとづいて執筆した。英国階級調査プロジェクトは３つの調査を実施し、データを収集した。

1　英国階級調査

ＢＢＣ（英国放送協会）のBBC Lab UK websiteで、２０１１年1月26日に開始された。約20分で回答できるアンケートの形式で実施。アンケートの詳細はUK Data Archiveから入手できる。

２０１１年６月までに16万１０００人が回答。データをマイク・サヴィジらが分析し、「A New Model of Social Class? Findings from the BBC's GBCS Experiment」に発表した。(1)

調査は２０１３年６月末まで継続され、回答者の合計は32万５０００人に達した。本書の分析の大半は、２０１１年６月までの集計データにもとづいている。前半の分析が完了するまでに、後半のデータのエラーチェックが完了していなかったことによる。イギリス国外に居住する調査参加者は分析から除外した。データの全体はエセックス大学のUK Data Archiveに収録されている。これには、サンプルに関する詳細

情報も含まれている。(2)

2　全国サンプル調査

ウェブ上の英国階級調査には参加者に偏りがあることが判明したため、面接による追加調査を実施した。調査はマーケット・リサーチ会社（GfK）が割当法（クォータ・サンプリング）で2011年4月に実施し、1026人が回答した。調査の詳しい情報と、他の全国調査と比較した場合の特色に関する追加情報は、Savage et al., 'On Social Class, Anno 2014' の appendix で説明している。調査の全データはUK Data Archive にも収録されており、サンプルに関する詳細情報も含まれている。

3　インタビュー調査

英国階級調査と全国サンプル調査を、より定性的な調査によって補完するため、50人を対象にインタビュー調査を実施した。インタビューでは、英国階級調査と同じ質問に加え、回答者のライフヒストリー、生活態度、価値観などについて定性的な質問も行った。回答者は社会の各層から抽出したが、特に関心を持つ「エリート」と「プレカリアート」については、集中的に調査した。インタビュー調査は2014年の晩春に実施し、本書の執筆にかかわった研究者全員がインタビューを行った。インタビュー対象者の詳細は以下のとおりである（仮名、職業、居住地、性別、年齢の順）。

ヘイリー 人事部長　オックスフォード　女　50
シャーロット 元教員　ウスターシャー　女　77
ポール 会計士　グロスターシャー　男　66
モニカ 元教員　サマセット　女　67
アリソン 元裁縫師　ヨークシャー　女　69
ヤスミン 薬物更生施設職員　ランカシャー　女　49
サラ 看護師　ウェスト・ヨークシャー　女　51
クレイグ ナイトクラブの警備　レスター　男　48
マーティン 元給与管理者　バーミンガム　男　60~65
ティナ 工場労働者・介護士　エセックス　女　51
ロレイン フォークリフト運転士　ノーサンプトンシャー　女　44
フレイザー 元小学校校長　ダラム(カウンティ)　男　66
ポーリーヌ 骨董品販売　リンカンシャー　女　63
マイケル 化学エンジニア　ウォルヴァーハンプトン　男　63
インディ 事業主　ウォルヴァーハンプトン　男　71
エリザベス 退職者／芸術家　ヨーク　女　60
クリストファー 元鉄道の信号係　ヨーク　男　75
ナイジェル 研究者／実業家　ヨーク　男　60

ロバータ 教員　エセックス　女　データなし
ジャイルズ 元銀行家　チェシャー　男　60
アンソニー 大学教授　セント・アンドリューズ　男　57
ジェイン 元ショップ販売員　ロンドン　女　72
フィオーナ IT企業管理職　ロンドン　女　48
アラン セールスマン　グレーター・ロンドン　男　34
ジェニファー 小説家　サウス・ラナークシャー　女　52
イモジェン リバーシング・セラピスト　ロンドン　女　54
ジョージ ロビイスト　ロンドン　男　34
ピアース ジャーナリスト　ダービー　男　38
ジェマイマ マーケティング担当役員　バッキンガムシャー　女　32
ロジャー 継続教育講師　グレーター・マンチェスター　男　59
ヘンリー 法学部生　エディンバラ　男　19
ジョージア 広報部長　ロンドン　女　42
ベネディクト ITコンサルタント　サセックス　男　51
ジェレミー マーケティング部長　ケント　男　27
ジャービス 弁護士　オックスフォードシャー　男　38
スチュアート 元看護師　ブライトン　男　60

ルイーズ　経営コンサルタント　ロンドン　女　48
リチャード　建設業者　ノッティンガム　男　32
ジョー　建設業者　ロンドン　男　56
サイモン　建設業者　ロンドン　男　47
テリー　配管工　ロンドン　男　35
ジャニス　慈善活動者　ノッティンガム　女　35
ギータ　グラフィックデザイナー　ロンドン　女　44

ジョン　元銀行IT担当役員　ヨークシャー　男　データなし
サマンサ　ロビイスト　ロンドン　女　29
レスリー　性産業従事者　ノッティンガム　女　24
ロージー　奉仕作業者　ノッティンガム　女　52
ローラ　ネイリスト　ロンドン　女　34
バーバラ　清掃員　ロンドン　女　35
クレール　清掃員　ロンドン　女　59

謝辞

本書は、素晴らしい人々が協力して書き上げたものである。マイク・サヴィジとフィオナ・ディヴァインは英国階級調査（GBCS）の責任者として、英国放送協会（BBC）との連携を担当し、プロジェクト全体のリーダーを務めた。サヴィジはプロジェクト全体の分析戦略の責任者でもあり、階級に関する既存研究の分析（第1章、第5章）、文化資本について（第3章）、エリートの分析（第9章）を担当した。ディヴァインも分析に大きな貢献をしたほか、リーダーとして2013年に分析結果のメディアへの発表を行った。さらに、ニール・カニンガム、ヘレン・スニー、アンドリュー・マイルズとともに、第2章の経済資本の分析を担当した。カニンガムはBBCから受け取った英国階級調査の結果を分析し、地理情報システム（GIS）を駆使した居住地と階級の関係に関する研究でリーダーを務めた（第8章）。サム・フリードマンは本書に引用した50人のインタビュー調査の整理と、社会流動性（第6章）、スノビズムと階級意識（第11章）の執筆において中心となった。また、第3章と第9章の執筆にも加わっている。ダニエル・ローリソンは英国階級調査の準備段階でリーダーの役割を果たし、分析のほとんどにも参加した。特に社会関係資本（第4章）と社会流動性（第6章）についての貢献が大きい。リサ・マッケンジーは第10章のプレカリアートに関する研究を担当した。アンドリュー・マイルズは全般的なデータの整理と分析に助力した。ヘレン・スニーはイングランド北部で行ったインタビュー調査の整理を担当した。また、経済資本（第2章）、スノビズムと階級意識（第11章）の執筆にも参加している。ポール・ウェイクリングは大学と社会流動性（第7章）の分析を行った。

本書の各章に統一性をもたせ、結論を執筆したのはマイク・サヴィジである。本書に誤りがあるとすれば、その責任はサヴィジにある。

本研究に協力してくれた多くの人々に感謝している。ヨハンネス・イェルブレッケ（ノルウェー、ベルゲン大学）、リ・ヤオジュン（マンチェスター大学）、マーク・テイラー（シェフィールド大学）、ブリジット・ルルー（パリ第4大学・パリ第5大学）はいずれも英国階級調査のデータ分析を行ってくれた。ロンドン・スクール・オブ・エコノミクス社会学部の優れた大学院生のチーム（ネル・ビーチャム、カタリーナ・ヘクト、ジョージア・ニコルズ）は補足的な調査を行い、批判的な感想を述べ、精神的なサポートもしてくれた。ウィルフ・ホースフォールは私たちの研究に素晴らしいグラフィックを提供してくれた。草稿を読んで鋭い意見を述べてくれたメル・ニコルズにも感謝する。有能なジャーナリストである彼の意見に助けられ、本書の最終版の原稿を書き上げることができた。ジョージア・ニコルズは分析結果の誤りを修正してくれて、私たちが見落としていた問題を見つけ、そのほとんどを解決してくれた。

私たちの研究を支援してくれた多くの人々に感謝を捧げる。マンチェスター大学社会学部は知の拠点であり、本研究が生まれた場所でもある。ビバリー・スケッグス、アラン・ワード、ウェンディ・ボテロ、ニック・クロスリー、コレット・フェイガンほかの、変化し続ける世界において、階級の意味を問い直すことに関心を持つ諸氏にも感謝したい。マンチェスター大学とオープン大学に本拠を置く社会文化変革研究センター（ＣＲＥＳＣ）からの支援は、今回のプロジェクトの発展に欠かせないものだった。特に、私たちの研究の裏づけとなった「文化資本と社会的排除」の研究プロジェクトを行ったチームの、トニー・ベネット、エリザベス・シルヴァ、アラン・ワード、モデスト・ガヨ＝カル、デーヴィッド・ライトに感謝している。ヨーク大学社会学部の仲間たち（特にローリー・ハンキネットとロジャー・バロウズ）の協力にもお礼を申し上げる。また、２０１２年以来のロンドン・スクール・オブ・エコノミクス社会学部の協力がなかったら、このプロジェクトが完成することはなかっただろう。私たちの研究が進む過程で、熱心にセミナーや講義に参加してくれたロンドン・スクール・オブ・エコノミクスの学生たちにも感謝の意を表したい。事務的なサポートをしてくれたルイーズ・フィッシャー（学部マネージャー）、アッティラ・サント（研究マネージャー）、ルイーザ・ローレンス（個人秘書）は、本書の原稿の完成を大いに助けてくれた。ロンドン・スクール・オブ・エコノミクスの同僚であるジョン・ヒルズ（社会政策学部）、ニコラ・レイシー（法学部）、デーヴィット・ソスキス（政治学部）は、今回のプロジェクトを熱心に応援してくれた。

私たちは本書をロンドン・スクール・オブ・エコノミクスの国際不平等研究センターの設立と同じ年に出版できたことを大変うれしく思っている。この研究センターは、私たちが本書で提起した数々の問題をさらに深く研究する基盤となることだろう。

そして、今回のプロジェクトはBBCのサポートなしには実現できなかった。BBCは英国階級調査に多くの予算を割いたのではないか。私たちは本書によって、社会科学の研究は学者だけで行うものではなく、メディアの協力も必要であることを証明できたと思っている。特に、リチャード・ケーブル、マイケル・オーウェル、フィリップ・トリッペンバッハは、困難な時期もあった本プロジェクトを維持するために欠かせない存在だった。

最後に、本書の草稿に優れたアドバイスをくれるなど、サポートを惜しまなかったペンギンブックスの編集者ジョセフィーヌ・グレイウッドと、校閲のエキスパートとして本書を格段にわかりやすいものにしてくれたルイーザ・スラデン・ワトソンに感謝したい。


2015年4月、ロンドン、マンチェスター、ヨークにて

【訳者紹介】

船山むつみ（ふなやま むつみ）
翻訳家．東北大学文学部，慶應義塾大学法学部卒業．
放送記者，新聞社の翻訳者，外国公務員を経て，現職．全国通訳案内士（英語，中国語，フランス語）．
訳書に，『25年目の「ただいま」』（静山社，2015年．映画「LION」原作）など．

7つの階級
英国階級調査報告

2019年12月12日発行

著　者――マイク・サヴィジ
訳　者――船山むつみ
発行者――駒橋憲一
発行所――東洋経済新報社
〒103-8345　東京都中央区日本橋本石町1-2-1
電話＝東洋経済コールセンター　03(6386)1040
https://toyokeizai.net/

装　丁……………橋爪朋世
ＤＴＰ……………アイランドコレクション
印　刷……………図書印刷
編集協力…………岩本宣明／島村裕子
編集担当…………佐藤朋保
Printed in Japan　ISBN 978-4-492-22385-7

【著者紹介】

マイク・サヴィジ（Mike Savage）
ロンドン・スクール・オブ・エコノミクス社会学部教授と同大学国際不平等研究センター共同所長を兼任．専門は社会階級と不平等分析．マンチェスター大学，ヨーク大学で教鞭を執った後，2014年より現職．
著書に，*Identities and Social Change in Britain since 1940: The Politics of Method*, Oxford University Press, 2010; *Class Analysis and Social Transformation*, Open University Press, 2000; *Culture, Class, Distinction*, Routledge, 2009（共著）（『文化・階級・卓越化』磯直樹ほか訳，青弓社，2017年）; *Rethinking Class: Culture, Identities and Lifestyles*, Palgrave Macmillan, 2005（共著）ほか．

ニール・カニンガム（Niall Cunningham）
ニューカッスル大学人間地理学部講師．

フィオナ・ディヴァイン（Fiona Devine）
マンチェスター大学社会学部教授と同大学アライアンス・ビジネススクール長を兼任．

サム・フリードマン（Sam Friedman）
ロンドン・スクール・オブ・エコノミクス社会学部准教授．

ダニエル・ローリソン（Daniel Laurison）
スワースモア大学社会学部助教授．

リサ・マッケンジー（Lisa McKenzie）
ミドルセックス大学社会学部講師．

アンドリュー・マイルズ（Andrew Miles）
マンチェスター大学社会学部教授．

ヘレン・スニー（Helene Snee）
マンチェスター・メトロポリタン大学社会学部教授．

ポール・ウェイクリング（Paul Wakeling）
ヨーク大学教育学部教授．

索　引

＊斜体字は原注のページと注番号を示す.

英数字

ア　行

カ　行

サ行

タ　行

ナ　行

ハ 行

マ　行

ヤ　行

ラ　行

原 注

序論

1. Danny Dorling, *Injustice* (Bristol: 2010), Owen Jones, *The Establishment, and How They Get Away with It* (London: 2014) [『エスタブリッシュメント――彼らはこうして富と権力を独占する』オーウェン・ジョーンズ著, 依田卓巳訳, 海と月社, 2018年].
2. Mike Savage, Fiona Devine, Niall Cunningham, Mark Taylor, Yaojun Li, Johannes Hjellbrekke, Brigitte Le Roux, Sam Friedman and Andrew Miles, 'A New Model of Social Class? Findings from the BBC's Great British Class Survey Experiment', *Sociology*, 47(2), 2013, 219–50.
3. 調査参加者の人数はさらに増えて, 2014年末には900万人近くになった. その後も毎週1万人を超える人たちが階級算出装置をクリックし続けている. 参照文献：Fiona Devine and Helene Snee, 'Doing the Great British Class Survey', *Sociological Review*, 63(2), 2015, 240–58.
4. http://xmedia.ex.ac.uk/wp/wordpress/a-class-act/
5. 英国階級調査 (GBCS) の回答者数が100名未満の地区については公表していない.
6. Colin Mills, 'The Great British Class Fiasco: A Comment on Savage et al.', *Sociology*, 48(3), 2014, 437–44. その反応である Mike Savage, Fiona Devine, Niall Cunningham, Sam Friedman, Daniel Laurison, Andrew Miles, Helene Snee and Mark Taylor, 'On Social Class, Anno 2014', *Sociology* (forthcoming) も参照.
7. 少数民族の分析にとっては問題があった. マーケット・リサーチ会社 GfK が実施した全国サンプル調査では, 少数民族の人数はあまりにも少なかったため, 容易に推論することはできなかった. したがって, 少数民族については十分な分析ができなかったことに留意されたい.
8. Tony Bennett, Mike Savage, Elizabeth Silva, Alan Warde, Modesto Gayo-Cal and David Wright, *Culture, Class, Distinction* (Abingdon: 2009) [『文化・階級・卓越化』トニー・ベネットほか著, 磯直樹ほか訳, 青弓社, 2017年].

第1章

1. http://www.bbc.co.uk/labuk/articles/class/
2. Mike Savage, Gaynor Bagnall and Brian Longhurst, 'Ordinary, Ambivalent and Defensive: Class Identities in the Northwest of England', *Sociology*, 34(5), 2001, 875–92.
3. Anthony Meath, Joan Martin and Gabriella Elgenius. 'Who Do We Think We Are? The Decline of Traditional Social Identities', in A. Park, J. Curtice, K. Thomson, M.

Phillips and M. Johnson (eds.), *British Social Attitudes: The 23rd Report – Perspectives on a Changing Society* (London: 2007), pp. 1–34.

4. 自分を上流階級だと考える人たちの数は非常に少なく，大多数の人々は自分を労働者階級または中流階級と考えている．

5. 例えば，David Cannadine, *Class in Britain* (Harmondsworth: 1984)［『イギリスの階級社会』D.キャナダイン著，平田雅博・吉田正広訳，日本経済評論社，2008年］，Ross McKibbin, *Classes and Cultures: England 1918–1951* (Oxford: 1998), Selina Todd, *The People: The Rise and Fall of the Working Class 1980–2010* (London: 2014)［『ザ・ピープル――イギリス労働者階級の盛衰』セリーナ・トッド著，近藤康裕訳，みすず書房，2016年］．

6. 以前からの主張については以下を参照．E. P. Thompson, *The Making of the English Working Class* (London: 1963)［『イングランド労働者階級の形成』エドワード・P.トムスン著，市橋秀夫・芳賀健一訳，青弓社，2003年］．

7. ウィリアム・ワーズワースの有名な詩 'Michael' は，イギリス湖水地方におけるこのような状況をうたった哀歌である．

8. Keith Wrightson, *Earthly Necessities: Economic Lives in Early Modern Britain* (London: 2000).

9. Thompson, *The Making of the English Working Class*, Mike Savage and Andrew Miles, *The Remaking of the British Working Class, 1840–1940* (London: 1994).

10. Peter Cain and Anthony Hopkins, *British Imperialism, 1688–2000* (London: 1993).

11. Carolyn Steedman, *Master and Servant: Love and Labour in the English Industrial Age* (Cambridge: 2007), *Labours Lost: Domestic Service and the Making of Modern England* (Cambridge: 2009).

12. 貴族階級への非常に限られた社会流動性については以下を参照．Andrew Miles, *Social Mobility in Nineteenth -and Early Twentieth- century England* (Basingstoke: 1999).

13. Dror Wahrman, *Imagining the Middle Class: The Political Representation of Class in Britain, C. 1780–1840* (Cambridge: 1995).

14. 著名な社会学者トマス・ハンフリー・マーシャルは，労働者階級を文明化する唯一の道は市民権を拡大することであり，特に福祉国家の建設によって，労働者にも完全な権利を保障すれば，彼らの人間としての品性や態度も向上させることができると主張した．T. H. Marshall, *Citizenship and Social Class, and Other Essays* (Cambridge: 1950)．一方，デーヴィッド・ロックウッドは「プロレタリアートの問題点」について，David Lockwood, 'Marking Out the Middle Class(es)', in T. Butler and M. Savage (eds.), *Social Change and the Middle Classes* (London: 1995) の中で言及している．

15. トムスンが *The Making of the English Working Class* において主張したことで知られている．

16. Maxine Berg, *Luxury and Pleasure in Eighteenth-century Britain* (Oxford: 2005), John Brewer, *The Pleasures of the Imagination: English Culture in the Eighteenth Century* (London: 1997).
17. D. J. Taylor, *Orwell: The Life* (London: 2003).
18. 世情調査の結果からも，こうした懸念の例を見ることができる．D. Kynaston, *Austerity Britain 1945–51* (London: 2007), James Hinton, *Nine Wartime Lives* (Oxford: 2010)．懸念は20世紀後半になっても続いていた．Beverley Skeggs in *Formations of Class and Gender* (London: 1997).
19. Gareth Stedman Jones, *Outcast London* (Harmondsworth, 1971).
20. オンライン資料 http://booth. lse.ac.uk/ に詳述．チャールズ・ブースの詳細な社会地図でロンドンのあらゆる通りも見ることができる．
21. Donald A. MacKenzie, *Statistics in Britain, 1865–1930: The Social Construction of Scientific Knowledge* (Edinburgh: 1981), Siman Szreter, Fertility, *Class and Gender in Britain, 1860–1940* (Cambridge: 2002).
22. イギリス人が社会階級の中層を細かく分類することに執着する傾向は，大学の学士学位の二等が，「上級」と「下級」に分かれていることにも表れているかもしれない．
23. T. H. C. Stevenson, 'The Vital Statistics of Wealth and Poverty', *Journal of the Royal Statistical Society*, 91(2), 1928, 207–30. もっと一般的な見解については，Szreter, *Fertility, Class and Gender*を参照．
24. イギリスの場合，この問題について戦後になって徹底的に検討した研究によると，それぞれの職業についての世間の評判から仕事に対する人々の評価を識別することは，実際には難しかった．A. Coxon and C. Jones, *The Images of Occupational Prestige* (London: 1978), T. Coxon, 'The Misconstruction of Occupational Judgment', *British Journal of Sociology*, 34(4), 1983, 483–90.
25. 一般的な見解は，Mike Savage, *Identities and Social Change in Britain since 1940: The Politics of Method* (Oxford: 2010) を参照．
26. Ross McKibbin, *Classes and Cultures: England 1918–1951* (Oxford: 1998), Savage, *Identities and Social Change in Britain since 1940.*
27. Rosemary Crompton and Gareth Jones, *White-collar Proletariat: Deskilling and Gender in Clerical Work* (Basingstoke: 1984).
28. Annie Phizacklea and Robert Miles, *Labour and Racism* (London: 1980). The Centre for Contemporary Cultural Studies, *The Empire Strikes Back: Race and Racism in 70s Britain* (London:1982).
29. http://www.ons.gov.uk/ons/guide-method/classifications/current-standard-classifications/soc2010/soc2010-volume3-ns-sec--rebased-on-soc2010--user-manual/index.html#skiptotop
30. Gordon Marshall, Howard Newby, David Rose and Carolyn Vogler, *Social Class*

in Modern Britain (London: 1988), David Rose and David Pevalin (eds.), *A Researcher's Guide to the National Statistics Socioeconomic Classification* (London: 2003).

31. David Lockwood, *The Black-coated Worker* (London: 1958), Susan Halford, Mike Savage and Anne Witz, *Gender, Careers and Organisations* (Basingstoke: 1997).
32. アンソニー・ヒースらは1980年代，人々の投票行動をより正確に予想した．Anthony Heath, Roger Jowell and John Curtice, *How Britain Votes* (Oxford: 1985). また，投票行動は雇用の区分と関係していると主張した Patrick McGovern, Stephen Hill, Colin Mills and Michael White, *Market, Class and Employment* (Oxford: 2007) も参照.
33. Mike Savage and Karel Williams (eds.), *Remembering Elites* (Oxford: 2008).
34. Robert Erikson and John Goldthorpe, *The Constant Flux* (Oxford: 1992) を参照.
35. この点について重要な研究は以下のとおり．Tony Bennett, Mike Savage, Elizabeth Silva, Alan Warde, Modesto Gayo-Cal and David Wright, *Culture, Class, Distinction* (Abingdon: 2009), Brigitte Le Roux, Henry Rouanet, Mike Savage and Alan Warde, 'Class and Cultural Division in the UK', *Sociology*, 42(6), 2008, 1049–71.
36. Mike Savage, Alan Warde and Fiona Devine, 'Capitals, Assets and Resources', *British Journal of Sociology*, 56(1), 2005, 31–47.
37. Pierre Bourdieu, 'The Forms of Capital', in Imre Szeman and Timothy Kaposy (eds.), *Cultural Theory: An Anthology* (Oxford: 2010), p. 81.
38. I. F. Silber, 'Bourdieu's Gift to Gift Theory: An Unacknowledged Trajectory', *Sociological Theory*, 27(2), 2009, 173–90.
39. http://www.aqa.org.uk/subjects/english/as-and-a-level/english-literature-a-2740/subject-content
40. Mike Savage, Gaynor Bagnall and Brian Longhurst, *Globalization and Belonging* (London: 2005).

第2章

1. John Hills, *Good Times, Bad Times: The Welfare Myth of Them and Us* (Bristol: 2015), p. 37.
2. ジニ係数とは，国内の世帯所得を比較し，その結果を0（完全に平等）から100(完全に不平等）までの数字にする．http://www.ons.gov.uk/ons/guide-method/method-quality/specific/social-and-welfare-methodology/the-gini-coefficient/index.html
3. Peter Nolan, 'Shaping the Future: The Political Economy of Work and Employment', *Industrial Relations Journal*, 35(5), 2004, 378–87, および 'The Changing World of Work', *Journal of Health Services Research and Policy*, 9(suppl. 1), 2004, 3–9.
4. Mark Williams, 'Occupations and British Wage Inequality, 1970s–2000s', *European*

Sociological Review, 29(4), 2013, 841–57.

5. この表についての私たちの見解は，マーク・ウィリアムズの見解と一致している．ウィリアムズによれば，国家統計社会経済分類（NS-SEC）による階級分類では，さまざまな所得レベルが記されているが，クラス1（専門職・経営管理職）とそれ以外のクラスとのギャップこそが相違のほとんどを説明しているという．
6. 英国階級調査には世帯所得の情報しかないため，表2-3の数字は，その世帯に2人以上の働き手がいるかどうかに影響を受けてしまっているところに注意．その後の分析で，英国階級調査と労働力調査の双方に同じパターンがあることがわかる．Sam Friedman, David Laurison and Andrew Miles, 'Breaking the "Class" Ceiling? Social Mobility into Elite Occupations', *Sociological Review*, 63(2), 2015, 259–89（英国階級調査の結果を，個人の所得を調べた労働力調査と比較）．
7. Thomas Piketty, *Capital in the Twenty-first Century* (Cambridge, MA: 2014), p. 116, Figure 3.1［『21世紀の資本』トマ・ピケティ著，山形浩生・守岡桜・森本正史訳，みすず書房，2014年］．
8. Markus Jäntti, Eva Sierminska and Philippe Van Kerm, 'The Joint Distribution of Income and Wealth', in Janet C. Gornick and Markus Jäntti (eds.), *Income Inequality: Economic Disparities and the Middle Class in Affluent Countries* (Redwood City, CA: 2013), pp. 312–33.
9. Eva Sierminska, Timothy M. Smeeding and Serge Allegrezza, 'The Distribution of Assets and Debt', in Gornick and Jäntti (eds.), *Income Inequality: Economic Disparities and the Middle Class*, pp. 285–311の中のp. 294. これらの数字には債務が含まれていないことに注意．
10. J. Hills, F. Bastagli, F. Cowell, H. Glennerster, E. Karagiannaki and A. McKnight, *Wealth in the UK* (Oxford: 2013), p. 20, Figure 2.3. 引用されている数値は2005年当時の市場価格．
11. Hills et al., *Wealth in the UK*, p. 21, Figure 2.4.
12. Mike Savage, 'Piketty's Challenge for Sociology', *British Journal of Sociology*, 65(4), 2014, 591–606.
13. Hills et al., *Wealth in the UK*, p. 21, Figure 2.4.
14. Hills et al., *Wealth in the UK*, p. 113, Figure 5.9. 金銭的援助は多くの場合，教育の形をとっている．
15. Hills et al., *Wealth in the U*K, p. 108, Figure 5.6. データは2005年の金額．世帯主が25歳以上の世帯については1995年のデータ．
16. Hills et al., *Wealth in the UK*, p. 145.
17. Peter Saunders, *A Nation of Homeowners* (London: 1990).
18. Owen Jones, *Chavs: The Demonization of the Working Class* (London: 2011)［『チャヴ――弱者を敵視する社会』オーウェン・ジョーンズ著，依田卓巳訳，海と月

社，2017年］，Danny Dorling, *All That Is Solid: The Great Housing Disaster* (London: 2014), pp. 288–9.
19. Tim Butler and Paul Watt, *Understanding Social Inequality* (London: 2007), pp. 82–91, S. Sassen, *The Global City: New York, London, Tokyo* (Redwood City, CA: 1991), p. 267［『グローバル・シティ――ニューヨーク・ロンドン・東京から世界を読む』サスキア・サッセン著，伊豫谷登士翁監訳，大井由紀・髙橋華生子訳，ちくま学芸文庫，2018年］.
20. UK population census, 2011.
21. 'Almost Two Million Young Working Adults Still Living with Mum and Dad', press release, Shelter, 2014. http://england.shelter.org.uk/news/july_2014/almost_two_million_young_working_adults_still_living_with_mum_and_dad (2015年5月22日閲覧).
22. Dorling, *All That Is Solid*, pp. 147–54.
23. http://www.localgovernmentexecutive.co.uk/news/59-bedroom-tax-tenants-arrears-official-review-finds
24. Dorling, *All That Is Solid*, pp. 175–6.
25. Mike Savage, 'The Politics of Elective Belonging', *Housing, Theory and Society*, 27 (2), 2010, 115–61.
26. Hilary Osborne, 'Poor Doors: The Segregation of London's Inner-city Flat Dwellers', *Guardian*, 25 July 2014. http://www.theguardian.com/society/2014/jul/25/poor-doors-segregation-london-flats
27. Roger Burrows, 'Life in the Alpha Territory: Investigating London's "Super-Rich" Neighbourhoods', LSE Blogs – British Politics and Policy, 2013. http://blogs.lse.ac.uk/politicsandpolicy/life-in-the-alpha-territory-londons-super-rich-neighbourhoods/ や以下も参照．Roger Burrows, 'The New Gilded Ghettoes: The Geodemographics of the Super-Rich', *Discover Society*, (3), December 2013. http://www.discoversociety.org/2013/12/03/the-new-gilded-ghettos-the-geodemographics-of-the-super-rich/
28. John Hills, *An Anatomy of Economic Equality in the UK: Report of the National Equality Panel* (London: 2010), p. 386.
29. この社会的格差が「自然なもの」として認識されていくプロセスについてブルデューは，社会的不平等の意味が曖昧にされる方法のひとつだと考えていた．
30. Katharina Hecht, forthcoming Ph.D. thesis, 'A Sociological Analysis of Economic Inequality at the Top End of the Income Distribution', London School of Economics. http://www.discoversociety.org/2014/12/01/why-sociologists-should-research-the-increase-in-top-income-and-wealthinequality/

第3章

1. ゲオルク・ジンメルはエッセイ 'Fashion' で，このようなアプローチについて鋭く指摘している．*The American Journal of Sociology*, 62(6), 1957, 541–58.
2. ブルデューの*Distinction*(London: 1984)［『ディスタンクシオン——社会的判断力批判』(I・II) ピエール・ブルデュー著，石井洋二郎訳，藤原書店，1990年］参照．しかし，このテキストは難解であるため，よりわかりやすい説明としては以下がある．David Swartz, *Culture and Power* (Chicago: 1997).
3. Yujia Liu and David B. Grusky, 'The Payoff to Skill in the Third Industrial Revolution', *American Journal of Sociology*, 118(5), 2013, 1330–74.
4. 企業がその製品を正しいターゲットに届けられるよう，マーケット・リサーチャーたちは各「セグメント」のライフスタイルを研究しているが，そこでもブルデューの考え方が役立っている．
5. Shamus Rahman Khan, *Privilege: The Making of an Adolescent Elite at St. Paul's School* (Princeton, NJ: 2010).
6. この問題をより深く検討したい読者はこちらを参照．Tony Bennett, Mike Savage, Elizabeth Silva, Alan Warde, Modesto Gayo-Cal and David Wright, *Culture, Class, Distinction* (Abingdon: 2009), Dave O'Brien, *Cultural Policy: Management, Value and Modernity in the Creative Industries* (London: 2014).
7. Sam Friedman, *Comedy and Distinction: The Cultural Currency of a 'Good' Sense of Humour* (London: 2014).
8. Les Back, *New Ethnicities and Urban Culture: Racisms and Multiculture in Young Lives* (London: 1996), Mike Savage, David Wright and Modesto Gayo-Cal, 'Cosmopolitan Nationalism and the Cultural Reach of the White British', *Nations and Nationalism*, 16(4), 2010, 598–615.
9. 特に，Bennett et al., *Culture, Class, Distinction*. 類似した事実は諸外国にも見られる．Annick Prieur and Mike Savage, 'Updating Cultural Capital Theory: A Discussion Based on Studies in Denmark and in Britain', *Poetics*, 39(6), 2011, Philippe Coulangeon and Julien Duval (eds.), *The Routledge Companion to Bourdieu's Distinction* (London: 2015).
10. 厳密に言えば，私たちは『ディスタンクシオン』でブルデューが使用した多くの対応分析ツールを利用し，ここでは全国サンプル調査のデータを使っている．簡潔な分析は，Savage et al., 'A New Model of Social Class?'. 総合的な報告は，Mike Savage, Brigitte Le Roux, Johannes Hjellbrekke and Daniel Laurison, 'Espace culturel britannique et classes sociales', in Frédéric Lebaron and Brigitte Le Roux (eds.), *La méthodologie de Pierre Bourdieu en action: espace culturel, espace social, et analyse des données* (Paris: 2015).
11. Bennett et al., *Culture, Class, Distinction.*

12. 詳細は，Bennett et al., *Culture, Class, Distinction*, Chapter 4 を参照.
13. 「文化の雑食主義」について詳しくは，Laurie Hanquinet and Mike Savage（eds.）, *Routledge International Handbook of the Sociology of Art and Culture*（London: 2015）を参照.
14. ここに，まさに英国階級調査がなぜこのような若年層に訴えかけたのかが（嫌悪されたのかも）表れている．私たちの研究は「新興文化資本」のこの意欲的な部分に非常に注目した.
15. Bjørn Schiermer, 'Late-modern Hipsters: New Tendencies in Popular Culture', *Acta Sociologica*, 57(2), 2014, 167–81.

第4章

1. Robert Putnam, *Bowling Alone*（New York: 2000）[『孤独なボウリング――米国コミュニティの崩壊と再生』ロバート・D. パットナム著，柴内康文訳，柏書房，2006年].
2. David Halpern, *Social Capital*（Cambridge: 2004）, Richard G. Wilkinson, *Unhealthy Societies: The Afflictions of Inequality*（London: 1996）.
3. Mark Granovetter, 'The Strength of Weak Ties', *American Journal of Sociology*, 78(6), 1973．この論文は史上最も多く引用された論文のひとつと言われている［「弱い紐帯の強さ」『リーディングス　ネットワーク論――家族・コミュニティ・社会関係資本』第4章（マーク・S. グラノヴェター著，大岡栄美訳），勁草書房，2006年].
4. Ronald Burt, 'The Network Structure of Social Capital', in B. Staw and R. Sutton（eds.）, *Research in Organizational Behaviour*, vol. 22（Greenwich, CT: 2000）, pp. 345–423, S. Ball, *Class Strategies and the Education Market: The Middle Classes and Social Advantage*（London: 2003）.
5. Bonnie Erikson, 'Culture, Class and Connections', *American Journal of Sociology*, 102(1), 1996, 217–51.
6. より新しい研究としては，Owen Jones, *The Establishment, and How They Get Away with It*（London: 2014）を参照.
7. Nan Lin, Yang-chih Fu and Ray-May Hsung, 'The Position Generator: Measurement Techniques for Investigations of Social Capital', in Nan Lin, Karen Cook and Ronald S. Burt（eds.）, *Social Capital: Theory and Research*（New York: 2001）, pp. 57–81.
8. 調査結果を分析する際には配慮が必要だ．社会的つながりには特定の職業で働く家族の場合もあるだろう．また，看護師，弁護士，教師などの職業の人を知っていると報告する人も多いかもしれない．そのような職業の人たちは人に接する機会が多いからである.
9. これらの目的のために，私たちは多重コレスポンデンス分析を用いた.
10. ケンブリッジ社会的交流階層スコア（CAMSIS：Cambridge Social Interaction and

Stratification) はケンブリッジ大学の研究者たちが，イギリスのあらゆる職業の地位を査定するために開発したもので，ケンブリッジ・スコアとも呼ばれる．各職業の人たちがどんな人を親しい友人や結婚相手に選んでいるかにもとづいている．その論理は私たちの調査と同様であるため，ケンブリッジ・スコアの順位と私たちの調査の順位は似たようなパターンになると思われる．

11. この分析について詳細は，Daniel Laurison, 'The Right to Speak: Differences in Political Engagement among the British Elite', *Sociological Review*, 63(2), 2015, 349–72を参照．
12. Nan Lin, 'Social Networks and Status Attainment', *Annual Review of Sociology*, 25, 1999, 467–87, Ted Mouw, 'Social Capital and Finding a Job: Do Contacts Matter?', *American Sociological Review*, 68(6), 2003, 868–98.
13. Daniel Laurison, 'The Right to Speak: Differences in Political Engagement among the British Elite' を参照．

第5章

1. 技術的な詳細は，Savage, Fiona Devine, Niall Cunningham, Mark Taylor, Yoojun Li, Johannes Hjellbrekke, Brigitte Le Roux, Andrew Miles and Sam Friedman, 'A New Model of Social Class? Findings from the BBC's Great British Class Survey Experiment', *Sociology*, 47(2), 2013, および Mike Savage, Fiona Devine, Niall Cunningham, Sam Friedman, Daniel Laurison, Andrew Miles, Helene Snee and Mark Taylor, 'On Social Class, Anno 2014', *Sociology* (forthcoming). ここでは，私たちの調査結果のデータと分析方法についての詳しい議論には立ち入らないことにするが，次の批判的コメントは重要である．Colin Mills in 'The Great British Class Fiasco: A Comment on Savage et al.', *Sociology*, 48(3), 2014, 437–44. しかし，ミルズは私たち自身が敏感に考えてきた問題点を何度も繰り返しているにすぎない．「7つの階級」のモデルは，それを作成するために使用した測定数値とそのデータの質に左右されるものであり，全国サンプル調査と英国階級調査についての私たちの分析だけを根拠に「証明された」ものと考えるべきではない．全国サンプル調査とは違ったアプローチを用いた，全国的でさらに大規模な調査のデータを使えば，また別の潜在クラスを見つけることができたかもしれないというミルズの指摘は正しい．しかし，このような反対意見は，私たちの実質的な論点に影響を与えるものではない．なぜなら，そのような少し異なった階級分類を行った場合には，社会構造の中層が分類しなおされる結果になるだろうし，私たちは元々，その部分にはトップや底辺と比べてずっと曖昧な違いしかないと主張しているからだ．実際，英国階級調査についてフランスの著名な数学者ブリジット・ルルー教授が，また別の分析方法（多重コレスポンデンス分析）により，さらにいくらか異なる社会関係資本と文化資本の測定数値を用いて行った研究があるが，そこでも最も際立って他のグループと違っているのはトッ

プのグループであり，社会構造の中層あたりはずっと曖昧な状況になっている．Mike Savage, Brigitte Le Roux, Johannes Hjellbrekke and Daniel Laurison, 'Espace culturel britannique et classes sociales', in Frédéric Lebaron and Brigitte Le Roux (eds.), *La méthodologie de Pierre Bourdieu en action: espace culturel, espace social, et analyse des données* (Paris. 2015).

2. Danny Dorling, *Inequality and the 1%* (London: 2014), Thomas Piketty, *Capital in the Twenty-first Century* (Cambridge, MA: 2014).
3. 同じ見解はジェンダーの問題にも当てはまる．だが，私たちの調査では世帯所得について質問したので，全国サンプル調査の結果を使った場合には，性別の違いははっきりしていない（例えば，所得の非常に低い女性が所得の非常に高い男性と一緒に生活している場合もあるし，その逆の場合もある）．
4. 英国階級調査と全国サンプル調査の結果を少数民族の問題の詳細な検討に利用するのは問題があることは，先に指摘したとおり．この点の裏づけとなるものとして，S. Longhi, C. Nicoletti and L. Platt, 'Explained and Unexplained Wage Gaps Across the Main Ethno-religious Groups in Great Britain', *Oxford Economic Papers*, 65(2), 2013, 471–93 を参照.
5. Louis Chauvel, 'The Long-term Destabilization of Youth, Scarring Effects, and the Future of the Welfare Regime in Post-*Trente Glorieuses* France', *French Politics, Culture and Society*, 28(3), 2010, 74–96.
6. Longhi et al., 'Explained and Unexplained Wage Gaps'.
7. 論点は下記の論文に詳しい．Tony Bennett, Mike Savage, Elizabeth Silva, Alan Warde, Modesto Goyo-Cal and David Wright, *Culture, Class, Distinction* (Abingdon: 2009).
8. さらに詳しくは，Mike Savage, *Identities and Social Change since 1940: The Politics of Method* (Oxford: 2010), Annick Prieur and Mike Savage, 'Emerging Forms of Cultural Capital', *European Societies*, 15(2), 2013, 246–67.

第6章

1. Michael Young, *The Rise of the Meritocracy 1870–2033: An Essay on Education and Equality* (London: 1958)［『メリトクラシーの法則』マイクル・ヤング著，伊藤慎一訳，至誠堂，1965年］.
2. Young, *The Rise of Meritocracy*, pp. 11–12.
3. Young, *The Rise of Meritocracy*, p. 12.
4. Robert Erikson and John Goldthorpe, 'Has Social Mobility in Britain Decreased? Reconciling Divergent Findings on Income and Class Mobility', *British Journal of Sociology*, 61(2), 2010, 211–30.
5. 最新の研究は以下を参照．Erzsébet Bukodi, John Goldthorpe, Lorraine Waller and

Jouni Kuha, 'The Mobility Problem in Britain: New Findings from the Analysis of Birth Cohort Data', *British Journal of Sociology*, 66 (1), 2015, 93–117.

6. Mike Savage, 'Introduction to Elites: From the "Problematic of the Proletariats" to a Class Analysis of "Wealth Elites" ', *The Sociological Review*, 63 (2), 2015, 223–39.
7. Jo Blanden, Alissa Goodman, Paul Gregg and Stephen Machin, 'Changes in Intergenerational Mobility in Britain', in M. Corak (ed.), *Generational Income Mobility in North America and Europe* (Cambridge: 2004), pp. 122–46.
8. このことは，ブランデンらの測定には多くの欠点があることを否定するものではない．12 歳離れた 2 つの世代のうちの，若い方の社会流動性が上の世代よりも小さくなっているように見えることは，必ずしも，世代が新しくなるにつれて社会流動性が一般的に減少傾向にあるという意味ではない．詳しくは，Erikson and Goldthorpe, 'Has Social Mobility in Britain Decreased?' を参照．
9. この章で引用している分析は，Sam Friedman, Daniel Laurison and Andrew Miles, 'Breaking the "Class" Ceiling? Social Mobility into Elite Occupations', *Sociological Review*, 63 (2), 2015, 259–89 に依拠する．
10. 以下を参照．http://www.lancaster.ac.uk/alumni/alumni-profiles/alan-milburn/
11. 以下を参照．http://webarchive.nationalarchives.gov.uk/+/http:/www.cabinetoffice.gov.uk/media/227102/fair-access.pdf
12. いずれも，国家統計社会経済分類（NS-SEC）で最上の「NS-SEC 1」に位置づけられた職業．
13. Mike Savage, James Barlow, Peter Dickens and Tony Fielding, *Property, Bureaucracy and Culture: Middle-class Formation in Contemporary Britain* (London: 1992). Tim Butler and Mike Savage, (eds.), *Social Change and the Middle Classes* (London: 1995).
14. 社会流動性の現状について，より大局的に研究した論文として以下を参照．Sam Friedman, 'The Price of the Ticket: Rethinking the Experience of Social Mobility', *Sociology*, 48 (2), 2014, 352–68.
15. John Goldthorpe（Catriona Llewellyn と Clive Payne との共同研究），*Social Mobility and the Class Structure in Modern Britain* (Oxford: 1980).
16. Friedman, 'The Price of the Ticket'.
17. この問題については，Bennett et al., *Culture, Class, Distinction* の Chapter10 を参照．民族，移民，階級の間の関係は非常に重要だが，序章で指摘したとおり，英国階級調査はこの点の分析への準備はあまりしていない．

第7章

1. Michael Young, *The Rise of the Meritocracy 1870–2033: An Essay on Education and Equality* (London: 1958). 調査結果のさらに詳細な分析は以下を参照．Paul

Wakeling and Mike Savage, 'Entry to Elite Positions and the Stratification of Higher Education in Britain', *Sociological Review*, 63(2), 2015, 290–320, P. Wakeling and M. Savage, 'Elite Universities, Elite Schooling and Reproduction in Britain', in A. van Zanten and S. Ball, with B. Darchy-Koechlin (eds.), *Elites, Privilege and Excellence: The National and Global Redefinition of Educational Advantage*, World Yearbook of Education 2015 (Abingdon: 2015).

2. 大学を出ていない 2 人はイアン・ダンカン・スミスとシェリル・ギラン．オックスフォード大学卒の 9 人には首相のほか，主要閣僚の外務大臣ウィリアム・ヘイグ，内務大臣テリーザ・メイ，財務大臣ジョージ・オズボーンなどがいた．ケンブリッジ大学卒は副首相のニック・クレッグなど．
3. 英国ラグビーユニオンの元キャプテンのウィル・カーリングは三等も取得できず，普通学位で卒業した．
4. http://oxford.tab.co.uk/2013/08/20/new-top-norrington-table/
5. http://www.bristol.ac.uk/spais/research/paired-peers/quotes 参照．UWE はブリストルに所在する西イングランド大学のこと．かつてはブリストル・ポリテクニックだった．
6. この結果から次の推測も成り立つ．下位の大学を卒業して成功した人たちも，成功していない人たちに比べて，英国階級調査への参加率が高まるということだ．この推測が正しければ，私たちの統計では，名門伝統校と新興大学の卒業生のその後の違いが実際より小さくしか表れないことになる．もうひとつ留意すべきは，シェフィールド大学とオックスフォード・ブルックス大学のエリートの数のような小さい差異は，これより人数の多い調査を行った場合には確認できなくなるかもしれないということだ．
7. 英国階級調査の参加者には偏りがあり，エリートの割合は場合によっては 3.5 倍ほど多過ぎている可能性があることをここでも思い出す必要がある．したがって，表7–1 に記載されている各大学の卒業生のうちエリートになっている人の割合を適切に試算するためには，この数字で割る必要があるかもしれない．
8. 留意すべきは，新興大学を単純に伝統ある名門大学と比べることはできないことだ．一般に，新興大学の卒業生は英国階級調査に参加した人の割合が少ないし，英国階級調査参加者に偏りがあることを考慮すると，参加率が高い大学の卒業生については平均的な回答を得られるのに対し，新興大学の卒業生の場合は，エリートになっている人たちに偏った回答になっている可能性がある．これも，オックスフォード大学よりはかなり回答者の少ないシティ大学が，表7–1でこれほど上位につけている理由かもしれない．
9. ここでも，英国階級調査参加者に偏りがあることを考慮すべきである．エリートのグループに入っている人の実際の人数を推定するためには，これらの数字をおよそ3.5で割る必要があるが，それでも約20%になり，やはり大きい数字だと言えるだろう．

10. 国家統計局の統計によれば，2011年，22〜66歳の大学卒の人たちの平均年収は2万9,900ポンド［約404万円］だった．英国階級調査参加者については，個人の所得ではなく，世帯所得を調べており，そのうち大学卒の平均は4万7,500ポンド［約641万円］である．2011〜12年度のイギリスの平均世帯所得は2万3,200ポンド［約313万円］であるが，英国階級調査参加者に偏りがあることを考慮すれば，所得が多めの人が多く参加している可能性がある．それでも，ここでの主な関心は，異なる大学の卒業生の相対的な所得の差である．
11. 詳細は以下を参照．Wakeling and Savage, 'Entry to Elite Positions'.
12. Wakeling and Savage, 'Entry to Elite Positions' を参照．

第8章

1. Peter Bramham and John Spink, 'Leeds – Becoming the Postmodern City', in Peter Bramham and Stephen Wagg (eds.), *Sport, Leisure and Culture in the Postmodern City* (Farnham: 2009), pp. 9–32, Paul Dutton, 'Leeds Calling: The Influence of London on the Gentrification of Regional Cities', *Urban Studies*, 40(12), 2003, 2557–72.
2. ハックニーのイメージについては，Hannah Jones, *Negotiating Cohesion, Inequality and Change: Uncomfortable Positions in Local Government* (Bristol: 2013) を参照．J. G. バラードの小説 *Concrete Island* (London: 1974)［『コンクリート・アイランド』J. G. バラード著，大和田始・國領昭彦訳，太田出版，2003年］は，ロンドンのホワイト・シティ近くの高速道路 Westway の高架下が舞台だと言われている．
3. イギリス各地の書店チェーンでは，ロンドンに関する書籍に売り場の多くを割いており，地元地域についての書籍よりも大きくなっている．
4. Owen Jones, *Chavs: The Demonization of the Working Class* (London: 2011), James Delingpole, 'A Conspiracy against Chavs? Count Me In', *The Times*, 13 April 2006, Imogen Tyler, 'Chav Mum Chav Scum: Class Disgust in Contemporary Britain', *Feminist Media Studies*, 8(1), 2008, 17–34.
5. Roger Burrows and Nicholas Gane, 'Geodemographics, Software and Class', *Sociology*, 40(5), 2006, 793–812, Mike Savage, Gaynor Bagnall and Brian Longhurst, *Globalization and Belonging* (London: 2005).
6. Savage, Bagnall and Longhurst, *Globalization and Belonging*.
7. Evan Davis, 'The Case for Making Hebden Bridge the UK's Second City', BBC News website, 10 March 2014. http://www.bbc.co.uk/news/business-26472423 (2014年7月15日閲覧). George Osborne, 'We Need a Northern Powerhouse' (講演記録2014年6月23日). Museum of Science and Industry, Manchester. https://www.gov.uk/government/speeches/chancellor-we-need-a-northern-powerhouse (2014年7月15日閲覧).

8. 'The Great Divide', *The Economist*, 15 September 2012.
9. 地理情報システム（GIS）で2 kmの距離ごとに計算されている.
10. Chris Hamnett, *Unequal City: London in the Global Arena* (London: 2003), p. 132.
11. Garry Robson and Tim Butler, 'Coming to Terms with London: Middleclass Communities in a Global City', *International Journal of Urban and Regional Research*, 25(1), 2001, 70–86.
12. 詳細は以下を参照. Niall Cunningham and Ian Gregory, 'Hard to Miss, Easy to Blame? Peacelines, Interfaces and Political Deaths in Belfast during the Troubles', *Political Geography*, 40, 2014, 64–78.
13. Gary Bridge, 'The Space for Class? On Class Analysis in the Study of Gentrification', *Transactions of the Institute of British Geographers*, New Series, 20(2), 1995, 236–47, Tim Butler, 'People Like Us: Gentrification and the Service Class in Hackney in the 1980s', unpublished Ph.D. thesis, Open University (1991), Jon May, 'Globalization and the Politics of Place: Place and Identity in an Inner London Neighbourhood', *Transactions of the Institute of British Geographers*, New Series, 21(1), 1996, 194–215.
14. Mike Savage, 'The Politics of Elective Belonging', *Housing, Theory and Society*, 27 (2), 2010, 115–61.
15. Savage, Bagnall and Longhurst, *Globalization and Belonging*.
16. Mark Crinson and Paul Tyrer, 'Clocking Off in Ancoats: Time and Remembrance in the Post-industrial City', in Mark Crinson (ed.), *Urban Memory: History and Amnesia in the Modern City* (London: 2005), pp. 49–74, Justine O'Connor and Derek Wynne, 'Left Loafing: City Cultures and Post-modern Lifestyles', in Justin O'Connor and Derek Wynne (eds.), *From the Margins to the Centre: Cultural Production and Consumption in the Post-industrial City* (Aldershot: 1996), pp. 49–90.
17. Kevin Dowling, 'Life's Really Not So Bad, You Soft Southerners', *Sunday Times*, 6 July 2014, p. 7. また，以下のサイトの町のリストも参照. http://www. craptowns retur ns.co.uk/2013/06/14/easington/
18. Bruce M. S. Campbell, 'North–South Dichotomies, 1066–1550', in Alan R. H. Baker and Mark Billinge (eds.), *Geographies of England: The North–South Divide, Imagined and Material* (Cambridge: 2004), pp. 145–74.
19. Ronald L. Martin, 'The Contemporary Debate over the North–South Divide: Images and Realities of Inequality in Late-twentieth-century Britain', in Baker and Billinge (eds.), *Geographies of England*, pp. 15–43, at p. 36.
20. Jeremy Paxman, *The English: A Portrait of a People* (London: 1998), p. 157［『前代未聞のイングランド——英国内の風変わりな人々』ジェレミー・パクスマン著，小林

章夫訳，筑摩書房，2001年]．

21. Doreen Massey, 'Geography and Class', in David Coates, Gordon Johnston and Ray Bush (eds.), *A Socialist Anatomy of Britain* (Cambridge: 1985), pp. 76–96, at p. 91.
22. Martin, 'The Contemporary Debate over the North–South Divide', p. 35.
23. 局所空間統計量（LISA）は，ひとつ，あるいは複数の指標について，同じような特徴を持つ場所が，統計的に意味を持つ程度に集中している空間を検知する方法．LISAについては以下を参照．Luc Anselin, 'Local Indicators of Spatial Association – LISA', *Geographical Analysis*, 27(2), 1995, 93–115.
24. Thomas Piketty, *Capital in the Twenty-first Century* (Cambridge, MA: 2014).

第9章

1. David Cannadine, *The Aristocracy* (London: 1992).
2. 「サンデー・タイムズ」紙のイギリス長者番付「リッチ・リスト」は，これらの変化の優れた指標である．
3. John Scott, *The Upper Class: Property and privilege in Britain* (Basingstoke: 1982).
4. Peter York, 'The Fall of the Sloane Rangers', *Prospect Magazine*, 19 February 2015, あるいは以下を参照．http://www.prospectmagazine.co.uk/sound-and-vision/the-fall-of-the-sloane-rangers-made-in-chelsea
5. 'Review of Mitford', *Encounter*, 5(5), 1955, Mike Savage, *Identities and Social Change in Britain since 1940: The Politics of Method* (Oxford: 2010), Chapter 4.
6. York, 'The Fall of the Sloane Rangers'.
7. Owen Jones, *The Establishment, and How They Get Away with It* (London: 2014).「エスタブリッシュメント」という概念についての最近の有益な考察は，以下を参照．Peter Hennessy, *Establishment and Meritocracy* (London: 2014).
8. Dominic Sandbrook, *Never Had It So Good* (London: 2005), pp. 526f.
9. Pierre Bourdieu, *The State Nobility* (Cambridge: 1996) [『国家貴族 I――エリート教育と支配階級の再生産』ピエール・ブルデュー著，立花英裕訳，藤原書店，2012年]．
10. Paul Wakeling and Mike Savage, 'Entry to Elite Positions and the Stratification of Higher Education in Britain', *Sociological Review*, 63(2), 2015, 290–320, および Niall Cunningham and Mike Savage, 'The Secret Garden? Elite Metropolitan Geographies in the Contemporary UK', *Sociological Review*, 63(2), 2015, 321–48 参照．
11. Mike Savage and Karel Williams (eds.), *Remembering Elites* (Oxford: 2008).
12. そうはいっても，英国階級調査の回答には「宇宙の主」や「神」というものもあった．
13. その番組はアンドリュー・ニールがキャスターを務めたドキュメンタリーで，"Posh and Posher: Why Public School Boys Rule Britain"というものだった．英国階級調査の開始から1週間後に放送され，番組中で調査への参加を呼びかけた．

14. これらのツイートはBBCのキャンペーンの直後に社会学者ファリダ・ビスが集めたもので，その多くはBBC階級算出装置に回答した結果，エリートに分類された人たちのものだ．現在，ファリダ・ビス（シェフィールド大学），スーザン・ハルフォードとラミン・ティナティ（サウサンプトン大学）を中心に，アンドリュー・マイルズ，マイク・サヴィジ，ヘレン・スニーの協力で，ツイッターで表明された英国階級調査への回答についての特別研究プロジェクトが行われている．
15. Wakeling and Savage, 'Entry to Elite Positions' を参照．

第10章

1. この点についてさらに幅広く調査しているのは，次の文献である．Mike Savage, *Identities and Social Change in Britain since 1940: The Politics of Method* (Oxford: 2010).
2. Lisa Mckenzie, *Getting By: Estates, Class and Culture in Austerity Britain* (Bristol: 2015).
3. Les Back, *New Ethnicities and Urban Culture: Racisms and Multiculture in Young Lives* (London: 1996), p. 40, Steph Lawler, *Identity: Sociological Perspectives* (Cambridge: 2008), p. 133.
4. Diane Reay, '"Mostly Roughs and Toughs": Social Class, Race and Representation in Inner City Schooling', *Sociology*, 38(4), 2004, 1005–23, Beverley Skeggs, *Formations of Class and Gender* (London: 1997), Beverley Skeggs, *Class, Self, Culture* (London: 2004), Beverley Skeggs, 'The Re-branding of Class: Propertising Culture', in F. Devine, M. Savage, J. Scott and R. Crompton (eds.), *Rethinking Class: Culture, Identities and Lifestyles* (Basingstoke: 2005).
5. Lawler, *Identity: Sociological Perspectives*, p. 133.
6. Skeggs, *Class, Self, Culture*, p. 37.
7. それらの写真はマーケット・リサーチ会社 Experian がBBCに提供したものだった．
8. P. Willis, *Learning to Labour* (London: 〔1977〕 2000)［『ハマータウンの野郎ども』ポール・ウィリス著，熊沢誠・山田潤訳，筑摩書房，1996年］．
9. 以下の論文は，こうした相違についてより幅広く扱っている．Tony Bennett, Mike Savage, Elizabeth Silva, Alan Warde, Modesto Gayo-Cal and David Wright, *Culture, Class, Distinction* (Abingdon: 2009), Chapter 4.
10. Guy Standing, *The Precariat: The New Dangerous Class* (London: 2011)［『プレカリアート——不平等社会が生み出す危険な階級』ガイ・スタンディング著，岡野内正監訳，法律文化社，2016年］．
11. William J. Wilson, *The Truly Disadvantaged: The Inner City, the Underclass and Public Policy* (Chicago: 1987)［『アメリカのアンダークラス——本当に不利な立場に置かれた人々』ウィリアム・J. ウィルソン著，青木秀男監訳，平川茂・牛草英晴訳，

明石ライブラリー，1999年].
12. J. Welshman, *Underclass: A History of the Excluded 1880–2000* (London: 2006).
13. Tracey Jensen, 'Welfare Commonsense, Poverty Porn and Doxosophy' *Sociological Research Online*, 19(3), 3.
14. Tracy Shildrick, Rob MacDonald, Colin Webster and Kayleigh Garthwaite, *Poverty and Insecurity: Life in Low-pay, No-pay Britain* (Bristol: 2012).
15. Oscar Lewis, *The Children of Sánchez: Autobiography of a Mexican Family* (Harmondsworth: 1961) [『サンチェスの子供たち――メキシコの一家族の自伝』オスカー・ルイス著，柴田稔彦・行方昭夫訳，みすず書房，1986年].
16. 特に，Beverley Skeggs, *Class, Self, Culture*，および Mike Savage, *Class Analysis and Social Transformation* (Milton Keynes: 2000) を参照.

第11章

1. Simon Cable and Deni Kirkova, 'Femail' column, *Mail on Sunday*, 5 July 2013. http://www.dailymail.co.uk/femail/article-2356736/This-Morningrow-Holly-Willoughby-Katie-Hopkins-baby-bust-gets-million-YouTubehits-days.html
2. E. P. Thompson, *The Making of the English Working Class* (London: 1963), Ross McKibbin, *Classes and Cultures: England 1918–1951* (Oxford: 1998), Selina Todd, *The People: The Rise and Fall of the Working Class 1910–2010* (London: 2014), Mike Savage, *Class Analysis and Social Transformation* (Milton Keynes: 2000).
3. Beverley Skeggs, *Formations of Class and Gender* (London: 1997).
4. Mike Savage, Gaynor Bagnall and Brian Longhurst, 'Ordinary, Ambivalent and Defensive: Class Identities in the Northwest of England', *Sociology*, 35(4), 2001, 875–92.
5. Richard Sennett and Jonathan Cobb, *The Hidden Injuries of Class* (New York: 1972).
6. Savage, Bagnall and Longhurst, 'Ordinary, Ambivalent and Defensive: Class Identities in the Northwest of England'.
7. Savage, Bagnall and Longhurst, 'Ordinary, Ambivalent and Defensive', および Mike Savage, 'Working-class Identities in the 1960s: Revisiting the Affluent Worker Study', *Sociology*, 39(5), 2005, 929–46 を参照.
8. Annette Kuhn, *Family Secrets: Acts of Memory and Imagination* (London: 1995), p. 98 [『家族の秘密――記憶と創造の行為』アネット・クーン著，西山けい子訳，世界思想社，2007年].
9. J. Browne and A. Hood, 'A Survey of the UK Benefit System' (IFS Briefing Note BN13), Institute for Fiscal Studies, 2012 (http://www.ifs.org.uk/bns/bn13.pdf), T. Shildrick and R. MacDonald, 'Poverty Talk: How People Experiencing Poverty

Deny their Poverty and Why They Blame "the Poor"', *Sociological Review*, 61(2), 2013, 285–303.

10. T. Shildrick, R. MacDonald, C. Webster and K. Garthwaite, *Poverty and Insecurity: Life in Low-pay No-pay, Britain* (Bristol: 2012).

結論

1. Anthony Crosland, *The Future of Socialism* (London: 1956), p. 237.
2. Thomas Piketty, *Capital in the Twenty-first Century* (Cambridge, MA: 2014), Chapter 14.
3. Richard Wilkinson and Kate Pickett, *The Spirit Level: Why More Equal Societies Almost Always Do Better* (London: 2009) [『平等社会——経済成長に代わる，次の目標』リチャード・ウィルキンソン／ケイト・ピケット著，酒井泰介訳，東洋経済新報社，2010年].
4. Nigel Thrift, *Knowing Capitalism* (London: 2005).
5. Imogen Tyler, *Revolting Subjects* (London: 2013), T. Shildrick, R. MacDonald, C. Webster and K. Garthwaite, *Poverty and Insecurity: Life in Low-pay, No-pay Britain* (Bristol: 2012), Beverley Skeggs, *Class, Self, Culture* (London: 2004), John Hills, *Good Times, Bad Times: The Welfare Myth of Them and Us* (Bristol: 2015).

付録

1. Mike Savage, Fiona Devine, Niall Cunningham, Mark Taylor, Yaojun Li, Johannes Hjellbrekke, Brigitte Le Roux, Andrew Miles and Sam Friedman, 'A New Model of Social Class? Findings from the BBC's Great British Class Survey Experiment', *Sociology*, 47(2), 2013, 219–50.
2. https://discover.ukdataservice.ac.uk/catalogue/?sn=7616